U0656170

江苏省"十四五"时期重点出版物出版专项规划项目

大型水利枢纽通航建筑物建设与提升技术丛书

主编　胡亚安

国家出版基金项目

NATIONAL PUBLICATION FOUNDATION

60 m 高水头船闸输水系统研究

李中华　胡亚安　宣国祥　著

东南大学出版社

SOUTHEAST UNIVERSITY PRESS

·南京·

图书在版编目(CIP)数据

60 m高水头船闸输水系统研究 / 李中华，胡亚安，宣国祥著. -- 南京 ：东南大学出版社，2024.3
（大型水利枢纽通航建筑物建设与提升技术丛书 / 胡亚安主编）
ISBN 978-7-5766-1376-6

Ⅰ. ①6… Ⅱ. ①李… ②胡… ③宣… Ⅲ. ①高水头—船闸输水系统—研究 Ⅳ. ①U641.3

中国国家版本馆 CIP 数据核字(2024)第 069100 号

责任编辑：杨　凡　责任校对：韩小亮　封面设计：有品堂　责任印制：周荣虎

60 m高水头船闸输水系统研究

60 M Gaoshuitou Chuanzha Shushui Xitong Yanjiu

著　　者：李中华　胡亚安　宣国祥
出版发行：东南大学出版社
出 版 人：白云飞
社　　址：南京市四牌楼 2 号　　邮编：210096
网　　址：http://www.seupress.com
经　　销：全国各地新华书店
印　　刷：南京新世纪联盟印务有限公司
开　　本：700 mm×1 000 mm　1/16
印　　张：15.5
字　　数：368 千字
版　　次：2024 年 3 月第 1 版
印　　次：2024 年 3 月第 1 次印刷
书　　号：ISBN 978-7-5766-1376-6
定　　价：136.00 元

本社图书若有印装质量问题，请直接与营销部联系。电话：025-83791830

前言

PREFACE

船闸是重要水运基础设施之一,随着船闸水头和平面尺度增加,如何快速消杀输水能量保障过闸船舶和船闸设备安全,成为船闸单级水头从 40 m 级向 60 m 级跨越的重要技术瓶颈之一。

本书针对 60 m 单级巨型船闸安全高效输水问题,从船闸输水系统选型、船闸分层消能输水、船闸省水以及船闸输水阀门防空化等方面进行了研究。全书共分 7 章,第 1 章引言介绍了国内外船闸输水系统研究现状;第 2 章介绍了船闸输水系统类型及布置特点;第 3 章结合作者多年工程实践经验对船闸输水系统选型方法进行了探讨和研究,给出了综合多因素的船闸输水系统选型方法;第 4 章重点介绍了船闸分层消能输水系统的原理,给出了"侧支孔明沟+格栅分层消能""侧支孔明沟+盖板分层消能"等两种适应 60 m 单级巨型船闸的分层消能输水系统布置及其输水水力特性、闸室船舶停泊条件等;第 5 章探讨了分层消能的闸室流程结构、消能机理及消能效果;第 6 章重点介绍了适应水位变幅的省水船闸输水系统设计方法,给出了 60 m 级省水船闸的水头分级方案和布置型式。第 7 章重点介绍了阀门空化数值模拟方法、60 m 级船闸阀门廊道体型、阀门水动力特性、空化特性以及门楣自然通气等防空化技术措施。本书可供从事船闸设计、科研、管理等相关人员以及高等院校的师生参考。

本书第 1 章由李君、李中华撰写,第 2 章由宣国祥、刘本芹、陈莹颖、郭超撰写,第 3 章由李中华、宣国祥撰写,第 4 章和第 5 章由李中华、胡亚安、安建峰、马欣、黄伟杨撰写;第 6 章由李中华、许铎、薛淑、祝龙撰写;第 7 章由胡亚安、严秀俊、王新、吴波、薛淑撰写。黄岳、陈明为本书提供了部分试验数据;李中华对全书进行了统稿;东南大学出版社为本书出版付出了辛勤劳动。

本书的研究、出版得到了"十三五"国家重点研发计划课题"60 m 单级巨型船闸输水关键技术"(编号 2016YFC0402001)、国家出版基金(2023 年度)等资助,在此表示衷心的感谢。

本书写作过程中,作者虽力求审慎,但由于学识水平所限,书中定有许多不足和疏漏之处,敬请广大读者批评指正。

目录
CONTENTS

第 1 章
引言

1.1 研究背景

　　内河水运是国家综合运输体系和水资源综合利用的重要组成部分,是实现经济社会可持续发展的重要战略资源,一直受到世界各国的重视。积极倡导发展内河水运,符合建设资源节约型、环境友好型社会的要求。我国现代化内河水运建设起步较晚,但近年来发展迅速,目前已基本形成了以长江、西江、京杭运河为主体的内河水运格局,长江干线已成为世界上运量最大、运输最繁忙的河流,对促进流域经济协调发展起到重要作用。

　　船闸是内河水运中实现河流渠化、沟通不同水系的两大通航建筑形式之一,在内河水运网中占有十分重要的地位。国外船闸建设主要集中在美国、德国、俄罗斯、荷兰、比利时、法国、加拿大、葡萄牙、巴西、巴拿马等国家。美国和俄罗斯在高水头船闸建设及通航水力学基础理论研究方面有较丰富的经验,德国在限制性航道设计、省水船闸和垂直升船机建设方面有较为领先的技术,荷兰在通航水力学基础理论、巨型多线海船闸建设方面有较多研究,比利时在通航建筑物、引航道内船舶航行与停泊条件以及大型垂直升船机建设方面有较多成果,法国最先提出了广泛应用于高水头船闸的等惯性输水系统,葡萄牙和巴西近年来建设了一批水头超过 30 m 的高水头船闸,巴拿马正联合美、德、荷、比、法等国共同开展巴拿马运河新通道的研究工作。

　　我国是世界上最早建设船闸的国家,近年来,随着长江三峡双线连续五级船闸、葛洲坝船闸、西江长洲四线船闸群、黔江大藤峡船闸等一批大型船闸的建设和运行,我国在船闸建设已处于世界前列。随着国家"交通强国"战略的实施,经济快速发展,水运呈爆发式增长,对通航基础设施提出了更高要求,船闸作为最主要的通航建筑物形式,今后 5～10 年一批巨型船闸平面尺度将达到三峡船闸的 1.2～1.4 倍,船闸最高水头将由 40 m 向 60 m 迈进。输水系统是船闸设计最基础的技术难题,它不仅与船闸输水水力特性、船舶停泊条件等有关,还与船闸结构型式、引航道水流条件等一系列问题相关。随着船闸水头和平面尺度的增加,输水过程单位时间内进入闸室的能量呈指数递增,受船闸初始水深和输水时间限制,如何在闸室有限水深范围内快速消杀能量、保障船闸输水阀门设备及闸室内船舶的停泊安全,成为 60 m 级巨型船闸输水的重要技术瓶颈之一。

1.2 国内外现状

1.2.1 国外现状

随着内河航运事业的不断发展,通航船闸的尺度及水头逐渐增大,高水头船闸的兴建也逐渐增多,苏联、美国、巴西、德国、法国、比利时、加拿大等国在这方面已取得了较多的研究成果。

(1)苏联。早在 1933 年,苏联就建成了连续三级的第聂伯水电站一号船闸($H=38.7$ m,中间级最大水头为 25.0 m),1953 年建成了世界上单级水头最高的乌斯基-卡米诺阿尔斯基船闸($H=42.0$ m,$T=27$ min),20 世纪 60 年代又分别建成了巴甫洛夫单级船闸($H=32.0$ m,$T=15.3$ min)和布赫塔尔明连续四级船闸($H=68.0$ m,中间级最大水头为 32 m)。为了适应第聂伯河航运发展的需要,又于 1980 年建成了世界单级水头第二位的第聂伯二线船闸($H=38.7$ m,$T=12.3$ min),之后还建成了带中间渠道的双线两级的中叶尼塞船闸($H=54.0$ m,上级船闸水头为 24 m,下级船闸水头为 30 m)。值得注意的是,苏联曾提出了最复杂的八区段出水等惯性输水系统以及在此基础上改进的带蓄水池及带补充水输水系统的船闸方案,并在特制的水头为 70 m、闸室尺寸为150 m×18 m 的船闸模型上进行了相关试验研究。苏联还曾为越南红河和平枢纽设计了总水头高达 111 m 的带中间渠道的分散两级船闸方案(每级水头为 55.5 m),此外还研究了水头高达 107.5 m 的拱形井式单级船闸方案,并认为在技术上是可行的。

(2)美国。美国在通航建筑物方面最突出的成就是高水头大尺寸船闸的建设,它是目前世界上拥有高水头船闸最多的国家。水头超过 30 m 的单级船闸有6 座,包括哥伦比亚河上的约翰德船闸($H=34.5$ m,$T=25.0$ min)、斯内克河上的冰港船闸($H=31.4$ m,$T=11.4$ min)、下纪念碑船闸($H=31.4$ m,$T=11.4$ min)、小鹅船闸($H=30.8$ m,$T=11.3$ min)、下花岗岩船闸($H=32.0$ m,$T=8.0$ min)及田纳西河上的新威尔逊船闸($H=30.5$ m,$T=13.5$ min),并曾设计研究了科塞水道上的水头达 39.6 m 的瓦尔特布汀船闸($T=15.5$ min)。

在输水系统布置方面,美国约 73% 的船闸采用了分散输水系统,其布置形式的发展大致可分为三个阶段。在 20 世纪 30～40 年代,主要以闸墙长廊道侧支孔形式为主;50～60 年代,主要以底部横支廊道形式为主,包括冰港、下纪念碑、小鹅以及马克纳里、达拉斯等高水头船闸;在法国提出等惯性输水原理之后,美国在 70～80 年代将基于此原理的等惯性输水系统广泛应用于其高水头船闸中,1975 年建成的下花岗岩船闸、1984 年建成的海湾泉船闸($H=25.6$ m,$T=8.5$ min)及 1992 年建成的新邦纳维尔船闸($H=23.0$ m,$T=8.5$ min)均采用了等惯性输水系统,获得了良好效果。在阀门防空化空蚀措施上,美国结合其特点(输水系统性能要求高及上下游水位变幅小)提出了阀门快速开启(开启时间为 1～2 min)及阀门后廊道顶部设通气管控制自然通气两项措施,较好地解决了阀门空蚀和振动的问题,并在多项工程实践中得以应用。此外,美国还于 1934 年首次提出在高水头船闸中用反向弧形阀门作为输水阀门,并得到了成功应用,在世界上获得了公认。

(3)巴西。巴西的高水头建设兴起于 20 世纪 80 年代。已建高水头船闸包括圣弗朗西斯科河上的索伯雷丁荷单级船闸($H=33.0$ m,$T=11.4$ min)、泰特河上的普鲁米圣单级船闸($H=30.3$ m,$T=15.0$ min)、两级带中间渠道的新阿范汉达瓦船闸($H=34.2$ m)、两级带中间渠道的特里斯欧莫斯船闸($H=48.0$ m)及托坎廷斯河上的两级带中间渠道的图库鲁伊船闸($H=71.5$ m,上级船闸水头为 36.5 m,下级船闸水头为 35.0 m)。目前正在设计建设巴拉那河上的两级带中间渠道的伊拉索尔台拉船闸($H=48.0$ m)及巴西和巴拉圭两国交界处的伊泰普水电站船闸($H=130.0$ m,计划分三级或四级)。此外,巴西为解决高水头船闸阀门启闭机吊杆过长的问题,设计研究了一种无吊杆的反弧阀门启闭机系统,并已在普里巴维拉港船闸($H=20.0$ m)上采用,但未见运转情况报道。

(4)欧洲国家。法国首先提出了等惯性输水的原理并在 1952 年建成了第一座采用等惯性输水系统的东泽雷船闸($H=26$ m,$T=7.1$ min),创造了当时世界上水面平均上升速度最快的纪录(3.65 m/min)。此外法国对省水船闸的研究也早于其他国家。德国在省水船闸研究与建设方面进行了大量工作。美茵—多瑙运河上的 16 座船闸中有 14 座为省水船闸,这些船闸水头较大,均采用井式船闸结构。例如雷尔斯特腾省水船闸($H=24.67$ m,$T=15.0$ min)、埃克斯米伦省水船闸($H=24.67$ m,$T=15.0$ min)及希尔波尔斯太因省水船闸($H=27.67$ m,$T=14.0$ min)。另外还建设了易北河支线运河上的于尔岑 1 号($H=23$ m,$T=12.7$ min)和 2 号省水船闸($H=23$ m,$T=16$ min),并且还对易北河支线运河上的吕内堡枢纽通航建筑物进行了省水船闸方案研究($H=38$ m)。比利时曾对比利时和德国交界处的莱茵河—马斯河运河的通航建筑物研究了单级水头为 80 m,设调节水池(18 个)的井式船闸方案,船闸尺度为 200 m×24 m(长

×宽,下同),输水时间为 35 min。葡萄牙在其境内杜罗河上建设了几座高水头单级船闸,包括卡朗巴特洛船闸($H=34.5$ m,$T=13$ min)、瓦莱伊拉船闸($H=33.0$ m,$T=11$ min)、雷瓜船闸($H=28.5$ m,$T=11$ min)等。罗马尼亚及南斯拉夫于 1972 年在多瑙河上建成了铁门水利枢纽,其通航建筑物为连续两级船闸,水头为 34 m,闸室尺度为 310 m×34 m,输水时间为 10 min。

(5)其他国家。位于加拿大和美国边境的圣劳伦斯海道及其上游连接伊利湖的韦兰运河是加拿大主要的水运运输线,其上共修建了 15 座船闸,其中水头较高的船闸包括圣劳伦斯海道的布哈诺斯船闸(带中间渠道的两级船闸,$H=25.0$ m)及韦兰运河上的 4 号~6 号船闸(双线连续三级船闸,$H=42.5$ m)。巴拿马运河是沟通大西洋和太平洋的重要通道。整个运河为双向航道,1914 年通航时建设了 3 座双线船闸,分别为加通船闸(连续三级,$H=25.9$ m)、彼德罗米格尔船闸(单级,$H=9.45$ m)及米拉弗洛雷斯船闸(连续两级,$H=16.45$ m),船闸尺度均为 304.8 m×33.5 m;2016 年,巴拿马运河扩建工程,分别在太平洋侧和大西洋侧新建了一座三级省水船闸,每级闸室长 427 m,宽 55 m,深 18.3 m,其尺度之大成为世界上规模最大的省水船闸。尼日利亚在其境内尼日尔河干流上修建了卡因吉船闸及杰巴船闸等高水头船闸。卡因吉船闸为连续两级船闸,每级船闸尺寸均为 198 m×12.2 m,上级船闸和下级船闸的提升范围分别为 12.5~25.3 m 和 12.2~16.5 m,上级船闸还用于紧急溢流情况。杰巴船闸为单级船闸,水头为 30 m。老挝白本船闸水头为 32.38 m,闸室有效尺度为 120 m×12 m×4 m(长×宽×门槛水深,下同),输水系统采用闸墙长廊道经闸室中心进口立体分流、闸底支廊道二区段出水的分散输水系统,输水时间为 10~12 min,目前正在建设中。

1.2.2 国内现状

中国是世界上修建人工运河通航建筑物最早的国家,我国古代通航建筑物的形式经历了堰埭、陡门、单闸、复闸、多级船闸等几个阶段。

三国孙吴赤乌八年(245 年)在江南破岗渎(古运河,位于今江苏句容与丹阳间)上连续修建了 14 个堰埭(拦河低坝),此后长时间内堰埭都是江南和苏北运河上主要的通航建筑物,元代坝河和明清通惠河上也使用堰埭。南朝宋景平元年(423 年)扬州运河上出现的通航水门是有文字可查的早期通航闸。唐代宝历元年(825 年)桂管观察使李渤在沟通长江水系(湘江)和珠江水系(漓江)的灵渠上创建了世界船闸史上最早的船闸雏形——陡门,用以克服两江的水位差,保证了灵渠的正常通航,之后又经过唐代鱼孟威和宋代李师中等人的改建及加固,灵渠航运得到极大发展。唐《水部式》所载"扬州扬子津斗门二所"是最早出现的复闸,即类似现在两个闸门联合运用的船闸。元、明、清的京杭运河上也多处使用通航闸,例如山东的会通河段和北京的通惠河段,航深完全由闸维持,一直到近代船闸和升船机传入,堰埭和通航闸才逐步被替代。

近代我国较早建成的船闸为 1918 年河北省金钟河上建造的耳闸,闸室有效尺度为 100 m×10 m×2.5 m,水头为 3 m。1935 年在京杭大运河上修建了邵伯、老刘涧、淮阴 3 座船闸。1938—1944 年,四川綦江开展渠化梯级工程,兴建船闸 11 座,其中以綦江车滩船闸为最大,水头为 6.5 m,闸室净长 60 m。在技术、工程规模等方面基本接近 30 年代的同类工程水平。

20 世纪 50 年代启动的京杭运河整治扩建工程,拉开了我国现代化大型船闸建设的序幕,1958—1961 年,仅京杭运河徐州至扬州段,按 2 000 t 级船舶标准建设了解台、刘山、宿迁、泗阳、淮阴、淮安、邵伯、施桥 8 座船闸,闸室有效尺度:宿迁船闸为 210 m×15 m×3.2 m,其余均为 230 m×20 m×5 m;60 年代末至 70 年代建成谏壁、刘老涧、皂河 2 000 t 级船闸 3 座;至 1978 年,京杭运河上先后建成船闸 26 座。此外,1965 年广西建成的总水头 21.7 m 的西津水电站连续两级船闸,1970 年建成的水头 19 m 的浙江富春江七里垅船闸,首次采用了闸底长廊道分散输水系统形式。

近 30 年来,我国在高水头船闸建设方面取得了举世瞩目的成就,输水系统布置方面,在葛洲坝 1 号船闸等惯性八支管底部廊道输水系统中,首次采用了第二级立交分流口形式,三峡船闸输水系统亦采用了类似葛洲坝 1 号船闸的形式,并在第二级立交分流口布置方面做了改进。葛洲坝 2 号船闸首次采用了底部纵横支廊道形式,兼顾在闸室平面尺寸较大的条件下,满足船舶的停泊条件,同时,尽可能地减小了廊道的埋深(即减小了闸室的开挖量)。广西昭平船闸($H=20$ m)首次采用了槛下分散输水系统。此外,我国还提出并应用了倒口消能、双明沟消能及复合廊道消能等新技术,极大地提高了消能效果,保证了船舶的安全,同时也简化了输水系统布置,具有广阔的发展前景。在解决阀门空化问题上,20 世纪 80 年代末至 90 年代中期,针对葛洲坝 1 号、2 号、3 号船闸具体情况,率先研究了门楣通气措施实施方案,创造性地提出了由空气腔、负压板上开通气支孔以及主通气管等组成的新颖通气系统以及施工技术,较大程度上抑制了这三座船闸自 80 年代建成运行以来存在的阀门空化和声振问题,极大地改善了船闸运行条件。之后又对三峡、乐滩、大化、草街、银盘等一大批高水头船闸分别进行了门楣自然通气措施的研究,并推广到平面阀门当中,在工程中得到了应用,进一步推动了门楣自然通气技术的发展。同时针对阀门段廊道体型进行了详细研究,通过对廊道体型的优化,并结合门楣及廊道顶通气和改变阀门启闭方式等措施,较好地解决了高水头船闸的空化问题。此外,福建沙溪口船闸($H=24.2$ m)的小门槽布置及浙江七里垅船闸设置随动附腿解决平面阀门空化问题也具有其独创性。

在高水头船闸的设计研究上,我国曾对三峡枢纽单级水头 113 m 设调节池的井式船闸进行了探索研究,还进行了三峡船闸带中间渠道的分散三级船闸方案(其单级水头达 41 m)及三峡船闸带调节水池的连续三级船闸方案(每级水头达 77 m)的试验研究。此外还设计研究了红水河乐滩($H=29.1$ m)、大化($H=29.0$ m)、大腾峡($H=40.25$ m)、桥巩($H=24.65$ m,平面阀门)、桂江巴江口($H=26.6$ m,空腹式平面阀门)、嘉陵江草街($H=26.5$ m)、乌江银盘($H=36.46$ m)、大渡河安谷($H=37.65$ m)等高水头单级船闸,正在建设的白市船闸($H=61.30$ m),已将单级船闸水力学研究方向指向 60 m 水头,这些均为进一步开展 40 m 或更高水头的单级船闸关键技术的研究奠定了良好的基础。

1.3 发展趋势

经济的发展对通航建筑物的通过能力提出了新要求,京杭运河江苏苏北段多座枢纽已建设了三线船闸,西江长洲枢纽出现了世界上规模最大的四座船闸,且其中三线和四线平面尺度达 340 m×34 m,其输水水力特征值和指标已经超过国内外已有的船闸工程经验。今后这样的巨型船闸群将更多,巨型船闸群可能存在的问题至今还没有进行过深入研究,如巨型船闸群的布置方式、巨型船闸高效输水系统形式,多线、并列船闸生态节水型输水系统布置以及多线共用引航道大尺度船闸输水过程口门区和引航道水流条件等问题。巨型船闸的设计及建设,需要掌握一系列前沿技术,解决面临的复杂输水系统布置及水力学问题、超大阀门水动力学问题等关键技术难题。

资源节约型、环境友好型社会建设为省水船闸建设提供了契机。省水船闸除节省船闸用水量(省水量一般可达 48%～70%)、保护珍贵的水资源外,还具有降低船闸工作水头,减少解决阀门工作条件的技术难度以及简化船闸输水系统,改善上、下游引航道及闸室水流条件等优点。随着我国高水头船闸以及人工运河(京杭运河、平陆运河、湘桂运河、浙赣运河、闽赣运河、粤赣运河等)建设的不断发展,在水资源日益紧缺的情况下,省水船闸的建设将具有广阔的应用前景,而我国对省水船闸的研究尚处于起步阶段,设计和建设还处于较低水平。因此,开展省水船闸关键技术研究意义重大。此外,由于河道渠化修建的通航枢纽会切断洄游性鱼类及水生动物生殖、索饵和越冬等的洄游通道,影响了这些物种的生存,破坏了河流生态系统的完整性和物种多样性,因此在保障内河航运通畅的情况下,沟通水生物洄游通道,从多种途径减轻航运枢纽对水生物生态环境的影响,打造绿色生态航道,实现人与环境的和谐发展具有重要的社会意义。

西部山区峡谷通航河流超高水头船闸的特殊形式,对闸门形式及其设计布置提出了新的要求。我国西部河流水量及水位随季节变化很大,河势狭窄,水利枢纽多为高坝,通航船闸体型多为"窄高型",其工作闸门相应也呈现"窄而高"的特征,多数船闸的闸门高宽比大于 4.0,有的甚至达到 5.0 以上。这类船闸采用人字门面临的问题是:(1)人字门通过背拉杆调整闸门扭曲度,而高宽比太大时安装难度大,达不到精度要求;(2)人字门为两扇闸门,高宽比太大时难以满足两扇门运行同步性及关闭状态密水性等要求。已建红水河大化船闸人字门安装过程中曾出现背拉杆塑性变形的现象。因此,研究适合西部山区峡谷通航河流超高水头船闸的新型闸门形式及闸门运行水动力特性,可为闸门设计提供前沿技术支撑,对于确保船闸安全运行意义重大,在国内外均有着广阔的应用前景。

我国早期建设的一批闸坝枢纽限于当时的条件未建设船闸等通航设施,随着水运建设的快速发展,逐渐成了碍航闸坝,成为制约水运发展的瓶颈。目前,我国碍航闸坝导致的航道中断占到总通航里程的 30% 以上,这些碍航闸坝不仅造成了通航里程的减小,而且使得水运成本大幅增加,这些碍航闸坝在复航时又会面临总体布置、建设标准及与原有枢纽建筑物的适应性问题。在山高谷深地势下进行通航建筑物改扩建和碍航闸坝复航时会利用隧洞这种形式进行通航建筑物间的沟通,由此也带来了双线通航长距离隧洞水力学及大断面隧洞结构稳定等关键技术难题。此外,由于年久失修,我国 20 世纪 50 年代至改革开放前兴建的许多船闸,不同程度地出现了损毁、老化等现象,严重影响了船闸的运行安全和通过能力,急需对这些老旧船闸进行安全诊断、除险加固,甚至改扩建。因此,通航建筑物扩能改造技术、碍航闸坝复航、老旧船闸安全防控和大尺度长距离隧洞等一系列技术亟待突破难题。

船闸运行涉及的设备和系统众多,并长期在各种复杂水动力条件下高负荷运行,极易发生故障,全面准确的诊断与风险预警对于保障水运通道畅通至关重要。在当今全球进入"工业 4.0"快速发展时期和"大数据"背景下移动互联网智能应用时期,依托长江三峡—葛洲坝巨型船闸群、西江长洲、桂平、贵港等梯级干线通航枢纽,结合 5G、互联网+、大数据、人工智能等的跨界技术,建立船闸视觉感知及智能运行体系,形成适应我国航运特点的船闸节能提效成套技术,是构建绿色、高效通航体系必须要进行的技术变革,也是未来船闸运行管理的发展趋势和方向之一。

总体而言,国内社会经济快速发展,内河水运呈爆发式增长,这对通航基础设施提出了更高要求,船闸作为最主要的通航建筑物形式,今后 5~10 年,一批巨型船闸平面尺度将达到三峡船闸的 1.2~1.4 倍,船闸最高水头将由 40 m 向 60 m 迈进,船闸线数将由单线向多线扩增,单个枢纽船闸将向梯级枢纽船闸群发展。拟建船闸(群)技术指标远超国内外现有水平,超高水头船闸、巨型船闸(群)的建设面临一系列重大技术难题,大型船闸建设的主要技术方向有:

1) 高水头巨型船闸输水系统设计成套技术。包括超大输水体积大型船闸新型输水系统形式及布置技术、超大输水功率闸室消能技术、大水域闸室流量分配与内消能技术、基于分层消能的高效输水系统关键技术、强紊动条件下大型船舶停泊安全保障技术、高流速条件下输水系统复杂局部结构设计等。

2) 大型船闸闸阀门及启闭机关键技术。包括非恒定流作用下的船闸阀门空化机理研究、高水头大尺度船闸输水阀门段廊道体型及水动力荷载特性研究、60 m 级船闸输水阀门主被动防空化技术研究、高水头大尺度船闸大型反弧形输水阀门结构形式研究、高水头大尺度船闸大型反弧形输水阀门吊杆体系与启闭系统设计、中低水头巨型船闸大型平面输水阀门水动力特性与阀门防空化技术、大宽度及大淹没水深人字闸门启闭机关键技术、大型船闸闸门设计关键技术等。

3) 大型绿色节水型船闸建设及运行技术。包括省水船闸总体布置、船闸输水系统水头分级标准与运行效率、省水船闸输水系统关键技术、省水船闸阀门关键技术、省水船闸多阀门分级协调高效输水运行方式;多线并列船闸省水布置形式、水力学关键技术及运行方式等;高水头船闸多级节水输水技术;设调节水池船闸输水系统关键技术等。

4) 绿色、生态、智慧船闸关键技术。包括枢纽通航对环境的影响评价,枢纽通航条件下环境修复技术研究,船闸全生命周期管理,船闸可持续维护技术,船闸在渔业、旅游业及城市交通中的综合应用技术等,以及结合 5G、互联网＋、大数据、人工智能等的跨界技术,开展船闸视觉感知及智能运维、安全风险智能识别与预警技术等,实现绿色、安全、高效的智慧通航。

第 2 章
船闸输水系统类型及特点

本章对集中输水系统、分散输水系统和局部分散输水系统等三类船闸常用输水系统的特点、布置原则和方法等进行了分析和总结。在此基础上,分别给出了三类输水系统各自典型的闸室消能工布置形式和工程应用案例。

2.1　输水系统分类

船闸是船舶通过航道中有集中水位落差河段(闸、坝、水利枢纽等)的一种通航建筑物,它主要由闸室、闸首、输水系统和引航道等组成。其中船闸输水系统是指船闸运转时充水和泄水的主要设施,包括上游进水口、阀门段、输水廊道、输水阀门及其启闭机械、闸室进出水口及消能工、下游出水口等,是船闸工程的重要组成部分。船舶从下(上)游进入船闸闸室后,通过输水系统调整闸室内的水位,使其与上(下)游水位平齐,船舶就能从下(上)游驶往上(下)游。输水系统布置的好坏直接影响到船闸的通过能力,以及过闸船舶、船闸及其附属结构物的安全。一方面,输水系统的设计必须满足输水时间的要求,以提高船闸的通过能力和营运效益;另一方面,输水系统的设计必须使作用在船舶上的水面坡降力、水流运动的流速力以及各种局部流态冲击产生的局部力满足相关设计规范的要求,以保证闸室内及引航道船舶停泊和航行安全。

船闸输水系统经历了几百年的发展历史,最初的输水系统十分简陋,从 19 世纪开始,发展了各种闸门及门上孔口输水和短廊道输水等形式,但适应的水头也仅几米。近代的船闸输水系统是从 20 世纪开始的,这一时期简单输水系统形式得到了进一步完善,并开始发展了各种较为复杂的输水系统。尤其从 20 世纪 50 年代开始,输水系统的发展进入了一个新的阶段,发展了能适应高水头大型船闸的等惯性输水系统。船闸输水系统的类型繁多,按闸室消能工布置方式分类主要有集中输水系统、分散输水系统以及介于二者之间的局部分散输水系统等三大类。

2.2 集中输水系统

集中输水系统闸室充、泄水分别集中于一个区段(闸首)完成,水流由一个闸首流向另一闸首,其结构简单、施工方便、造价便宜,但闸室内纵向水流明显,水流消能能力有限,船舶停泊条件难以满足,且需设置镇静段,因而应用时限制条件较多,一般用于中低水头或水力指标不高的船闸。

2.2.1 整体布置方法与原则

集中输水系统结构简单、施工方便、造价相对便宜,但输水水力效果受到很大限制,一般用于上下游水位落差较小、通过能力要求相对低的船闸。实际工程应用中,集中输水系统绝大多数只适用于水头在 7 m 以下的低水头船闸,而对于 7~12 m 的中水头船闸,由于集中输水系统消能较差,需通过设置并适当延长镇静段,以满足闸室船舶的停泊条件。

我国近千座船闸中,80%以上采用了集中输水系统。集中输水系统船闸应在闸室有效长度外设镇静段,集中输水系统及其消能工应布置在闸首及靠近闸首的闸室范围内,使水流能充分消能和均匀扩散,且不影响输水系统的泄流能力,在平面上与闸室或下游引航道的布置相适应,在立面上按闸室或下游引航道最大断面平均流速出现时段的上、下游水位条件进行设计。

集中输水系统具体布置原则如下:

(1)集中输水系统及其消能工的布置需满足输水能力的要求,使输水系统的损失尽量小,不能因消能工的设置而妨碍输水系统的输水能力。

(2)为了便于水流的消能与均匀扩散,输水系统出口需适当扩大分散,使水流均匀进入消能段。

(3)鉴于闸室一般为对称布置,因此输水系统及上闸首的消能工布置也应是对称的,若闸室限于条件无法对称,则消能工也应采用不对称布置加以调整。下闸首输水系统及消能工布置应将泄水水流引入引航道扩散侧。

根据消能和输水方式的不同,集中输水系统一般分为短廊道输水(图 2.1~图 2.3)、直接利用闸门输水(含闸门上开小门输水,图 2.4)和组合式输水三类。短廊道输水是应用最多的一种集中输水系统形式,这种输水系统在闸首边墩或底板内布置短廊道沟通上、下游水域,廊道上设输水阀门,通过控制输水阀门向闸室充泄水,该类输水系统可进一步分为无消能室、有消能室和槛下输水等形式。直接利用闸门输水时,要求闸门能在动水中启闭,这种闸门有三角门、平板门、弧形门等。一般三角门采用竖直门缝输水,平板门及弧形门采用门下输水。

在闸门上开小门输水是指在闸门上开设输水孔口并设置平面阀门控制输水,这种输水系统形式在欧洲的低水头船闸上应用较多,在我国实际应用较少。组合式输水有闸门和闸门上开小门输水组合、闸门和短廊道输水组合以及闸门上开小门和短廊道输水组合等,一般应用也相对较少。

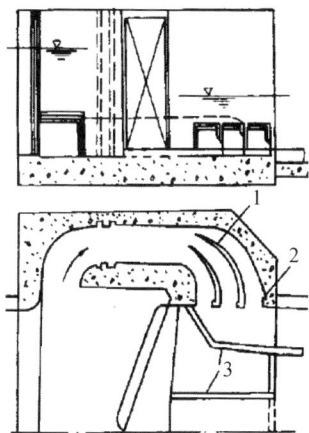

图 2.1　无消能室的短廊道输水
1—隔墩;2—竖向槛;3—消力槛

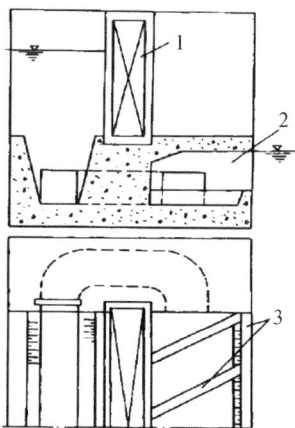

图 2.2　设简单消能室的短廊道输水
1—横拉门;2—消能室;3—消力槛

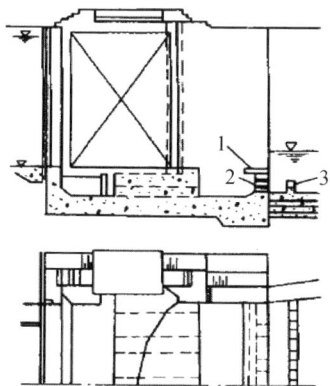

图 2.3　槛下输水
1—平面遮板;2—消力梁;3—消力齿

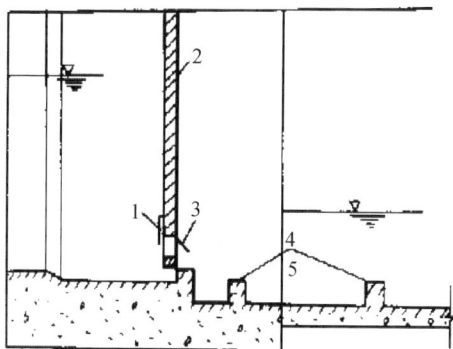

图 2.4　闸门上开小门输水
1—阀门;2—闸门;3—导流板;4—消力槛;5—消力池

　　为了保障闸室内停泊船舶的安全,集中输水系统消能工的类型一般可根据上、下闸首处断面最大平均流速和水头按表 2.1 选用。

表 2.1　各类消能工的水力指标

	无消能工		简单消能工		复杂消能工	
	$\overline{V}_{max}$ /(m/s)	H/m	$\overline{V}_{max}$ /(m/s)	H/m	$\overline{V}_{max}$ /(m/s)	H/m
上闸首闸室	0.25~0.45	≤4	0.46~0.65	4~7	0.65~0.9	7~11
下闸首门后	≤0.8	≤4	0.8~1.9	4~8	1.9~2.3	8~11

上闸首断面最大平均流速可按下列公式估算:

$$\overline{V}_{max} = 2L_c H \frac{1}{T\left(S_c + \dfrac{H}{2}\right)} \tag{2.1}$$

下闸首断面最大平均流速可按下列公式估算:

$$\overline{V}_{max} = 1.8L_c H \frac{1}{TS_c} \tag{2.2}$$

式中:$\overline{V}_{max}$——上闸首灌水时为闸室最大的断面平均流速;下闸首泄水时为下闸首门后段最大的断面平均流速(m/s);L_c——闸室水域长度(m);H——设计水头(m);T——闸室灌泄水时间(s);S_c——槛上最小水深(m)。

对于集中输水系统,消能段后一般均需设置镇静段,镇静段的长度可按式(2.3)计算。

$$L = BE_P \tag{2.3}$$

式中:L——镇静段长度(m)。B——经验系数,与船闸输水消能形式有关,对无消能工,取 0.7~1.3;对简单消能工,取 0.3~0.7;对复杂消能工,取 0.1~0.3,在各类内消能效果较好时取小值。E_P——理论最大比能(kW/m²),可通过计算求得。

为了避免产生较大漩涡和减少进口损失,集中输水系统廊道进口断面最大平均流速不宜大于 4.0 m/s。廊道进口应布置在水下一定深度,以便保证输水时廊道进口顶部不产生负压,并且避免吸入空气和其他漂浮物体,同时改善进口流态,增大输水效率。廊道进口的最小淹没水深按式(2.4)计算确定,计算时应考虑充水廊道进口前水面的降低。

$$h = 1.2 \times \frac{v_m^2}{2g} \tag{2.4}$$

式中:h——最小淹没水深(m);v_m——最大流量时廊道进口断面的平均流速(m/s);g——重力加速度(m/s²)。

对于廊道出口的淹没水深而言,从消能角度来看原则上是越大越好,淹没水深越大,参与消能的水体越大,水面也比较稳定。综合考虑不同等级船闸的最小起始水深、船闸规模及水头等因素,我国船闸输水系统设计规范规定,对于Ⅵ级以上船闸,上闸首廊道出口的最小淹没水深应大于 2.0 m,下闸首廊道出口的最小淹没水深应大于 1.5 m,Ⅵ级以下船闸可适当降低。当不满足要求时,廊道出口宜压扁放宽。

为了减小廊道出口流速,扩大对冲面积增大消能效果,并减少出口损失,同时兼顾经济因素,廊道出口断面宜扩大为廊道阀门处断面的 1.2～1.6 倍,自转弯段的起点至出口,应设置中间导墙。

廊道转弯段布置时需考虑以下因素:(1)转弯损失小;(2)转弯内侧曲面的压力不致过低产生气蚀;(3)经济合理,不致增加闸首尺寸。按照上述原则,结合大量模型试验资料及船闸实际运行观测数据,认为廊道进口转弯段中心线的平均曲率半径不宜小于 0.9～1.0 倍廊道转弯段的平均宽度,廊道内侧的曲率半径可取为 0.15 倍设计水头;廊道出口转弯段的平均曲率半径不小于 1.0～1.4 倍廊道转弯段的平均宽度,廊道内侧的曲率半径可取 0.2～0.25 倍设计水头;廊道其他部位转弯段中心线的平均曲率半径不小于廊道转弯段的平均宽度。同时,廊道进、出口应修圆,修圆半径可取 0.1～0.15 倍廊道进口宽度。

集中输水系统的工作阀门一般采用平面阀门。对于水头小于 10 m、闸室平面尺寸不大、输水指标要求不高的船闸,若计算表明阀门门后在开敞条件下不产生远驱式水跃时,可以采用阀门底缘斜面面向下游的平面阀门。为减小阀门的启门力,顶止水宜设在上游面,从而使门井水位为下游水位,门顶承受的水体压力小。对垂直转弯的短廊道,为保证廊道顶淹没水深,应将输水阀门布置于高程最低的廊道直线段上。否则,若阀门处廊道高程高于下游最低通航水位,阀门门后直接暴露在空气中,将会引起:(1) 充水阀门开门过程中,阀门后水流将携带着大量的空气进入船闸闸室,严重影响闸室水流条件(特别是靠近上闸首段闸室)和船舶停泊条件,如问题严重甚至船闸靠近上闸首段闸室可能无法停船。(2) 充水阀门开门过程随着船闸闸室水位的上升,阀门后廊道出现“明流(自由流)”到“满流(有压流)”的过渡过程,这一过程可能引起充水阀门的振动,造成阀门损坏或影响阀门的使用。浙江瓯江航道开潭、五里亭、外雄等几座船闸就是由于输水廊道及阀门布置不当,船闸建成后充水过程阀门后水流携带大量空气进入闸室,导致闸室水流条件和船舶停泊条件较差,无法正常投入运行,后期不得不对闸室消能工进行局部改造,采用帷墙格栅消能室进行消能,并通过物理模型试验研究优化闸室流态及阀门充水进气问题。

集中输水系统输水阀门处廊道断面面积可由下式计算:

$$\omega = \frac{2C\sqrt{H}}{\mu T\sqrt{2g[1-(1-\alpha)k_v]}} \tag{2.5}$$

式中:ω——输水阀门处廊道断面面积(m^2);C——闸室水域面积(m^2);H——设计水头(m);μ——阀门全开时输水系统的流量系数;T——闸室输水时间(s);α——系数,可按《船闸输水系统设计规范》表3.3.2选用;k_v——阀门开启时间与闸室输水时间的比值;g——重力加速度(m/s^2)。

集中输水系统输水阀门的开启方式关系到船舶纵向波浪力及闸室输水时间,计算时首先由船舶初始波浪力确定允许的阀门匀速开启的全开时间,然后再核算输水时间能否满足要求。若输水时间过长,则应采用先慢后快的变速开启方式;若输水时间过短,则说明输水阀门段廊道断面面积太大,应予以缩小。

2.2.2 短廊道格栅消能输水

格栅消能室的优点是可调整格栅消能室正面、顶面格栅的面积,沿横断面格栅的大小,并在格栅内设置不同高度的消力槛以调整正面、顶面以及横向的流量分配,因此其均匀水流作用好,消能充分,并能较好适应阀门单边开启运行的情况,但根据其出流特点,这种消能形式比较适用于帷墙高度不高(低于闸室最低水位)的情况。格栅式消能室的体积可按下列公式计算:

$$V = A_0 \frac{9.3CH^2}{T\sqrt{k_v(2-k_v)}} \tag{2.6}$$

式中:V——消能室体积(m^3);A_0——系数,取$0.09\sim0.13$;k_v——输水阀门开启时间与闸室输水时间的比值,集中输水系统一般为$0.6\sim0.8$;C——闸室水域面积(m^2);H——设计水头(m);T——闸室输水时间(s)。

表2.2 部分采用格栅消能输水系统的船闸

序号	船闸名称	闸室长/m	闸室宽/m	门槛水深/m	水头/m
1	安仁铺	230	23	4.0	7.0
2	八堡	300	23	4.2	6.4
3	高港枢纽二线	230	23	4.0	4.48
4	高石碑	180	23	6.17	7.19
6	红船豆	230	23	4.0	7.5
7	界牌	180	23	4.5	6.0
8	裕溪二线船闸	280	34	5.6	4.98

表2.2为部分采用格栅消能输水系统的船闸,以安徽合裕线裕溪船闸扩容改造工程为例,其闸首输水系统采用短廊道格栅消能输水形式,上、下闸首工作

门均采用三角闸门,阀门为平板提升门。裕溪船闸改建规模为 280 m×34 m×5.6 m,承受双向水头,正向最大设计水头为 4.98 m,反向最大设计水头为 3.8 m,输水时间要求 8～10 min 左右,上、下闸首输水系统采用平底板短廊道格栅消能集中输水系统。

输水阀门处廊道断面尺寸为 2×4.0(高)×5.0(宽)=40.0 (m²)。上闸首从短廊道侧面进、出水,廊道进口先平转 90°,经门库及廊道出水,廊道出口断面尺度为 2×3.0(高)×5.0(宽)=30.0 (m²),廊道出口采用格栅消能室;上闸首船闸泄水过程(反向),门后最大断面平均流速较小,考虑船闸双向水头运行,出口设置消力槛,以保证水流充分消能和均匀扩散。下闸首采用反向布置,以充分利用门库进行消能,其短廊道也从侧面进、出水,在短廊道进、出水口均设置消力槛,以使水流均匀扩散,改善水流条件。裕溪新改建船闸上闸首输水系统布置见图 2.5。

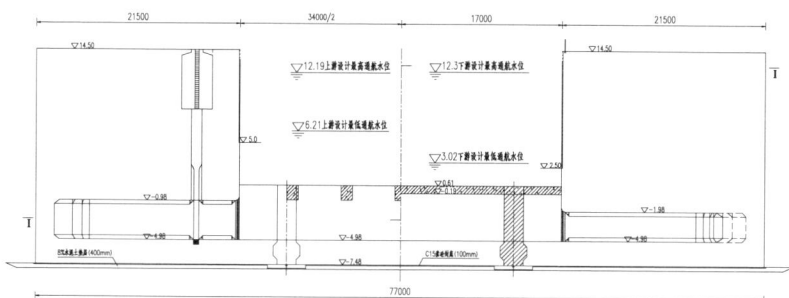

(a) 正视图

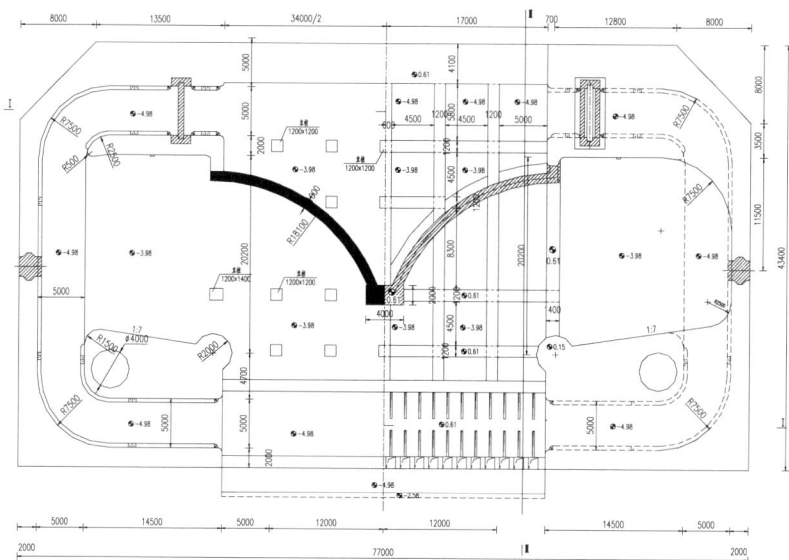

(b) 俯视图

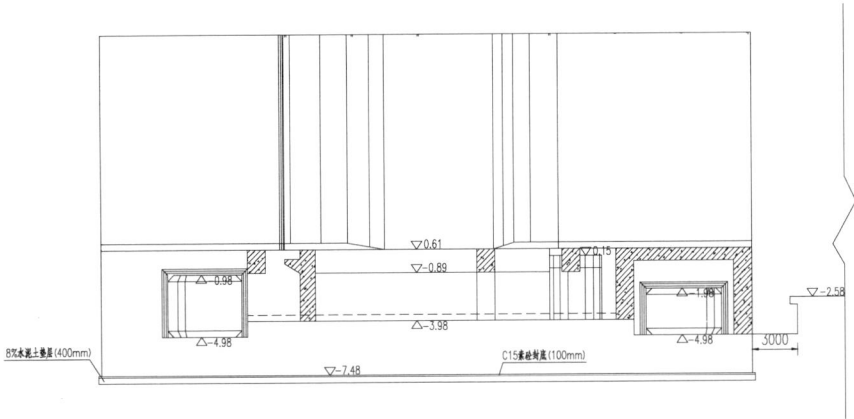

(c) 侧视图

图 2.5　裕溪新改建船闸上闸首输水系统布置图(单位:长度 mm,高程 m)

　　裕溪新船闸输水系统物理模型试验测得的输水系统充、泄水流量系数分别为 0.683 和 0.695;试验确定船闸上闸首阀门双边开启时间为 6 min,下闸首阀门双边开启时间为 4～6 min(为充分发挥船闸的航运效益,可取 5 min)。在常水位工况下,闸室充水时间为 10.18 min,泄水时间为 8.80～9.97 min,原型闸室输水时间预计均可控制在 8～10 min 左右,船闸输水时间满足设计要求。

2.2.3　倒口消能室集中输水

　　倒口消能室是为适应集中输水水头越来越高以及克服集中输水需设置镇静段,从而增大工程造价及耗水的缺点而发展起来的。其进入闸室的水流垂直向下,利用底部消力池的水垫消能,消能效果较好,采用这种形式可以提高阀门开启速度,缩短输水时间,或者提高集中输水系统的适应水头。

　　倒口消能集中输水系统的主要特征为:在船闸闸首短廊道出口连接一个长度与船闸宽度相同的横向出水廊道,水流经过出水廊道下方开设的格栅出水孔,经孔口下方的消力池水垫层和底板撞击消能后,分成两股先后进入闸室(图 2.6),这使得输水过程中闸室水流更加平稳。

　　倒口消能集中输水系统布置形式的最初设想始于 20 世纪 80 年代,图 2.7 为一组集中输水系统不同消能模式的效果模拟比较示意图,其中(a)是侧孔出流和顶部格栅组合出流消能方式,(b)是侧墙斜孔出流消能方式,(c)是斜孔和侧孔出流加突梁组合消能方式,(d)是斜孔和倒口出流加突梁组合消能方式,(e)是单纯倒口出流消能方式。试验研究控制船闸的输水廊道顶高程、开挖底高程、纵向水面尺寸以及廊道出水面积等对消能效果有影响的基本参数相同。模型试验结果表明,图

2.7(e)的倒口出流流态最平稳,基本可消除水流紊动现象,同时由于这一输水系统的消能形式是向下(底部)出流,因此可以不附加任何其他辅助的消能设施。

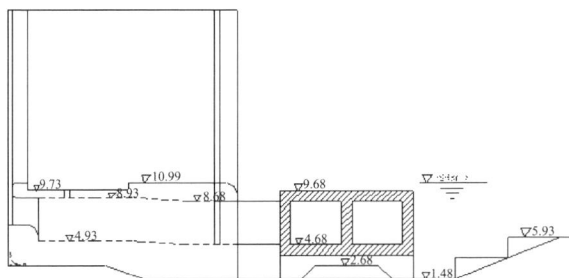

（a）立面布置

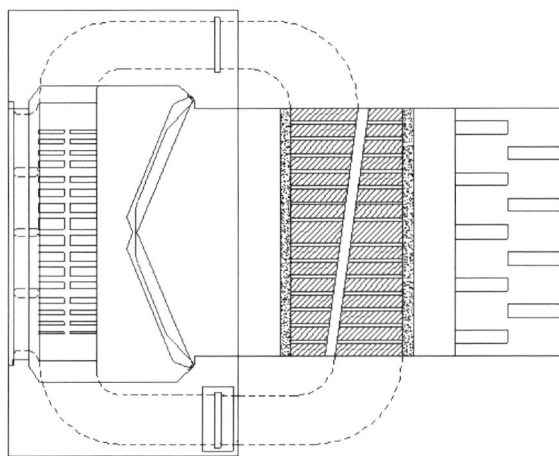

（b）平面布置

图 2.6　倒口消能集中输水系统

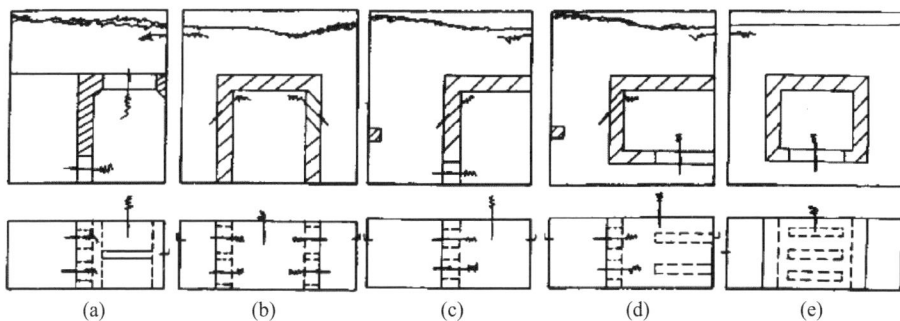

| (a) | (b) | (c) | (d) | (e) |

图 2.7　集中输水系统不同消能模式消能效果比较示意图

在消能比较试验验证倒口消能集中输水系统具有水流消能充分效果的基础

上,1989年起将倒口出流消能技术应用于船闸实际工程中。以广东北江孟洲坝船闸工程为例,其设计水头为7.8 m,闸室有效尺度为140 m×14 m×2.0 m,设计船舶为100 t级机动驳船,上闸首集中输水系统采用倒口消能布置。输水平板阀门断面尺寸为2.0 m×2.5 m,两边阀门同步连续开启时间为180 s,充水历时505 s,充水过程中上闸首附近水面平稳,100 t级机动驳船最大纵向系缆力为4.86 kN(为允许系缆力的69.4%),最大横向拉力为1.68 kN(不到允许值的46%)。同时,利用单边阀门开启充水时系缆力更小的特点,在阀门开启时间不变的情况下,让一边阀门先单独连续开启一时段后,两边阀门再一并继续连续开启直至全开,闸室充水历时略微延长,但船队的纵向受力却得以明显改善。最大纵向系缆力降为允许值的59.4%,最大横向系缆力降为允许值的31.7%。这表示倒口出流消能的集中输水系统对于横向水流的调整具有较好的适应能力,配以不同步开启方式可适用于更高水头的船闸工程。

倒口消能短廊道集中输水系统的进水口、输水阀门段廊道布置与格栅消能室短廊道集中输水系统布置基本一致,输水阀门布置在高程最低的廊道直线段上。

2.2.4 组合式集中输水

三角门门缝输水适用于闸室最大断面平均流速小于0.25 m/s和设计水头小于4 m的条件。水头在1.4 m以下可直接用三角门门缝输水,水头在1.4～4 m之间,必须严格控制三角门的开启方式,采用分段间歇开启。高于上述水力指标时,采用组合式输水。短廊道与三角门门缝组合输水是一种常用的组合式集中输水系统。

芜申运河杨家湾船闸是采用短廊道和三角门门缝组合式集中输水系的典型工程。杨家湾船闸通航标准为双列1+2×1 000 t级船队,船闸有效尺度为230 m×23 m×4.0 m(长×宽×门槛水深),设计正、反向最大水头分别为5.6 m和5.4 m,输水时间要求8～10 min。上下闸首门采用可以在动水中启闭的三角门,在输水临近结束时可开启三角闸门输水以缩短输水时间。

在计算组合式集中输水系统输水阀门处廊道断面面积时,将短廊道输水和三角门门缝输水分开考虑,即上、下游水位差 H_k>1.2 m时由短廊道输水;上、下游水位差 H_k≤1.2 m时由短廊道和三角门门缝组合输水。经计算确定阀门处廊道断面尺寸(高×宽)为3.0 m×3.5 m,双边廊道总断面面积为21.0 m²。上闸首从短廊道侧面进、出水,出水口外设消力槛,进水口廊道顶最小淹没水深为2.6 m;下闸首采用反向布置,以充分利用门库进行消能,其短廊道也从侧面进、出水,出水口外设消力槛,进水口廊道顶最小淹没水深为1.0 m。为使一部分水流从三角门门库分流,短廊道出口处的宽度减小为2.5 m,高度保持不变。

上、下闸首的短廊道均不存在垂直转弯,输水阀门分别布置在正、反向水头充水时短廊道进水口之后的直线段廊道上,阀门后通过水平转弯,将一部分水流从三角门门库分流,另一部分水流从出口段的短廊道出流。杨家湾船闸上、下闸首输水系统布置见图 2.8。

采用局部物理模型试验和数学模型计算相结合的方法,对杨家湾船闸开展了输水系统水力学研究。模型试验测得的输水系统充、泄水流量系数分别为0.731 和 0.760;试验确定上闸首输水阀门开启时间取 330 s,下闸首输水阀门正向水头和在反向水头小于 1.7 m 时取 300 s,在反向水头大于 1.7 m 时取 540 s。研究表明:(1) 船闸充水时间分别为 7.70 min(正向 5.6 m 水头时)和9.30 min(反向 5.4 m 水头时),泄水时间分别为 7.72 min(正向 5.6 m 水头时)和 7.85 min(反向 5.4 m 水头时),输水时间满足设计要求。(2) 反向最大水头充水时闸室及正向最大水头泄水时下游引航道的流速分布均较为均匀,充水时闸室断面最大平均流速为 0.55 m/s,泄水时下游引航道断面最大平均流速为0.58 m/s,满足规范要求。(3) 闸室镇静段长度可取 6.0 m。

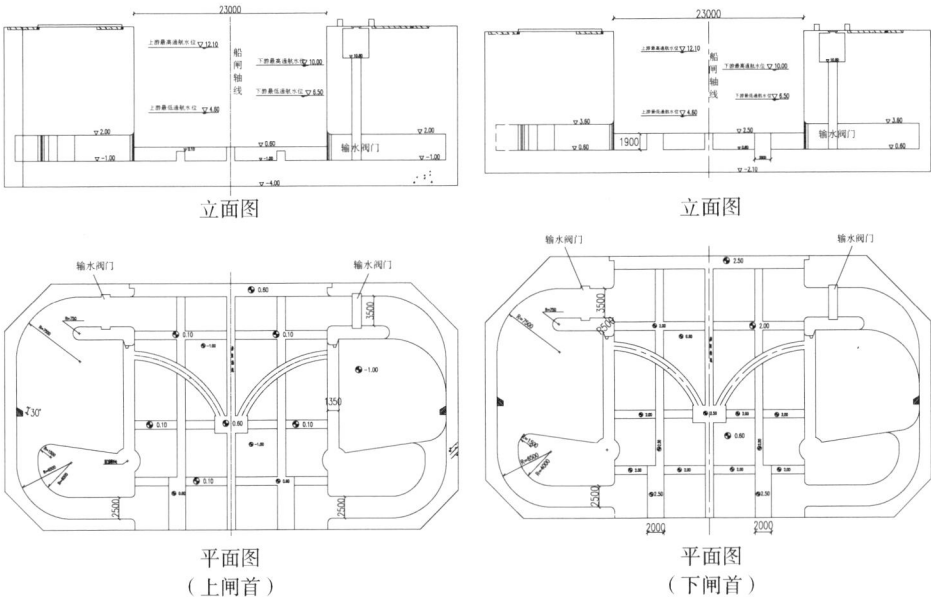

图 2.8　杨家湾船闸输水系统及输水阀门布置图(单位:长度 mm,高程 m)

百色升船机下游辅助船闸采用门下输水+格栅消能的组合式集中输水系统形式(见图 2.9 和图 2.10)。该种组合式输水系统形式通过平面闸门门下输水和格栅消能室输水,保证水流进入闸室后得到充分消能,并能加快输水时间。采用此种组合式输水系统时,将平板门按照一定速度提升,平面闸门底未超过门槛高程时,水流通过格栅消能室进行能量消杀,保证进入闸室内时水流均匀、能量适宜;待上、下游水位差逐渐减小至一定值时,提升平面闸门,平面闸门下过流面积显著增加,通过平板门下及格栅消能室输水,加快输水时间。平面闸门完全离开水面后,再将平面闸门提升至通航净空高度,以便船舶通过。该布置形式不仅能适应船闸中低水头运行,而且船闸平面闸门也参与输水,避免了在短廊道单独设置输水阀门,从而达到了节省工程投资和提高船闸通过能力的目的。

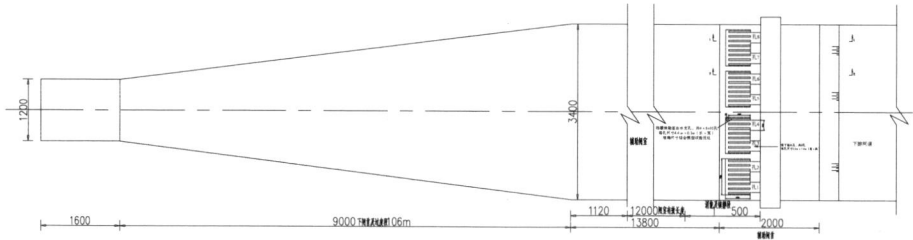

图 2.9　百色升船机辅助闸室组合式集中输水系统布置图

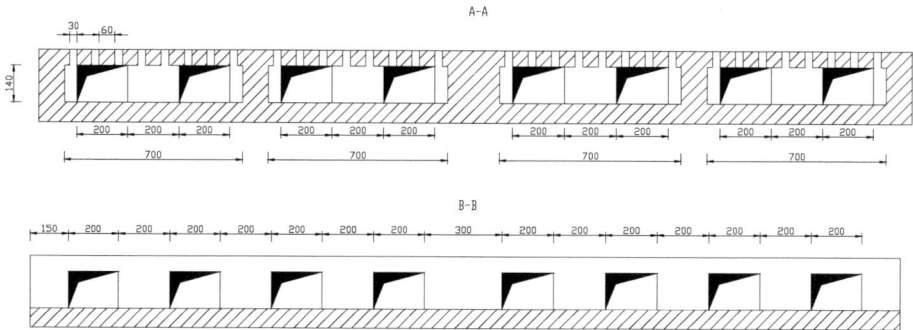

图 2.10　组合消能工正视图

百色升船机辅助船闸设计水头为 3.00 m,常遇水头为 1.50 m,极端工作水头可达 5.64 m。辅助船闸闸室总长 228 m,渐变段长 80 m,孔口宽度由 12.0 m 渐变至 34.0 m。辅助船闸有效尺度为 130 m×34 m×4.7 m(有效长度×有效宽度×门槛水深)。

下闸首工作门采用平面闸门,进水口采用闸首槛下进水,平面闸门后采用格栅消能室的形式进行消能,格栅消能室水流进口共有 8 个,门槛顶高程为 109.7 m,进水口底板高程为 107.7 m,进水口尺寸均为 2.0 m×1.4 m(宽×高),总面积共22.4 m²。进水口分为左右 2 组,2 组进水口设置隔墙。

2 个进水口共用 1 个格栅消能室,因此共有 4 个格栅消能室,尺度均为7.0 m×5.0 m×1.4 m(长×宽×高),总体积共 196 m³。格栅消能室顶部设置出水格栅,格栅长 4.4 m,宽 0.3 m,每个格栅消能室设置 8 个出水格栅,出口共

32 个格栅,总面积共 42.24 m²。

2.3 分散输水系统

分散输水系统闸室充、泄水是通过设在闸室底部或闸墙内输水廊道上的一系列出水孔完成的,水流进入闸室相对分散,消能充分,闸室水流条件较好,但闸室结构较为复杂,施工难度较大,造价也较高,因而一般用于中高水头或水力指标较高的船闸。我国《船闸输水系统设计规范》根据输水水力特点和布置形式将分散输水系统细分为下列三大类:

(1)第一类分散输水系统,包括闸墙长廊道侧支孔出水、闸墙长廊道多支孔出水两种。我国近年新建的该类船闸大多采用闸墙长廊道侧支孔出水,多支孔出水应用相对较少。

(2)第二类分散输水系统,包括闸底长廊道顶/侧支孔出水,槛下长廊道与闸底长廊道分区段出水,闸墙长廊道经闸室中部横支廊道支孔出水,闸墙长廊道经闸室中段进口纵/横支廊道支孔出水,闸墙长廊道经闸室中心进口水平分流、闸底支廊道二区段出水等多种形式。

(3)第三类分散输水系统,包括闸墙长廊道经闸室中心进口垂直分流、闸底支廊道二区段出水和闸底支廊道四区段出水等。

目前一般 $m = \dfrac{T}{\sqrt{H}}$ 值大于 2.4 时,可采用第一类分散输水系统;m 值为 2.4~1.8 时,可采用第二类分散输水系统;m 值小于 1.8 时可采用第三类分散输水系统。

2.3.1 整体布置方法与原则

与集中输水系统不同,分散输水系统需要考虑惯性水头的影响,其输水阀门处廊道断面面积可按下式进行计算:

$$\omega = \frac{2C \cdot (\sqrt{H+d} - \sqrt{d})}{\mu T \sqrt{2g[1-(1-\alpha)k_v]}} \tag{2.7}$$

式中:ω——输水阀门处廊道断面面积(m²);C——闸室水域面积(m²);H——设计水头(m);d——惯性超高或超降(m),可按《船闸输水系统设计规范》附录式(E.0.3)计算或参考已有工程模型试验及原型观测数据确定。

μ——阀门全开时输水系统的流量系数,可取 0.6~0.8;

T——闸室输水时间(s);

21

α——系数,可按《船闸输水系统设计规范》表 3.3.2 选用;

k_v——阀门开启时间与闸室输水时间的比值,一般取 0.4~0.6;

g——重力加速度(m/s²)。

阀门段廊道的高程应满足阀门工作条件的要求,为了避免大量空气由阀门段进入输水廊道,并从支孔逸出进而恶化闸室水流条件,分散输水系统的阀门段必须布置在下游最低通航水位以下,并有一定的淹没水深。若输水阀门段廊道不淹没或淹没水深不足,都将影响阀门的工作条件,阀门后可能产生远驱式水跃、空蚀或阀门振动等危害。阀门不应设在廊道的转弯段,阀门距转弯段的距离应保证阀门门前水流平顺。阀门段廊道布置可根据阀门工作条件计算或模型试验而定。

阀门后廊道形式应根据阀门工作条件选择,有不扩大、逐渐向上扩大及突然扩大等三种形式,其布置需根据模型试验确定。阀门后廊道压力较低或出现负压时,若检修门井距离工作门井太近,有可能由于水体的翻滚从检修门井中将空气带入水流中,或直接因负压吸气进入闸室,同时检修阀门的门槽也易遭受冲刷、空蚀破坏。因此,上、中闸首的下游侧检修阀门与工作阀门的距离,宜大于廊道高度的 3 倍,必要时还需在检修阀门井内做防止掺气的封闭措施,封闭位置至少在闸室起始水位以下。

分散输水系统进、出口通过的流量通常较大,流速较高,对水流流态和过闸船舶的安全有较大影响,因此需慎重对待输水系统的进出口布置。进口布置应避免发生有害的空心吸气漩涡,漩涡的形成与进口边界条件、淹没水深以及流速有关。因此,输水系统进、出口应布置为流线型;进口顶的淹没水深宜大于 0.4倍的设计水头,并应考虑进口处水面的局部降落;进口的最大断面平均流速不宜大于 2.5 m/s。出口顶的淹没水深宜大于 1.5 m。

分散输水系统宜采用导墙上垂直多支孔进、出口布置(图 2.11~图 2.12)和横支廊道进、出口布置(图 2.13~图 2.14)。导墙上垂直多支孔进口喉部面积应顺水流方向逐渐缩小。当条件限制时,可在第一类分散输水系统中采用槛上多支孔进、出口布置(图 2.15~图 2.16),但应满足安全要求。

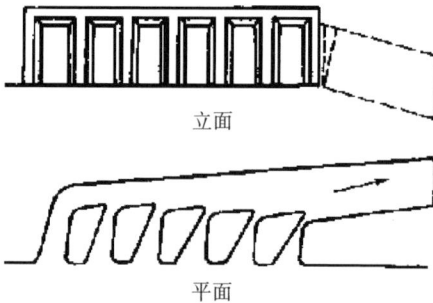

图 2.11 导墙上垂直多支孔进口   图 2.12 导墙上垂直多支孔出口

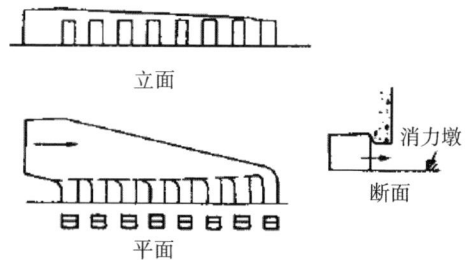

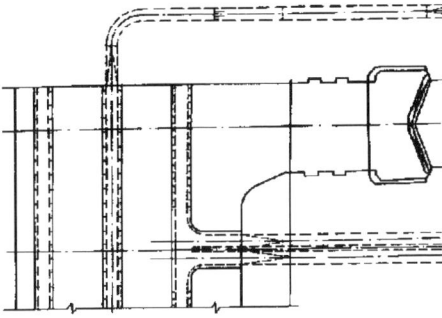

图 2.13　横支廊道进口

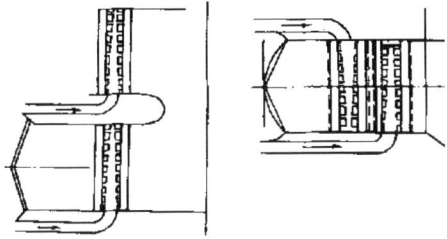

图 2.14　横支廊道出口

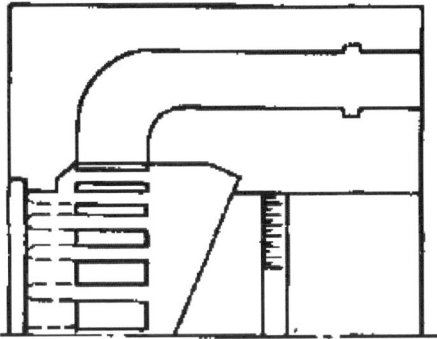

图 2.15　槛上多支孔进口

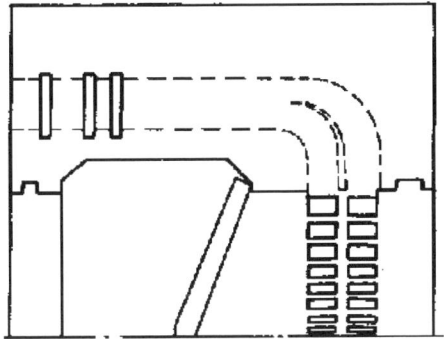

图 2.16　槛上多支孔出口

当闸室全部通过引航道内充、泄水,且船舶在引航道内的停泊或航行条件不满足时,应采用部分旁侧充、泄水的设施。当必须采用全部旁侧充、泄水布置时,则应注意引航道水面与闸室水面的高差,若高差较大时,应采取辅助输水系统,保证输水完毕时,闸室与引航道水面齐平。当多线船闸或船闸与升船机共用引航道时,应考虑船闸充、泄水时相互间的影响。

分散输水系统输水时,水流最终通过一系列支孔进、出闸室,为使充、泄水的水流充满整个支孔,不致产生严重出流偏斜,分散输水系统支孔沿水流方向的长度不宜小于其断面的宽度或直径的 2～4 倍。此外,为使水流通畅,获取好的水流流态,并减少支孔局部阻力,支孔的进、出口宜修圆扩大,支孔喉部后的出口扩大角宜小于 3°。出水段廊道支孔断面的总面积宜与该廊道断面面积相等。

当分散输水系统的支廊道采用侧向出水支孔布置时,宜用明沟消能。明沟的宽度宜为支孔宽度的 5 倍,相邻两根支廊道共用一个明沟时,出水支孔应交错布置。当明沟宽度较大时,应在明沟中设 T 字形挡槛,其高度可按下式计算:

$$h \geqslant d_0 + 0.24y \tag{2.8}$$

式中:h——挡槛高度(m);d_0——侧面出水支孔的高度(m);y——出水支孔至

挡槛的距离(m)。

上述布置要点适用于各种形式的分散输水系统,但不同形式的输水系统因充、泄水水流的通道及具体路径不同而又具有各自独特的布置原则及方法,水力指标不同,输水阀门的布置也不尽相同,以下按照输水系统形式介绍分散输水系统及其输水阀门的布置。

2.3.2 闸墙长廊道侧支孔输水系统

闸墙长廊道短支孔输水系统是应用最广泛的一种分散输水系统。美国在建设纽约州驳船运河上的船闸时,首先使用这种输水系统形式,并进行推广应用。这种类型的输水系统布置具体有两类,即闸墙长廊道侧支孔型和闸墙长廊道多支孔型,前者是美国陆军工程兵团20世纪初首先研究并使用的,而后者是20世纪50年代美国田纳西河流域管理局首创的。这两种类型的主要区别为:(1)多支孔型在闸墙上的孔口尺寸较小,数量较多,排列较密,通常用几百个标准管分成2~3排;而侧支孔型孔口尺寸较大,数量较少,孔距大,布置一排。因此多支孔型水流分散而侧支孔型水流较集中。(2)多支孔型水流通过沿两侧闸墙布置的纵向明沟消能,再向上扩散;而侧支孔型一般通过水流扩散,利用船底富裕水深的水体消能,亦可通过纵向明沟消能。因而侧支孔型在孔口间距、尺寸、位置以及闸室水深等方面都有一定要求,而多支孔型的要求就少得多。

虽然闸墙廊道多支孔型具有水流条件更优、要求的闸室水深比侧支孔型小、投资较省的优点,但由于其支孔数量太多、施工及维修困难,因而在美国陆军工程兵团水道试验站 WES 设计手册中并不推荐。如今所指的闸墙长廊道短支孔输水系统主要为侧支孔型。该形式输水系统具有以下水力特点:(1)闸室充水时,水流沿闸室长度方向分散进入闸室,闸室中水流的长波运动较集中输水系统有较大的减小,同时该输水系统形式又是单区段进水的分散输水系统,仍具有明显的依次出流现象,它的波浪力系数根据其支孔布置的不同大约为 0.1~0.3(对于大船),较集中输水系统的波浪力系数(1.0 及以上)有较大幅度的减小,这是它能适应较高水头和较大型船闸的主要原因。(2)由于水流是从闸墙的两侧进入闸室,水流的消能空间较小,主要利用船底水体进行扩散消能,这是该输水系统形式具有较好投资优势的主要原因。

美国陆军工程兵团经过了大量的试验及原型观测,对其布置给出下列原则:(1)闸墙主廊道上的侧支孔群排列长度,为满足全船队和半船队的停泊条件,应大于闸室长度的50%以上。(2)侧支孔出口顶高程应布置在船舶吃水深度以下。(3)侧支孔如采用圆形断面,以文德里管的形状最好,扩张角度小于14°;如采用矩形断面,进出口扩张角度仍宜小于14°。侧支孔的控制断面总积与主廊道断面面积比值以 0.95 左右为宜。(4)两侧主廊道上的侧支孔以交错布置为宜,射流边界可少部分混合,但不希望有较多的相交,间距太小则射流边界相交过多,闸室中心将产生涌泡,间距过大沿闸室将出现不规则的强烈翻泡。(5)侧支孔最小断面处的面积选择与闸室宽度和闸室起始水深有关。如能加大闸室起始水深,对加快闸室充水时间和改善阀门工作条件均有重要意义。(6)对水力指标较高且起始水深较小的船闸侧支孔前部 1/3 的支孔宜增加改善水流的措施:如将支孔向上偏斜、加导流板、加三角形消力塘等,或前半支孔加三角形消力塘、后半支孔群加矩形消力塘以改善水流。

　　与美国相比,我国船闸的情况则有所不同,主要表现为以下几点:(1)船闸初始水深较小,不能满足美国陆军工程兵团提出的闸墙廊道侧支孔所要求船底富裕水深的要求;(2)过闸船舶尺度较小,对局部水流作用更为敏感;(3)美国该形式输水系统一般用于 10 m 水头以下船闸,而我国许多类似船闸都超过其上限值。因此,闸墙长廊道侧支孔输水系统在我国的应用受到了极大的限制,使得此种结构形式简单、工程投资小而闸室水流条件较好的输水系统形式的应用很长一段时间内都处于停滞状态。

　　为解决闸墙廊道侧支孔输水系统在我国船闸的适用性问题,在进行广西西江桂平一线船闸输水系统研究时,针对我国闸室设计初始水深较小的特点,放弃了美国对这一输水系统的消能原理(即针对其船闸初始水深较大的特点,利用船底富裕水体空间进行水流扩散消能),提出了在闸室内侧面短支孔出口外布置消力槛进行消能的全新思路(图 2.17)。之后,通过三维 PIV 流场测试技术、三维数值模拟仿真技术及船闸整体水力学模型试验等手段,对此种输水系统形式的输水水力特性尤其是闸室消能特性进行了较为系统的研究(图 2.18),提出了适合我国船闸特点的闸墙长廊道短支孔输水系统闸室消能布置原则和方法,成功地解决了这一输水系统形式在我国初始水深较小条件下的应用问题,并且已将此类输水系统形式的应用水头提高至目前的 15.55 m。

　　经过大量研究及工程实践,我国船闸输水系统设计规范结合我国的实际情况提出了以下主要设计原则:(1)闸墙长廊道短支孔输水系统适用于输水系统选型判别系数 m 值大于 2.4 的情况。(2)闸墙长廊道短支孔输水系统的支孔段宜设置在闸室中部,长度为闸室长度的 50%～70%。(3)短支孔的间距宜为闸室宽度的 1/4,且两侧短支孔应相互交错布置。(4)支孔出口应布置在下游最低通航水位时设计船舶吃水深度以下,以保证支孔出流不直射船体;当船底富裕水深小于支孔间距的 1/2 时,支孔出流将影响船体,此时应在全部支孔出口外设置消力槛,当水头较高时还应设置消力塘或四面出水的分流罩,并应通过模型试验验证。(5)支孔沿水流方向的长度不宜小于其断面宽度或直径的 2～4 倍,支孔的进出口宜修圆扩大,支孔喉部后的出口扩大角宜小于 3°。(6)各支孔喉部断面的总面积宜与闸墙廊道的面积相等或比它略小。

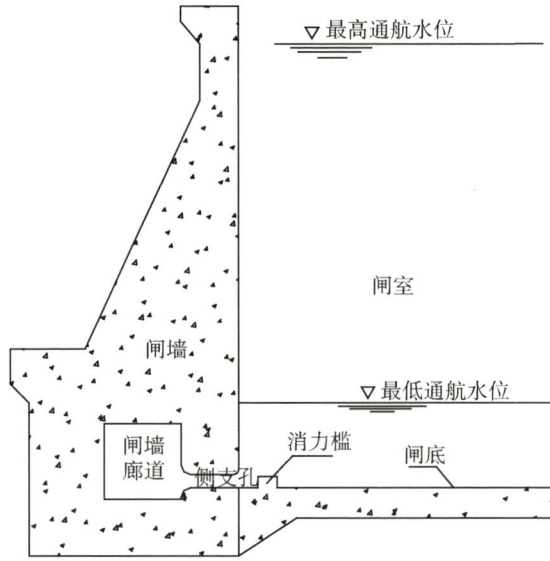

图 2.17　闸墙长廊道短支孔输水系统消力槛消能示意图

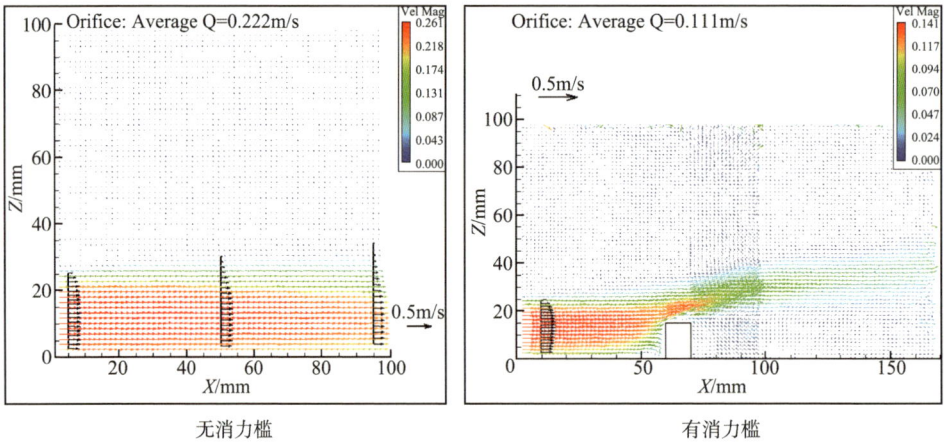

图 2.18　设置消力槛前后的水流流场

　　闸墙长廊道短支孔输水系统布置时,当确定了输水阀门处廊道断面尺寸及面积后,选择闸墙输水廊道断面面积以及短支孔断面面积时,有以下两个比值必须加以注意:(1) α 为闸墙廊道与输水阀门处廊道的断面面积的比值,α 值越大,输水系统出水孔段的损失越小;(2) β 为短支孔总面积与闸墙廊道断面面积的比值,β 值越小,越有利于沿闸室长度方向支孔的出水均匀,但将增加出水孔段的水头损失。根据国内外的研究及工程实践经验,一般情况下 α、β 值分别取为

1.20~1.35 和 0.95~0.98。

我国已建和正在设计、建设中的采用闸墙长廊道短支孔输水系统形式的部分船闸情况见表 2.3。广西西江桂平一线船闸建成后，其良好的运行水力特性开始引起我国水运界的注意，并陆续建成了广西西江贵港船闸和长洲船闸、广西右江那吉船闸及金鸡滩船闸、重庆乌江彭水船闸、湖北汉江崔家营船闸、湖南湘江大源渡船闸和土谷塘船闸、四川嘉陵江红岩子船闸及桐子壕船闸、河南沙颍河沈丘船闸、江苏徐洪河沙集船闸、广东北江白石窑船闸和清远船闸、安徽沛淮航道九里沟船闸、黑龙江松花江大顶子山航电枢纽船闸、江西赣江新干船闸等 20 余座船闸，并有闽江水口坝下、岷江东风岩和龙溪口等多座船闸正在设计施工中。

闸墙长廊道短支孔输水系统属于规范中较简单的分散输水系统形式，最大应用水头在 15.0 m 左右。此类中水头船闸，其输水阀门形式一般采用平面阀门。以表 2.3 中闸室规模及水头均居此类形式前列的贵港二线船闸为例，其输水系统整体布置如图 2.19 所示，输水阀门为平面阀门，阀门尺度（宽×高）为 4.5 m×5.5 m，采用锐缘、底缘向上游布置。经比尺为 1∶15 的阀门水力学模型试验研究：(1) 当输水阀门以 $t_v=7$ min 速率开启时，阀门后廊道顶最低压力出现在距离门井 8.25 m 处，发生在 $n=0.5$ 开度，最低压力为 3.98 m 水柱（1 mm $H_2O=9.806\,65$ Pa）；(2) 压力脉动在门井下游 16.5 m 处最大，其均方根值为 0.88 m 水柱，发生在 $n=0.6$ 开度。考虑到贵港二线船闸阀门尺寸巨大，输水流量较大，存在空化的可能，提出采用门楣自然通气措施抑制可能发生的阀门底缘空化。流态观察表明，在 $n=0.1\sim0.6$ 开度范围内门楣能够自然进气，且通气范围较大，通气稳定。

2.3.3　闸底长廊道输水系统

闸底长廊道输水系统按出水支孔布置方式可分为侧支孔出水和顶支孔出水。闸底长廊道侧支孔输水系统的支孔应对称布置在闸底长廊道两侧，并采用明沟消能；闸底长廊道顶支孔输水系统的底部长廊道断面宜采用宽浅型，顶支孔上必须设消能盖板，使出水孔水流经盖板消能后在闸室宽度方向分布均匀。闸底长廊道短支孔输水系统的出水孔段宜设置在闸室中部，其长度为闸室长度的 1/2~2/3。

闸底长廊道侧支孔输水系统在设计布置时，当确定了输水阀门处廊道断面尺寸及面积后，选择闸底输水廊道断面面积以及短支孔断面面积时，同样有几个比值必须加以注意：(1) α 为闸底廊道与输水阀门处廊道的断面面积的比值，α 值越大，输水系统出水孔段的损失越小；(2) β 为短支孔总面积与闸底廊道断面面积的比值，β 值越小，各出水支孔之间出流越均匀，但出水孔段阻力相应增大；

表 2.3　国内部分闸长墙廊道短支孔输水系统的船闸

船闸名称	闸室有效尺度/m	水头/m	T/min	m=T/√H	阀门尺度/m	阀门开启时间/min	n/%	消能形式及尺度/m
桂平一线	190×23×3.5	11.69	9.0	2.63	2×3.5×3.5	8	66	消力槛 h=0.5,b=0.75
贵港一线	190×23×3.5	13.1	9.55	2.64	2×3.5×3.5	8	67	消能室 2×2×2.6
大源渡一线	180×23×3.5	11.2	8.7	2.60	2×3.5×3.5	8	75	消力槛 h=0.35,b=1.0
沈丘	130×12×2.5	12.0	8.5	2.45	2×2.0×2.0	5	67	消力槛 h=0.35,b=0.6
沙集	160×16×2.7	11.0	8.7	2.62	2×2.4×2.4	6	80	消力槛 h=0.3,b=1.5
红岩子	120×16×3.0	13.8	13.1	3.53	2×2.0×2.0	6	67	明沟 2×1.5
白石窑	140×14×2.5	12.0	8.5	2.43	2×2.2×2.5	6	61.1	无
九里沟(中间级)	100×13×2.0	12.75	8.17	2.29	2×1.5×18	7	77	明沟 0.6×0.7
长洲2井	190×23×4.5	15.55	9.72	2.46	2×3.5×3.5	8	70	消力槛 h=0.5,b=1.0
那吉	190×12×3.5	13.91	8.92	2.39	2×2.4×2.7	7	73	消力槛 h=0.35,b=1.2
金鸡滩	190×12×3.5	13.80	8.57	2.31	2-2.4×2.7	7	73	消力槛 h=0.35,b=1.2
彭水	60×12×2.5	15.0	7.41	1.91	2×1.6×2.0	6	67	消力槛 h=0.25,b=1.2
大顶子山	180×28×3.5	8.0	8.0	2.83	2×3.5×3.5	5	78	消力槛 h=0.4,b=1.8
崔家营	180×23×3.5	8.82	8.0	2.69	2×3.5×3.0	6	70	消力槛 h=0.35,b=1.5
长沙	280×34×4.5	9.3	8.0	2.62	2×4.5×5.0	5	72.9	消力槛 h=0.5,b=1.2
老口	190×23×3.5	14.44	8.0	2.10	2×3.3×3.7	7	69.6	消力槛 h=0.5,b=1.5
龙口二线	200×34×3.5	10.0	10.0	3.16	2×4.0×4.2	7	76.5	消力槛 h=0.5,b=1.2
贵港二线	280×34×5.8	14.1	10.0	2.66	2×4.5×5.5	7	70	明沟 3.5×2.4
株洲二线	280×34×4.5	10.7	10.0	3.05	2×4.5×5.0	7	73	消力槛 h=0.5,b=1.5
大源渡二线	280×34×4.5	11.3	10~12	3.57	2×4.5×5.0	7~11	73	消力槛 h=0.5,b=1.5
新干	230×23×3.5	10.05	8~10	2.52~3.15	2×4.0×4.0	6	75.6	消力槛 h=0.35,b=1.0

注:T为输水时间,n=支孔长度/闸室有效长度,h,b分别为消力槛高度及距支孔出口距离。

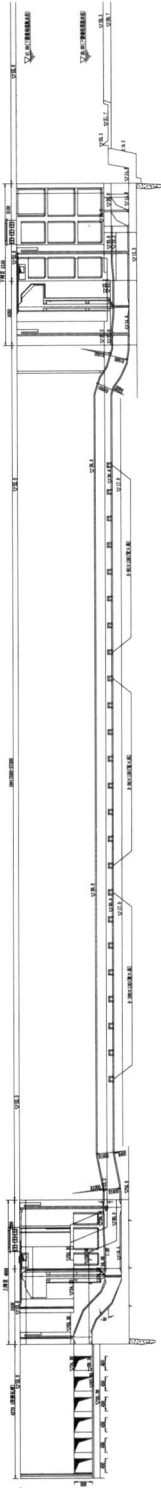

立面布置图1:500

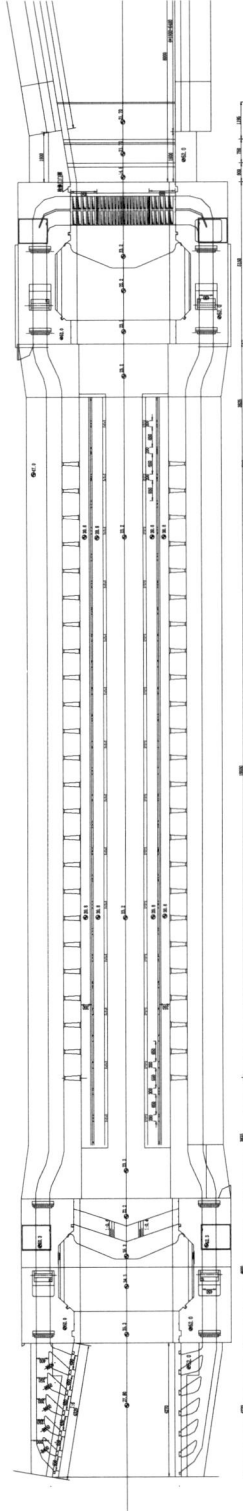

平面布置图1:500

图 2.19　贵港二线船闸闸墙长廊道短支孔输水系统布置图

（3）γ 为出水支孔总面积与阀门处廊道断面面积的比值，γ 值越大，出水孔段的损失越小。表 2.4 列出了我国采用闸底长廊道短支孔输水系统的部分船闸资料，根据研究及工程实践经验，船闸的 α 值一般大于 1.0，β 值在 0.79～1.33 之间变化，β 值较小的几座船闸的出水段都较长，较小的 β 值是为了保证在较长出水段内出水均匀。

闸底长廊道侧支孔输水系统对闸室消能明沟尺度有一定要求，明沟尺度超过一定范围将不利于水流的扩散和消能，因此单明沟消能的范围受到限制。为此在单明沟消能布置的基础上，提出了双明沟消能的理念。双明沟消能是指在闸室出水廊道的侧向出水孔外设置两道明沟进行消能，相邻明沟之间设置带有透水孔的消力槛，通过改变消力槛上的透水孔面积进一步调整闸室的水流分布。其优点为将原先明沟消能的体积增大了一倍，同时在平面上扩大了水流扩散的面积，从而可获得较好的水流条件，提高了停泊在闸室内过闸船舶的安全性，并可减少廊道数，简化闸室结构。

以桂平二线船闸为例，其闸室有效尺度为 280 m×34 m×5.6 m，规模与三峡船闸相当，为国内闸室尺度最大的内河船闸之一，设计水头为 10.5 m，设计过闸船舶为 3 000 t 级单船与 2×2 000 t 级船队。桂平二线船闸采用闸底长廊道侧支孔输水系统，在进行双明沟消能布置时，通过模型试验详细研究了两道消能明沟之间的隔墙透水孔高度与横向水流分布之间的关系，确定了如图 2.20 所示的闸底长廊道输水系统整体布置，试验表明船舶停泊条件得到了改善，3 000 t 级单船的横向系缆力降低为 13 kN。桂平二线船闸属于中水头大尺度船闸，其输水阀门采用平面阀门，充水阀门以 t_v=4 min 匀速开启充水时，通过物理模型试验测得的充水阀门后廊道顶非恒定流最低平均和瞬时压力分别为 4.85 m 水柱和 4.62 m 水柱，泄水阀门采用 t_v=3 min 匀速开启泄水时的阀门后廊道顶最低平均和瞬时压力分别为 3.65 m 水柱和 3.35 m 水柱，阀门段压力满足规范要求，阀门工作条件良好。

2.3.4　闸墙长廊道闸室横支廊道输水系统

在进行闸室中部横支廊道设计时需要确定两方面问题：一是闸底横支廊道在闸室内的布置形式，二是各部位输水廊道断面的面积。

船闸闸墙长廊道闸室中部横支廊道输水系统主要有图 2.21 中的两种布置方式，分别为闸室中段横支廊道交错布置和横支廊道前后分组布置。我国在葛洲坝 2# 船闸试验中，对该类型输水系统曾做过比较试验，前者虽然充水初期在闸室中仅形成向前及向后的二个推进波，不像后者会形成四个推进波，但由于两侧廊道出水均位于闸室中部，不存在因阀门不同步或单侧阀门开启而导致波浪

表 2.4　国内部分采用闸底长廊道短支孔输水系统的船闸

船闸名称	阀门处廊道断面面积/m²	主廊道断面面积/m²	出水支孔总面积/m²	出水段长度/m	出水段长度/闸室有效长度	α值	β值	γ值
沙溪口	10.0	15.0	18.0	75.0	0.54	1.50	1.20	1.80
五强溪	18.0	24.0	31.96	60.0	0.50	1.33	1.33	1.77
飞来峡	18.0	24.0	24.3	115.0	0.60	1.33	1.01	1.35
富春江	8.75	15.0	19.2	56.0	0.55	1.71	1.28	2.19
康杰	24.45	30.0	23.76	96.1	0.49	1.23	0.79	0.97
红花一线	16.64	19.20	18.48	97.75	0.54	1.15	0.96	1.11
桥巩	11.0	13.44	11.76	65.0	0.54	1.22	0.88	1.07
桂平二线	45.0	55.0	51.0	204	0.73	1.22	0.93	1.13
峡江	24.5	26.0	32.4	120	0.60	1.06	1.25	1.32
长洲三四线	55.2	66.0	76.5	204	0.70	1.20	1.16	1.39
富春江(改造后)	32.0	40.5	39.468	207	0.69	1.27	0.97	1.23
西津二线	54.0	66.0	74.52	162	0.58	1.22	1.13	1.38
邕宁	36.0	44.0	42.0	168	0.67	1.22	0.95	1.17
红花二线	54	66.0	64.152	127.9	0.457	1.22	0.972	1.19
洪江	24	30	28.512	120	0.56	1.25	0.950	1.19

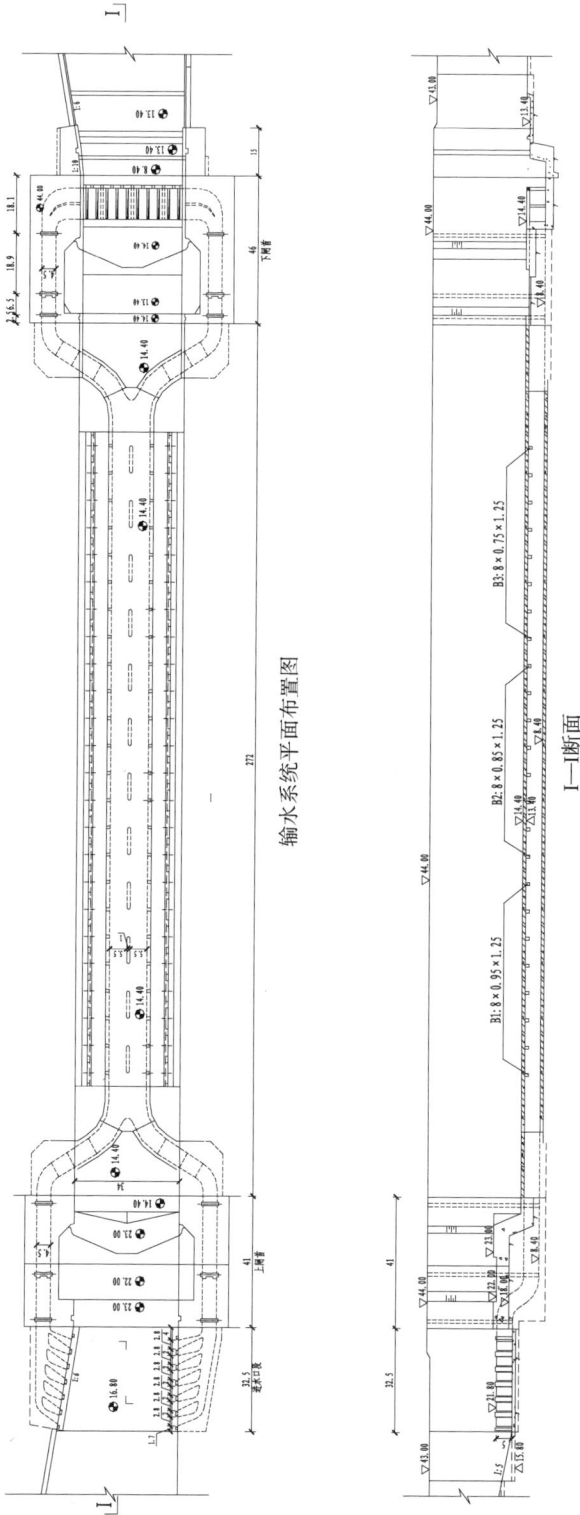

输水系统平面布置图

I—I断面

图 2.20　桂平二线船闸闸底长廊道输水系统布置图（单位：高程 m，长度 m）

力大幅增大的缺点。后者由一侧主廊道与上半闸室中部的横支廊道相连接,另一侧主廊道与下半闸室中部的横支廊道相连接,因此正常运转时在减小波浪力方面比前者好,但当两侧输水阀门未能达到同步时造成波浪力的成倍增加而容易发生事故,更不允许单侧阀门开启。因此,我国船闸设计中采用较多的为闸室中部横支廊道交错布置方式,通常设置一组或两组横支廊道群,这样即使双侧阀门开启不同步,甚至是单侧开启阀门,也基本不会影响闸室内船舶停泊条件,相反由于阀门不同步开启,起始流量增率及最大流量减小,减小了水面坡降,减轻了局部水流作用,闸室内船舶受力反而可以有所减小。

对于横支廊道的布置,我国船闸输水系统规范规定,闸室中部横支廊道的布置范围宜为闸室长度的 1/3～1/2,两侧横支廊道应交错布置。研究表明,对于闸室宽度为 34.0 m 左右的大尺度船闸,当闸室有效长度大于 250.0 m 时,闸室中部设置两组横支廊道群更有利于闸室内的水流分布及船舶安全停泊;而当闸室有效长度小于 230.0 m 时,为节省工程量可在闸室中部设置一组交错布置的横支廊道群,但需研究相应地保证闸室纵横向水流分布均匀的相关布置措施。调整闸室横支廊道流量分配的方法有两种:一是自上游向下游逐渐缩小各横支廊道过水断面面积,这样可以沿闸室长度方向较大范围调整横支廊道的流量,使各横支廊道出水流量基本相等;二是自上游向下游逐渐减小闸墙廊道与闸室横支廊道连接圆弧的曲率半径,这种方法虽然调整范围相对较小,但可保证闸室中部的每根横支廊道形状断面一致,有利于施工维护,更具有工程应用价值。

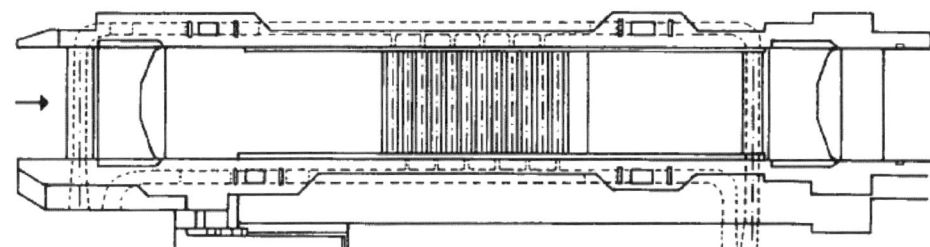

(a) 闸室中段横支廊道交错布置

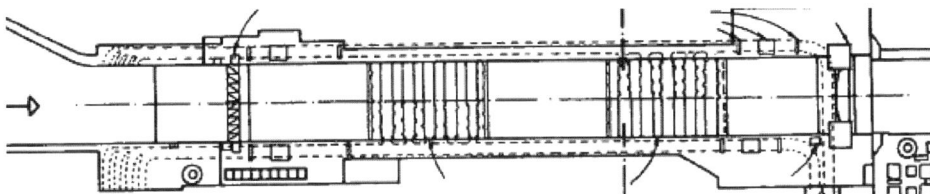

(b) 横支廊道前后分组布置

图 2.21　闸墙长廊道闸室中部横支廊道输水系统示意图

我国采用闸墙长廊道闸室中部横支廊道输水系统的部分船闸资料见表2.5,21世纪初建成的首座单侧闸墙主廊道闸底横支廊道的桂林春天湖船闸,虽然其水头较低(4.55 m),闸室尺度很小(18 m×9 m×0.75 m),但其设计却具有新意,它采用了不同的横支廊道进口面积以调整闸室纵向水流分布,采用等高度变宽度阶梯式变断面的横支廊道布置形式调整闸室横向水流分布,对侧向支孔的出水水流采用了先进的双明沟消能。采用类似布置的还有广西长洲1♯船闸,它是已建船闸中采用闸墙长廊道闸室中部横支廊道输水系统形式规模最大的船闸(平面有效尺度200 m×34 m,水头 15.55 m)。嘉陵江草街船闸和贵州清水江平寨船闸也是通过改变不同横支廊道的进口断面面积来调整横支廊道的流量分配,其支孔布置均为横支廊道顶部出水盖板消能方式。岷江犍为、老木孔船闸则是通过采用不同的横支廊道进口连接圆弧曲率半径来调整流量分配,模型试验表明获得了令人满意的效果。

表 2.5　国内部分采用闸墙长廊道闸室中部横支廊道输水系统的船闸

船闸名称	闸室有效尺度 (长/m×宽/m)	最大水头 /m	起始水深 /m	输水时间 /min	备注
春天湖船闸	18×9	4.55	0.70	4.00	侧支孔
长洲1♯船闸	200×34	15.55	4.50	10.0	侧支孔
草街船闸	180×23	26.7	3.5	12.00	顶支孔
犍为船闸	200×34	19.0	4.5	12.00	侧支孔
老木孔船闸	200×34	14.5	4.5	10~12	侧支孔
平寨船闸	120×12	23.83	3.0	10~12	顶支孔

经过大量研究及工程实践,得到闸室横支廊道及出水支孔布置的要点为:

(1)为保证横支廊道首末端出流均匀,横支廊道末端宽度与进口宽度的比值宜为0.3~0.4。

(2)等高度变宽度阶梯式变断面的横支廊道,其出水支孔总面积宜取横支廊道进口断面面积的 1.2 倍。

(3)每组横支廊道的中间隔墙上设置孔口使两侧廊道内水流互通,可使阀门单边开启时横支廊道水流能两侧出流,从而分散水流。

(4)为使侧向出水孔出流均匀,出水孔应为窄高型,宽度不宜超过 0.5 m。

(5)侧支孔长度不足将产生水流偏斜,为保证侧支孔出水水流较平顺并减小侧支孔的形状阻力,支孔沿水流方向的长度宜为其断面宽度的 3.6 倍左右。

(6)充水时侧支孔的水流通过消力槛在消能明沟内形成旋滚消能,具有一定的二次均匀水流作用,与单明沟布置相比,双明沟布置(图 2.22)可增加消能

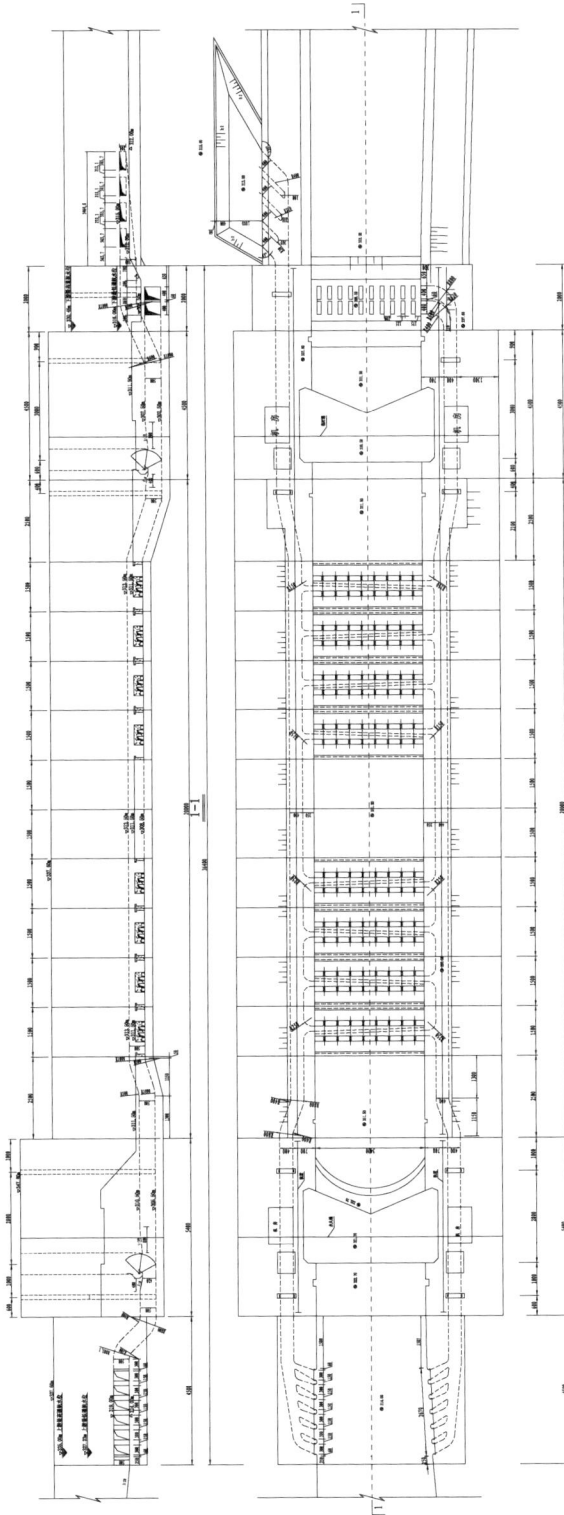

图 2.22 犍为船闸闸墙长廊道闸室中部横支廊道侧支孔输水系统

效率,减小闸室水体紊动,消能效果更好。

为减小输水廊道各部分阻力,使输水系统流畅,在计算确定了输水阀门处廊道断面积后,应使闸墙长廊道面积略大于输水阀门处廊道断面面积,横支廊道总面积略大于闸墙主廊道面积,出水支孔总面积略大于横支廊道总面积。

采用闸墙长廊道闸室中部横支廊道输水系统的船闸,水头一般在 15.0~25 m 范围,其输水阀门大多采用反向弧形阀门。以岷江犍为船闸为例,其闸室有效尺度为 200 m×34 m×4.5 m,最大水头为 19.0 m,研究采用图 2.22 所示的闸墙长廊道闸室中部横支廊道输水系统。输水阀门采用"平底+顶部渐扩"形式的阀门段廊道布置。试验测得的非恒定流条件下距离阀门约 7.74 m(1.8 倍廊道高度)处的廊道顶压力最低,此处为阀门后水流主旋滚区中心,整个开门过程廊道顶最低压力约为 1.22 m 水柱($n=0.5$),在阀门开度 $n=0.2~0.6$ 时,旋滚中心压力梯度较大,压力较低。

2.3.5 等惯性输水系统

闸墙长廊道经闸室中心分流闸底支廊道的等惯性输水系统,其分流口的布置十分重要,是保证将水流均匀稳定地分配到各区段的重要结构。若分流口布置不当,分流将不均匀或不稳定,可能造成闸室水体发生震荡,影响闸室停泊条件。

闸室中心的分流口可分为垂直隔墙水平分流和水平隔墙垂直分流两种布置形式。根据国内外对分流口形式的研究:(1) 侧向水平分流形式中,垂直隔墙端点的位置对分流过于敏感,加之输水过程水流不稳定,很难保证分流的均匀性,且分流时较易产生空化;(2) 垂直分流的水平隔墙不影响水流的流态,可以保证分流的均匀与稳定,分流时也不易产生空化,但垂直分流结构复杂,造价较高,因此仅用于高水头船闸。

南盘江八渡高水头船闸($H=33.51$ m)采用闸墙长廊道、垂直立体分流口、闸底纵支廊道(二区段出水)、顶支孔加消能盖板、阀门后突扩廊道体型的输水系统,八渡船闸输水系统布置形式见图 2.23。当船闸水头较高,阀门段廊道到分流口距离较短,采用水平分流较难保证上、下闸室内分流均匀时,可采用该形式的输水系统布置,以使分流口分流均匀、提高门后廊道压力、改变门后水流流态。这是我国西部高山峡谷地区高水头船闸一种较好的输水系统布置形式,乌江银盘船闸($H=36.46$ m)也采用了该形式的输水系统布置。

2019 年开工建设的赣江万安二线船闸按通航 1 000 t 级船舶设计,闸室尺度为 180 m×23 m×4.5 m(长×宽×门槛水深),设计最大水头为 32.5 m,输水时间要求小于 12 min。万安二线船闸工作水头位于世界单级船闸前列,一次输水过程输水体积在国内高水头船闸中仅小于大藤峡、三峡、葛洲坝船闸,如何确

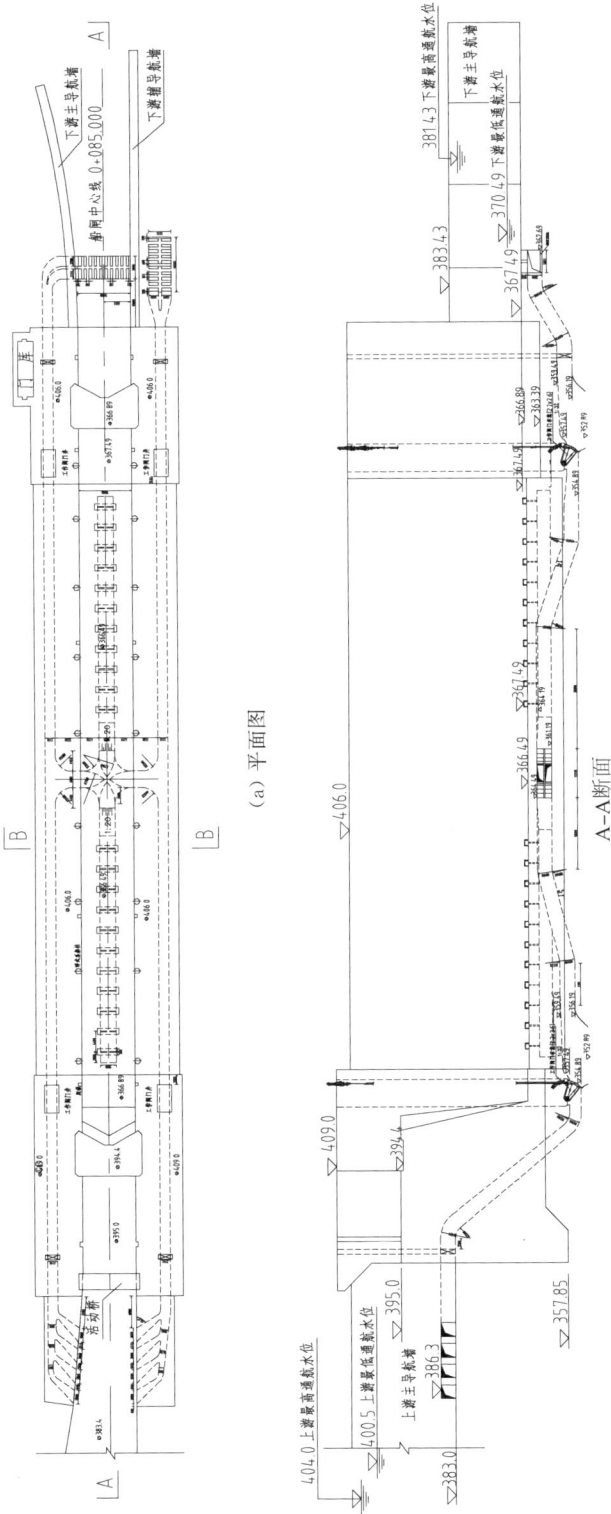

（a）平面图

（b）立面图

图 2.23　八渡船闸输水系统布置

保船闸输水安全和效率是万安二线船闸建设中需解决的关键技术问题。考虑到万安二线船闸水头达 32.5 m,船闸闸室结构采用重力式闸墙,因而输水系统选择了性能较好的闸墙主廊道、闸室中部分流、闸底两区段四纵支廊道、侧支孔出水、明沟消能的布置形式。万安二线船闸下游水位变幅接近 10 m,因而不能采用输水阀门浅埋深、廊道顶部自然通气的方法解决输水阀门的空化问题,只能考虑将输水阀门布置在较低的高程,依靠阀门后较大的压力,减免门后空化的发生。在采用大埋深措施后,为降低施工和运行维护难度,阀门段廊道拟采用突扩体型。万安二线船闸输水系统布置形式见图 2.24。

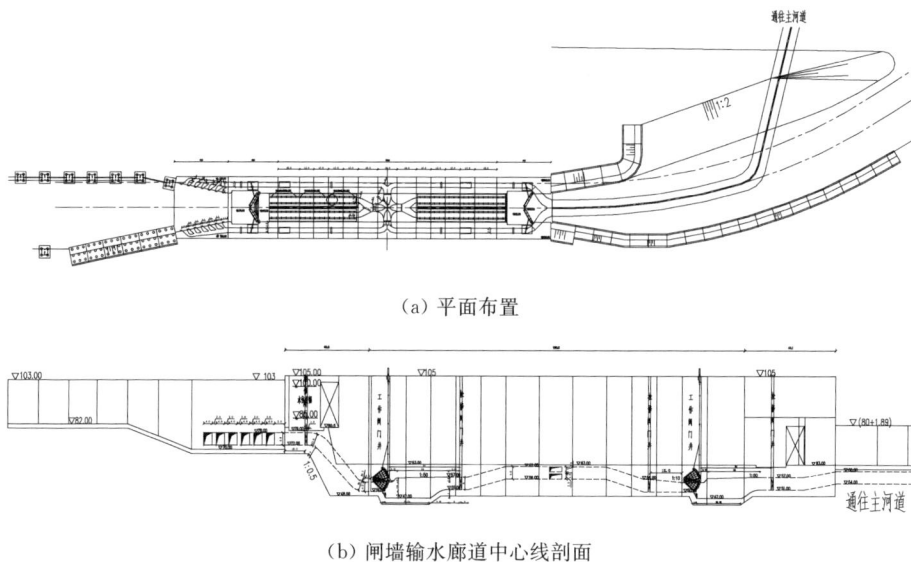

(a) 平面布置

(b) 闸墙输水廊道中心线剖面

图 2.24 万安二线船闸输水系统布置(单位:m)

20 世纪 80～90 年代针对世界上水头最高、技术最复杂的三峡双线连续五级船闸输水系统的技术难题,进行了长达 20 年的试验研究工作,并在试通航和运行初期进行了多年的原型观测,成功解决了输水系统及阀门水力学方面的技术难题。

三峡船闸中间级输水水头为 45.2 m,远大于世界已建高水头船闸,一次充、泄水的最大水量为 23.7 万 m³,输水时间为 12 min。为解决输水系统防空蚀、声振问题,闸室快速、平稳输水问题,以及满足上、下游引航道通航水流条件,船闸输水系统在闸室两侧对称各布置一条输水隧洞式主廊道,采用了增大阀门淹没水深、快速开启阀门,门后顶扩加底扩廊道体型,支臂和面板全包形式的反向弧形门,门楣自然通气等多项先进的防空蚀技术;闸室内对称于闸室水体中心布置输水廊道,采用 4 区段 8 条分支廊道立体分流等惯性分散输水系统,出水孔上方布置消能盖板消能;上游进水口采用分散进水,下游直接向长江主河道泄水。以上多种综合布置技术保证了闸室输水的安全、快速、平稳。

三峡船闸输水阀门采用反弧门，其中 2～5 闸首阀门段廊道布置相同，采用门后底扩廊道布置，首、末级采用顶扩廊道布置。三峡船闸输水阀门的设计开启时间为 2 min，关闭时间为 4 min，目前为减弱及消除第一分流口空化问题，中间级闸首实际采用 t_v＝2 min 间歇开启方式，6.0 m 剩余水头时动水关阀至 0.2 开度；156 m 水位四级运行方式下为满足船舶在一闸室待闸时的水流条件，2 闸首阀门采用 t_v＝6 min 间歇开启方式，1.6 m 水头时动水关阀至 0.4 开度；6 闸首泄水阀门开启时间为 4 min 左右，剩余水头为 4.70 m 时动水关阀。

2.4　局部分散输水系统

由于集中和分散这两种输水系统形式的水力特征和结构布置差异极大，因此多年来一直按各自要求进行设计。在进行京杭运河泗阳三线船闸输水系统研究时，由于其闸室长度达到 260 m，设计船舶为 2×2 000 t 级，若仍采用泗阳一、二线船闸的集中输水系统已无法满足水流条件及输水时间的要求，而采用分散输水系统则将使工程造价大幅增加。为此，提出了一种具有分散输水特性的集中输水系统——局部分散输水系统方案。目前，国内已有多座船闸采用了局部分散输水系统，见表 2.6。

局部分散输水系统充水时的出水段分布在上闸首及靠近上闸首的闸室内，出水段布置长度可以按需要设定，而其泄水系统通常仍采用集中式布置。这种输水系统的优点是水流消能较充分，可改善集中输水系统船闸充水时的闸室水流条件，闸室出水段上方可停泊船舶，不需要设置镇静段，同时可减小波浪力系数，提高阀门开启速度，从而缩短输水时间。局部分散输水系统一般用于水头为7.0～12.0 m 的中水头船闸。

局部分散输水系统根据分散输水系统的消能原理，按需要在闸首及靠近闸首的闸室内布置一定长度的出水段，它的设计要求是：(1) 在闸室布置分散输水系统的范围内，水流的消能应满足船舶停泊条件；(2) 闸室内非恒定流水面坡降所产生的对船舶的作用力也应满足船舶停泊条件。

由于分散输水系统的形式根据输水主廊道的布置可分为闸墙长廊道和闸底长廊道两大类，因此局部分散输水系统的出水段廊道也可以布置在闸墙或闸室底，而闸墙廊道又分为侧面短支孔出水和闸室横支廊道两种形式，闸室底部支廊道一般采用侧支孔出水明沟消能方式。不同形式的局部分散输水系统中，其输水廊道的进水口一般采用横支廊道顶部格栅进水或顶部与正面联合进水布置方式，下闸首出水口可以采用消能室格栅出水或短廊道出口对冲消能联合消力槛消能布置方式。

表 2.6　采用局部分散输水系统的船闸

工程名称	水头/m	闸室尺度/m（长×宽×门槛水深）	设计输水时间/min	设计船型/t
泗阳三线船闸	7.00	260.0×23.0×5.0	8.0	1＋2×2 000
龙洲垸船闸	9.98	180.0×23.0×3.5	8.0～10.0	1＋2×1 000
高石碑船闸	7.13	180.0×23.0×3.5	8.0～10.0	1＋2×1 000
下坝二线船闸	9.78	260.0×23.0×4.0	8.0～10.0	1＋2×1 000
石虎塘船闸	11.34	180.0×23.0×3.5	8.0～10.0	1＋2×1 000
虎山嘴船闸	6.00	180.0×23.0×4.5	8.0～10.0	1 000
貘皮岭船闸	4.31	180.0×23.0×3.5	8.0～10.0	1 000

泗阳三线船闸闸室有效尺度（长×宽×门槛水深）为 260 m×23 m×5 m，设计水头为 7 m，设计输水时间为 8 min，设计船型为 1＋2×2 000 t 顶推船队。该船闸对侧支孔、横支廊道等不同局部分散输水系统进行了对比研究，最终确定采用闸墙廊道侧支孔局部分散输水系统。具体布置（图 2.25）为：采用进水条件较好的正面与顶面相结合的进水口，进口淹没水深在设计水位时为 7.6 m；输水阀门处廊道顶高程为 8.68 m，最小淹没水深为 1.65 m；闸墙廊道顶高程为 9.83 m，淹没水深为 0.50 m；闸室出水段长度布置为 110 m，闸墙每侧支孔数为 22 个，支孔的中心间距为 5.0 m，两侧支孔交错布置；支孔出口外 1 m 处布置一道高为 0.30 m 的消力槛。

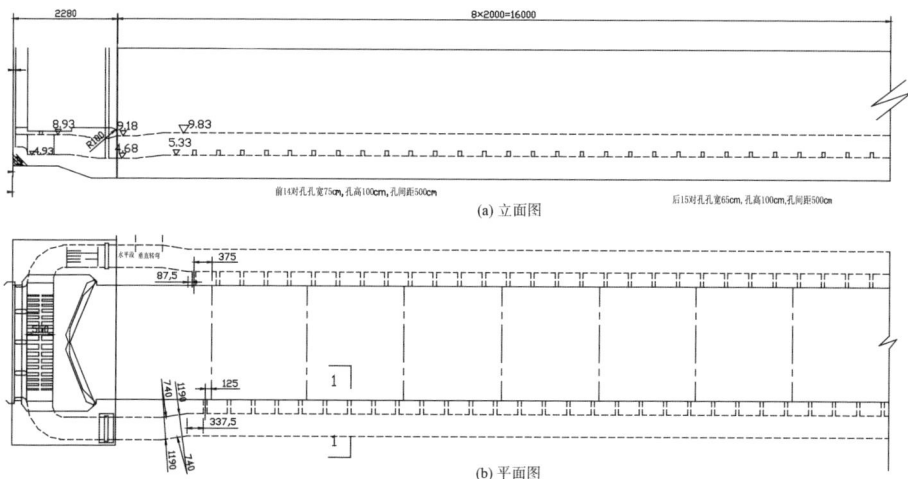

图 2.25　泗阳三线船闸闸墙廊道侧支孔局部分散输水系统闸室出水段布置

　　该船闸不同出水段布置的局部分散输水系统船闸模型试验成果表明,这种输水系统形式具有以下显著优点:(1) 水流消能充分,可大大改善集中输水系统船闸充水时闸室内的水流条件;(2) 闸室内出水段上方可停泊船舶,因此不需要设置镇静段,从而可节省工程投资;(3) 由于闸室内布置了一定长度的出水段,从而具有分散输水特性,降低了闸室内波浪传播的强度,减小了波浪力系数(见表 2.7),因而可提高阀门开启速度,缩短输水时间。

表 2.7　各种输水系统形式的波浪力系数(泗阳三线船闸试验值)

输水系统形式		波浪力系数	备注
集中输水系统		1.92	计算值
局部分散系统	闸墙侧支孔形式	0.29~0.49	试验值
	横支廊道形式(出水段长 46 m)	1.05~1.11	试验值
	横支廊道形式(出水段长 80 m)	0.62~0.84	试验值
分散输水系统	第一类分散输水	0.1~0.65	规范建议
	第二类分散输水	0.1~0.3	规范建议
	第三类分散输水	≤0.1	规范建议

第3章
船闸输水系统选型研究

    船闸输水系统选型是船闸输水系统设计的重要内容之一,本章针对目前国内外船闸输水系统选型方法存在的不足,收集和分析了国内外100多座不同规模船闸输水系统选型资料。在此基础上,结合作者多年工程实践经验,对船闸输水系统选型方法进行了探讨和研究,提出了综合多因素的新型输水系统选型方法,为船闸输水系统选型提供了更加科学的方法。

3.1 国内外输水系统选型方法

    船闸输水系统选型目前世界各国没有统一的标准。苏联,着重从工程投资的角度来考虑,认为当水头不大时(水头在 15 m 以下),与分散输水系统相比较,集中输水系统的工程费用可节省 $10\%\sim60\%$,因此建议当 $L\cdot H<2\,000$(L 代表船闸闸室的长度,H 为船闸的设计水头)及 $H/h_k<3$(h_k 为闸室的槛上水深)时可不需论证就采用集中输水系统,只有当水头超过 18 m 时才考虑采用分散输水系统。

    美国陆军工程兵团在 1985 年修订的船闸设计手册中,主要根据船闸的水头来确定输水系统,该手册将船闸水头划分为(1) 极低水头:0~3.05 m;(2) 低水头:3.05~12.2 m;(3) 高水头:12.2~30.5 m;(4) 极高水头:大于 30.5 m 等四级,并规定了各级水头船闸适用的输水形式,见表 3.1。

表 3.1 美国船闸的水头分级与输水系统形式

水头分级	适用的输水形式
极低水头:0~3.05 m	集中输水系统
低水头:3.05~12.2 m	闸墙长廊道侧支孔或闸底横支廊道输水
高水头:12.2~30.5 m	闸底纵支廊道等惯性输水
极高水头:>30.5 m	仅在实验室开展前期研究,尚无工程应用

    我国《船闸输水系统设计规范》(JTJ 306—2001)规定,船闸设计时其输水系

统的类型可根据判别系数按式(3.1)初步选定。当 $m>3.5$ 时,采用集中输水系统;当 $m<2.5$ 时,采用分散输水系统;当 $2.5 \leqslant m \leqslant 3.5$ 时,可采用集中、分散或局部分散输水系统中的任何一种形式。选择具体的输水系统形式时,还应考虑到船闸的规模(航道的级别)、船闸在枢纽中的位置和地质条件、闸首和闸室的结构形式以及工程造价等诸多因素。较合理的输水系统应既使闸室的充、泄水时间较短,满足船闸通过能力的要求,又使过闸船舶在闸室及引航道内具有良好的停泊条件,同时船闸运行费用和工程造价均较低。

$$m = \frac{T}{\sqrt{H}} \tag{3.1}$$

式中:m——判别系数;H——设计水头(m);T——设计输水时间(min)。

与国外输水系统选型方法相比,我国规范中除船闸设计水头 H 外,增加了输水时间 T 的影响,并且对输水系统分类做了更明细的划分,国际航运协会(PI-ANC)在 2009 年也推荐了该方法。本方法同样没有考虑船闸平面尺度、闸室初始水深等因素的影响,导致部分船闸根据 m 值选择的输水系统不能满足实际的要求,见表 3.2。

表 3.2　部分输水系统选型偏差典型工程

船闸	船闸特征参数					m	规范	实际
	H/m	T/min	L/m	B/m	D/m			
长洲 1#	15.6	10.5	200.0	34.0	4.5	2.54	第一类或集中	第二类
长洲 2#	15.6	10.5	190.0	23.0	4.0	2.54	第一类或集中	第一类
大藤峡	40.1	15.0	280.0	34.0	5.8	2.37	第二类	第三类

由表 3.2 可见,西江长洲 1#、2# 船闸设计水头和输水时间完全,m 均为 2.54,船闸平面有效尺度分别为 200.0 m×34.0 m 和 190.0 m×23.0 m,1# 船闸选择了更加复杂、消能效果更好的第二类分散输水系统。同时现行规范 m 值与输水系统实际选型有偏差,如黔江大藤峡船闸水头达到了 40.1 m,是世界最大水头的单级船闸,输水时间为 15 min,m 值仅为 2.37,根据规范可以选择第二类分散输水系统,但实际选择了最复杂的第三类输水系统。此外,实际应用过程中,船闸输水形式多样,我国规范中仅第二类输水系统就有十多种形式,规范没有量化输水系统与判别系数,上述因素给船闸输水系统选型带来了很大困难。

3.2　输水系统判别指标

从船闸输水系统水力学角度来看,船闸输水系统选型主要受设计水头 H、

闸室长度 L、闸室宽度 B、初始水位深度 D、输水时间 T 等多因素影响,如何量化各因素的影响,建立各种类型输水系统的量化评价指标,是建立输水系统选型模型的关键。

对于集中输水系统,船闸输水时,由于输水的水位差、输水孔口尺寸或输水系统流量系数的变化,输水系统内部将发生非恒定的水流运动,从开始流量为零逐渐增加到最大,然后又开始下降为零。因此,在闸室和引航道内都将发生非恒定的水流运动,并引起所谓的"长波运动"。由于非恒定长波运动的波幅相对于水深总是很小的,因此一般都是假定引航道水位是固定不变的,而闸室的水面总是水平的。

分散输水系统的水流通过设置在闸室墙或闸室底板内的纵向输水廊道及其相连的分支廊道和出水支孔灌入或泄出闸室。由于分散输水系统的廊道较长,廊道内水流惯性的影响较大,因此各出水支孔的流量不但是不均匀的,而且是变化的。在阀门开启初期,水流是加速流,惯性阻滞流速增加,各出水支孔沿水流方向依次出流。随着惯性减小,压力增大,当廊道断面及各支孔面积不变时,后面支孔出流又逐渐增多并超过前面支孔。而后,惯性的作用又转为阻滞流速的减小,后面支孔出流得到进一步加强。由于各出水支孔的非恒定流再加上出水支孔一般布置在闸室内的一定范围内,因而形成闸室内的波浪运动及纵向水流,对船舶产生波浪力及流速力。此外,由于出水支孔流出的水流仍带有一定剩余能量,使水体扰动而产生旋滚和紊动,并对船舶产生不平衡力,这些局部水流也将对船舶产生动水作用力。因此,对于分散输水系统,闸室内停泊的船舶仍然存在与集中输水系统相同的三种水流作用力。根据上述的水力特性,为了使分散输水系统能够适应较高水头并有较好的输水效率和停泊条件,其布置的发展趋势是减少惯性影响,使闸室内纵向水面坡度减小,并在此基础上将出水支孔尽量分布在闸室较大范围内。

因此,船闸输水系统选型的本质是选择合适的输水系统形式消杀进入闸室的水流能量,根据船闸输水能量方程,船闸输水过程进入闸室的最大能量可表示为:

$$E_{\max} = 0.95\rho g \frac{9.81CH^2}{T\sqrt{k_v(2-k_v)}} \quad k_v \geqslant 0.25 \tag{3.2}$$

则船闸水平、纵向和横向单位面积需要消杀的水流能量,可表示为:

$$E_H = \frac{E_{\max}}{LB} = 0.95\rho g \frac{9.81CH^2}{TLB\sqrt{k_v(2-k_v)}} \propto \frac{CH^2}{TLB} \tag{3.3}$$

$$E_L = \frac{E_{\max}}{LD} = 0.95\rho g \frac{9.81CH^2}{TLD\sqrt{k_v(2-k_v)}} \propto \frac{CH^2}{TLD} \tag{3.4}$$

$$E_C = \frac{E_{\max}}{BD} = 0.95\rho g \frac{9.81CH^2}{TBD\sqrt{k_v(2-k_v)}} \propto \frac{CH^2}{TBD} \qquad (3.5)$$

式中：$E_{\max}$——输水最大能量(kW)；C——闸室水域面积，多级船闸取闸室水域面积的一半(m^2)；k_v——阀门开启时间 t_v 与输水时间 T 的比值；E_H——闸室水平单位面积能量；E_L——闸室纵向单位面积能量；E_C——闸室横向单位面积能量，其他同前。

定义受船闸作用水头 H、输水时间 T、闸室长度 L、有效宽度 B、初始水位深度 D 及闸室水域 C 影响的三个无量纲变量 $m_H = \frac{CH^2}{TLB}$，$m_L = \frac{CH^2}{TLD}$，$m_C = \frac{CH^2}{TBD}$，代入公式(3.3)~(3.5)可得：

$$E_H \propto \frac{CH^2}{TLB} = m_H = \frac{1}{m^2} \qquad (3.6)$$

$$E_L \propto \frac{CH^2}{TLD} = m_L \qquad (3.7)$$

$$E_C \propto \frac{CH^2}{TBD} = m_C \qquad (3.8)$$

由上可见，m_H、m_L、m_C 三个无量纲变量分别代表了输水系统在水平、纵向和横向单位面积内需要消杀的能量。我国规范船闸输水系统判别系数 m，实质上代表了输水系统闸室水面单位面积消杀的能量，为与现行规范统一，仍采用 m 值作为船闸水面单位面积能量的指标。

根据不同类型输水系统布置及消能特点，在我国规范输水系统类型的基础上，可以将目前常用的输水系统形式从简单到复杂归纳为以下 7 类：

(1) 集中输水系统，水流从闸室端部输入闸室，水流由一个闸首流向另一闸首；

(2) 局部分散输水系统，充水采用分散输水系统，泄水采用集中输水系统；

(3) 第一类分散输水系统，我国规范的第一类分散输水系统，主要有闸墙长廊道侧支孔输水系统；

(4) 第二类 a 型，主要有闸底长廊道侧支孔明沟消能输水系统、闸底长廊道顶支孔盖板消能输水系统、闸室廊道侧支孔输水系统等，其特点为输水系统闸室内不设分支廊道，不分区；

(5) 第二类 b 型，闸墙长廊道闸室横支廊道输水系统，其特点为闸室内布置横向支廊道，不设纵向支廊道；

(6) 第二类 c 型，包括闸室纵、横支廊道输水系统，水平分流闸底支廊道输水系统等，其特点为输水系统在闸室内分区，水流从闸室中部廊道进入，并设置纵向支廊道；

（7）第三类，我国规范的第三类分散输水系统，如等惯性立体分流多区段分散输水系统，其特点为输水系统等惯性布置，第一分流口采用立体分流。

为分析不同类型输水系统单位面积实际消杀能量，按上述方法，计算分析了国内外 123 座大型船闸的 m、m_L、m_C 值，见图 3.1 和图 3.2，统计分析了七类输水系统形式的 m、m_L、m_C 平均值，见表 3.3。其中集中输水系统 23 座，平均作用水头为 6.7 m；局部分散输水系统 5 座，平均作用水头为 9.0 m；第一类分散输水系统 45 座，平均作用水头为 11.5 m；第二类 a 型 28 座，平均作用水头为 18.6 m；第二类 b 型 12 座，平均作用水头为 25.7 m；第二类 c 型 3 座，平均作用水头为 28.4 m；第三类 7 座，平均作用水头为 37.0 m。

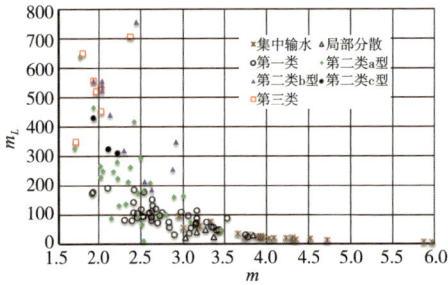

图 3.1 不同类型输水系统 m、m_L 的关系　　图 3.2 不同类型输水系统 m_C、m_L 的关系

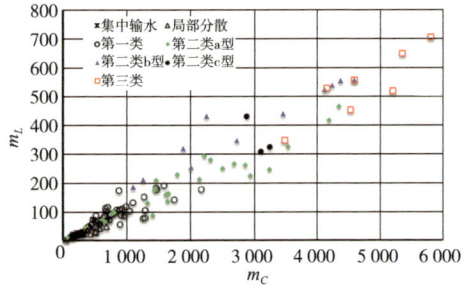

表 3.3 七类输水系统形式影响因素指标

序号	输水系统类型	m	m_L	m_C
1	集中输水	4.01	33	308
2	局部分散	3.33	58	504
3	第一类	2.80	100	870
4	第二类 a 型	2.54	209	2 093
5	第二类 b 型	2.32	427	2 816
6	第二类 c 型	2.09	355	3 075
7	第三类	1.97	537	4 724

3.3 输水系统选型综合评价模型

目前，考虑多因素影响的综合评价方法主要有层次分析法、模糊综合评价法、数据包络分析法、人工神经网络评价法和灰色综合评价法等。

（1）层次分析法，是美国著名的运筹学家 T. L. Satty 等人在 20 世纪 70 年代提出的一种定性与定量分析相结合的多准则决策方法，尤其适用于人的定性判断起重要作用的、对决策结果难于直接准确计量的场合。该方法首先需要把问题层次化。根据问题的性质和要达到的总目标，将问题分解为不同的组成因素，按照因素间的相互关联影响以及隶属关系将因素按不同层次聚集组合，形成一个多层次的分析结构模型。并最终把系统分析归结为最底层（供决策的方案、措施等）相对于最高层（总目标）的相对重要性权限的确定或相对优劣次序的排序问题。在排序计算中，每一层次的因素相对上一层次某一因素的单排序问题又可简化为系列成对因素的判断比较。为了将比较判断定量化，层次分析法引入了 1—9 标度法，并写成判断矩阵形式。形成判断矩阵后，即可通过计算判断矩阵的最大特征根及其对应的特征向量，计算出某一层对于上一层次某一个元素的相对重要性权值。在计算出某一层次相对于上一层次各个因素的单排序权值后，用上一层次因素本身的权值加权综合，即可计算出某层因素相对于上一层次的相对重要性权值，即总层次排序权值。这样，一次由上而下即可计算出最底层因素相对于最高层的相对重要性权值或相对优劣次序的排序值。

（2）模糊综合评价法，借助模糊数学的一些概念，对实际的综合评价问题提供一些评价的方法。具体地说，模糊综合评价就是以模糊数学为基础，应用模糊关系合成的原理，将一些边界不清、不易定量的因素定量化，从多个因素对被评价事物隶属等级状况进行综合性评价的一种方法。综合评判根据所给的条件，给每个评判对象赋予一个非负实数——评判指标，再据此排序择优。模糊综合评价作为模糊数学的一种具体应用方法，最早是由我国学者汪培庄提出的。它主要分为两步：第一步先按每个因素单独评价，第二步再按所有因素综合评价。其优点是：数学模型简单，容易掌握，对多因素、多层次的复杂问题评价效果比较好，是别的数学分支和模型难以代替的方法。模糊综合评价方法的特点在于，评价逐对进行，对被评对象有唯一的评价值，不受被评价对象所处对象集合的影响。

（3）数据包络分析法（Data Envelopment Analysis，DEA），是著名运筹学家 A. Charnes 和 W. W. Copper 等学者以"相对效率"概念为基础，根据多指标投入和多指标产出对相同类型的单位（部门）进行相对有效性或效益评价的一种新的系统分析方法。通常是对一组给定的决策单元（Decision Making Unit，DMU），选定一组输入、输出的评价指标，求所关心的特定决策单元的有效性系数，以此来评价决策单元的优劣，即被评价单元相对于给定的那组决策单元中的相对有效性。也就是说，通过输入和输出数据的综合分析，DEA 可以得出每个 DMU 综合效率的数量指标。据此将各决策单元定级排队，确定有效的决策单元，并可给出其他决策单元非有效的原因和程度。它不仅可对同一类型各决策单元的相对有效性做出评价与排序,而且还可以进一步分析各决策单元非 DEA 有效的原因及其改进方向,从而为决策者提供重要的管理决策信息。

(4) 人工神经网络评价法,是模仿生物神经网络功能的一种经验模型,输入和输出之间的变换关系一般是非线性的。首先根据输入的信息建立神经元,通过学习规划或自组织等过程建立相应的非线性数学模型,并不断进行修正,使输出结果与实际值之间差距不断缩小。人工神经网络通过样本的"学习和培训",可记忆客观事物在空间、时间方面比较复杂的关系。由于人工神经网络本身具有非线性特点,且在应用中只需对神经网络进行专门问题的样本训练,它能够把问题的特征反映在神经元之间相互联系的权值中,因此把实际问题特征参数输入后,神经网络输出端就能给出解决问题的结果。

神经网络的特点是,神经网络将信息或知识分布储存在大量的神经元或整个系统中。它具有全息联想的特征,具有高速运算的能力,具有很强的适应能力,具有自学习、自组织的潜力。它能够根据所提供的历史数据通过学习和训练找出输入和输出之间的内在联系,从而求得问题的解。另外,它具有较强的容错能力,能够处理那些有噪声或不完全的数据。部分节点不参与运算,也不会对整个系统的性能造成太大的影响。

(5) 灰色综合评价法,灰色系统是贫信息的系统,统计方法难以奏效。灰色系统理论能处理贫信息系统,适用于只有少量观测数据的项目。灰色系统理论是我国邓聚龙教授于 1982 年提出的。它的研究对象是"部分信息已知,部分信息未知"的"贫信息"不确定性系统,它通过对部分已知信息的生成、开发实现对现实世界的确切描述和认识。换句话说,灰色系统理论主要是利用已知信息来确定系统的未知信息,使系统由"灰"变"白"。其最大的特点是对样本没有严格的要求,不要求服从任何分布。

从目前来看,灰色系统理论主要研究下列几个方面:灰色因素的关联分析、灰色建模、灰色预测、灰色决策、灰色系统分析、灰色系统控制、灰色系统优化等。回归分析虽然是一种较通用的方法,但大都只用于少因素的、线性的系统。对于多因素的、非线性的系统则难以处理。灰色系统理论提出了一种新的分析方法,即系统的关联度分析方法。这是根据因素之间发展态势的相似或相异程度来衡量因素关联程度的方法。由于关联度分析方法是按发展趋势做分析,因此对样本量的多少没有要求,也不需要有典型的分布规律,计算量小,即使是上千个变量(序列)的情况也可用手算,且不至出现关联度的量化结果与定性分析不一致的情况。进行关联度分析,首先需要找准数据序列,即用什么数据才能反映系统的行为特征。当有了系统行为的数据列(即各时刻的数据)后,根据关联度计算公式便可计算出关联程度。关联度反映各评价对象对理想(标准)对象的接近次序,即评价对象的优劣次序,其中灰色关联度最大的评价对象为最佳对象。灰色关联分析,不仅可以作为优势分析的基础,而且也是进行科学决策的依据。

关联度分析方法的最大优点是它对数据量没有太高的要求,即数据多与少都可以分析。它的数学方法是非统计方法,在系统数据资料较少和条件不满足统计要求的情况下,更具有实用性。

这几种评价方法都各有特点,层次分析法主要针对方案基本确定的决策问题,一般仅用于方案优选。数据包络分析法完全基于指标数据的客观信息进行评价,剔除了人为因素带来的误差。人工神经网络法是一种面向复杂系统的一类新型评价方法,而灰色综合评价法则是定量表征各因素之间的关联程度,其实质是评价对象与参考对象特征参数的比较,特征参数越接近,评价对象越接近参考对象。对于输水系统选型,需要定义几种相关影响因素,通过对比评价对象与参考因素之间的关联程度,可知选用灰色综合评价方法中的灰关联分析法更加精确与可靠。

灰关联分析法是灰色系统理论的重要组成部分,它是分析灰色系统中各因素间关联程度的一种量化方法,其基本思想是根据序列曲线几何形状的相似程度来判断灰色过程发展态势的关联程度。

灰关联分析的方法如下:

设 $A = \{X_i \mid i \in I = \{0,1,2,\cdots,m\}\}$ 为因素列集,$X_0 \in A$ 为参考因素列,$X_i \in A$ 为比较因素列 $(i = 1,2,\cdots,m)$,且 $X_0 = \{x_0(k) \mid k = 1,2,\cdots,n\}$,$X_i = \{x_i(k) \mid k = 1,2,\cdots,n\}$,则比较因素列 X_i 对参考因素列 X_0 的关联度 $\xi(X_0,X_i)$ 为

$$\xi_{(x_0,x_i)} = \frac{1}{n}\sum_{k=1}^{n}\frac{1 \leqslant \min\limits_{i} \leqslant m_l \leqslant \min\limits_{k} \leqslant n \mid x_0(k)-x_i(k)\mid + \rho(1 \leqslant \max\limits_{i} \leqslant m_l \leqslant \max\limits_{k} \leqslant n)\mid x_0(k)-x_i(k)\mid}{\mid x_0(k)-x_i(k)\mid + \rho(1 \leqslant \max\limits_{i} \leqslant \max\limits_{k} \leqslant n)\mid x_0(k)-x_i(k)\mid}$$
$$\rho \in [0,1]$$

$$(3.9)$$

该方法存在以下两个问题:

1) 既然 X_0 已经被选作参考因素列,那么 X_0 就应该保持原始数据列不变。对它做初值化、均值化等变换,必然会失去 X_0 作为"参考"的意义,进一步影响分析的结果。关于这个问题,解决的办法就是保持 X_0 的原始数据列不变即可。

2) 如上定义的关联度 $\xi(X_0,X_i)$ 是相对关联度,它虽保持整体平移的不变性,但这种整体平移及不变性并没有反映出关联度的本质。因为在因素列集 A 中只要有一个因素列 X_j 保持原始数据不变,而对其他的因素列做一个平移变换,其关联度就会改变,这与关联分析法的基本思想不相符。

我们给出灰关联空间的定义:

设 $H = \{X \mid X$ 为 **N** 上的因素列$\}$ 为 **R** 上向量空间。若映射 $r:H \times H \to R$ 满足:

(1) 规范性:$0 < r(X,Y) \leqslant 1$,$r(X,Y) = 1$ 当且仅当 $X = Y$,X、$Y \in H$;

(2) 对称性:$r(X,Y) = r(Y,X)$,X、$Y \in H$;

(3) 有序性:若 $r(X,Y_1) \leqslant r(X,Y_2)$,$r(X,Y_2) \leqslant r(X,Y_3)$,则 $r(X,Y_1) \leqslant r(X,Y_3)$,$X,Y_1,Y_2,Y_3 \in H$,

则称 r 为 H 上的关联映射;$r(X,Y)$ 称为 H 中 Y 对 X 的绝对关联度;(H,r) 称为关联空间,简记为 H。

因此给出一种保持平移变换不变的绝对关联度公式:

设 $H = \{X \mid X$ 为 $\mathbf{N}$ 上的因素列$\}$ 为关联空间。取 $X = \{x_1,x_2,\cdots,x_n\} \in H$ 为参考因素列,$Y = \{y_1,y_2,\cdots,y_n\} \in H$ 为比较因素列,则 H 中比较因素列 Y 对参考因素列 X 的绝对关联度可按下式计算:

$$R(X,Y) = \frac{1}{n}\left(\sum_{k=2}^{n} \left(\frac{|x_k - x_{k-1}| \wedge |y_k - y_{k-1}|}{|x_k - x_{k-1}| \vee |y_k - y_{k-1}|} \right) + \frac{|x_n - x_1| \wedge |y_n - y_1|}{|x_n - x_1| \vee |y_n - y_1|} \right)$$

(3.10)

其中,符号"$\wedge$""$\vee$"分别表示两者中取小和取大。$R(X,Y)$ 越大,表示关联程度越高,反之越小,表示关联程度越低.

根据上述方法,可将船闸输水系统根据某种特征划分为 i 种类型,通过对不同类型输水系统特征参数进行统计分析,建立第 i 类输水系统影响因素指标参考序列 $X_i = \{x_{i1},x_{i2},\cdots,x_{in}\}$,计算需要选型的船闸对比指标序列 $Y = \{y_1,y_2,\cdots,y_n\}$ 与 $X_i = \{x_{i1},x_{i2},\cdots,x_{in}\}$ 的相关性 $R(X_i,Y)$。若 Y 与 X_i 相关性最大,则输水系统选择第 i 类输水系统。

3.4　输水系统选型实例

选择 13 座已建或在建的不同水头、平面尺度、初始水深和输水时间的典型船闸进行输水系统选型,测试船闸作用水头为 $7.0 \sim 45.2$ m,船闸闸室长度变化范围为 $120 \sim 300$ m,闸室宽度变化范围为 $12 \sim 34$ m,闸室初始水深为 $3.0 \sim 10.0$ m,输水时间为 $8.0 \sim 16.0$ min,各测试船闸具体特征参数见表 3.4。

表 3.4　测试船闸特征参数表与影响因素指标

序号	船闸名称	L/m	B/m	D/m	H/m	T/min	判别系数		
							m	m_L	m_C
1	安仁铺	230.0	23.0	4.0	7.0	10.0	3.78	31	310
2	泗阳三线	260.0	23.0	4.0	7.0	8.0	3.02	38	433
3	新干	180.0	23.0	3.5	10.1	8.0	2.52	94	732
4	鱼梁	190.0	12.0	3.5	12.5	10.0	2.83	57	895
5	长洲 1#	200.0	34.0	4.5	15.6	10.0	2.54	214	1 257

续表 3.4

序号	船闸名称	L/m	B/m	D/m	H/m	T/min	判别系数		
							m	m_L	m_C
6	长洲 2#	190.0	23.0	4.0	15.6	10.0	2.54	156	1 288
7	东风岩	200.0	34.0	10.0	16.0	10.0	2.50	102	599
8	富春江	300.0	23.0	4.5	20.2	16.0	3.56	140	1 832
9	桥巩	120.0	12.0	3.0	24.7	12.0	2.01	223	2 228
10	大化	120.0	12.0	3.0	29.0	11.4	2.12	325	3 246
11	万安二线	180.0	23.0	4.5	32.5	11.4	2.02	529	4 143
12	大藤峡	280.0	34.0	5.8	40.1	15.0	2.37	705	5 804
13	三峡	280.0	34.0	5.0	45.2	12.0	1.78	649	5 346

　　表 3.4 为 13 座船闸与不同类型输水系统形式关联度的计算结果,根据绝对关联度的大小进行相关排序,绝对关联度越大,表明该船闸越适合该输水系统形式。最终输水系统选型结果见表 3.5。

表 3.5　测试船闸与七类输水系统形式的关联度

序号	船闸名称	绝对关联度 $R(X_i, Y)$						
		集中	局部分散	第一类	第二类a 型	第二类b 型	第二类c 型	第三类
1	安仁铺	0.98	0.58	0.33	0.14	0.10	0.09	0.06
2	泗阳三线	0.74	0.80	0.46	0.20	0.13	0.13	0.08
3	新干	0.39	0.66	0.87	0.38	0.25	0.24	0.16
4	鱼梁	0.40	0.69	0.82	0.38	0.26	0.25	0.16
5	长洲 1#	0.21	0.36	0.63	0.71	0.46	0.46	0.30
6	长洲 2#	0.22	0.38	0.66	0.65	0.43	0.42	0.28
7	东风岩	0.45	0.76	0.77	0.34	0.22	0.22	0.14
8	富春江	0.18	0.31	0.55	0.81	0.56	0.53	0.35
9	桥巩	0.13	0.23	0.40	0.94	0.72	0.70	0.45
10	大化	0.09	0.16	0.28	0.64	0.81	0.93	0.66
11	万安二线	0.07	0.12	0.20	0.47	0.71	0.72	0.91
12	大藤峡	0.05	0.08	0.15	0.34	0.52	0.52	0.80
13	三峡	0.05	0.09	0.16	0.37	0.56	0.57	0.87

由表3.5可见,模型计算的输水系统形式与工程实际采用的输水系统形式相比,有12座船闸结果一致,这表明该输水系统选型方法不仅选型结果明显优于现行规范,而且可以量化输水系统选型结果,具有很好的实用价值。

表 3.6　测试船闸输水系统选型

序号	船闸名称	测试结果	规范	工程实际
1	安仁铺	集中	集中	集中
2	泗阳三线	局部分散	集中或第一类	局部分散
3	新干	第一类	集中或第一类	第一类
4	鱼梁	第一类	集中或第一类	第一类
5	长洲1#	第二类a型	集中或第一类	第二类c型
6	长洲2#	第一类	集中或第一类	第一类
7	东风岩	第一类	集中或第一类	第一类
8	富春江	第二类a型	第二类	第二类a型
9	桥巩	第二类a型	第二类	第二类a型
10	大化	第二类c型	第二类	第二类c型
11	万安二线	第三类	第二类	第三类
12	大藤峡	第三类	第二类	第三类
13	三峡	第三类	第三类	第三类

第4章
60 m 船闸分层消能输水系统

本章在广泛调研、分析、归纳总结国内外高水头大型船闸研究成果的基础上,针对 60 m 单级船闸高效输水闸室消能技术难题,研发了船闸分层消能输水系统,提出了"明沟+格栅""明沟+盖板"等 2 种分层消能输水系统具体布置。在此基础上,通过船闸输水物理模型,从船闸输水系统水力特性、闸室局部水流流态、闸室船舶停泊条件等方面对比研究了分层消能输水系统与传统输水系统的特点,试验表明分层消能输水通过闸室有限水域内的两次消能,有效解决了 60 m 单级巨型船闸高效输水与闸室船舶停泊安全的难题。

4.1 分层消能输水系统

船闸输水系统布置及相关水力学条件与船闸的通过能力、营运效益以及船舶在闸室和引航道内的停泊安全密切相关。一方面,输水系统设计需要满足输水时间的要求,以确保船闸的通过能力和营运效率;另一方面,在船闸输水过程中,随着闸室内水面的上升或下降,停泊在闸室内的船舶受到非恒定水流形成的水面坡降力、水流运动的流速力以及各种局部流态产生的局部力等多种作用力,当这些作用力过大时将造成固定船舶的缆绳断裂,或船舶摇摆幅度过大而发生碰撞、倾覆等不利于船舶停泊安全的问题,因此船闸输水过程必须使输水水流充分消能,尽量避免局部不良流态,确保闸室内水流平稳上升或下降,从而满足船舶在闸室内安全停泊的条件。随着船闸水头和平面尺度的增加,输水过程单位时间内进入闸室的能量呈指数递增,受船闸初始水深和输水时间限制,如何在闸室有限水深范围内快速消杀能量,保障闸室内船舶的停泊安全,成为船闸输水的重要技术瓶颈之一。

高水头船闸常用的消能形式主要有顶支孔盖板消能、侧支孔明沟消能等,传统一般更偏向于顶支孔盖板消能。通过近几年对乌江银盘(顶支孔盖板消能,$H=36.46$ m)、红水河桥巩(侧支孔明沟消能,$H=24.65$ m)、老挝北本(侧支孔明

沟消能，$H=32.38$ m），大藤峡（侧支孔明沟消能、顶支孔盖板消能，$H=40.25$ m）
等高水头船闸输水系统消能工及船闸闸室内停泊条件的对比研究，对两种消能
方式有直观的认识：明沟消能的消能空间大于盖板消能，其消能效果优于盖板消
能，见图4.1。此外，明沟消能的另一优点就在于结构形式简单，一旦出现消能
不满足要求（船舶系缆力超过允许值）的情况，可在开敞式明沟内采取辅助消能
措施，灵活性较好，而采用盖板消能调整的余地将很少。相比而言，盖板消能以
窄缝垂向射流为技术核心，在防止廊道泥沙淤积方面具有一定的技术优势。

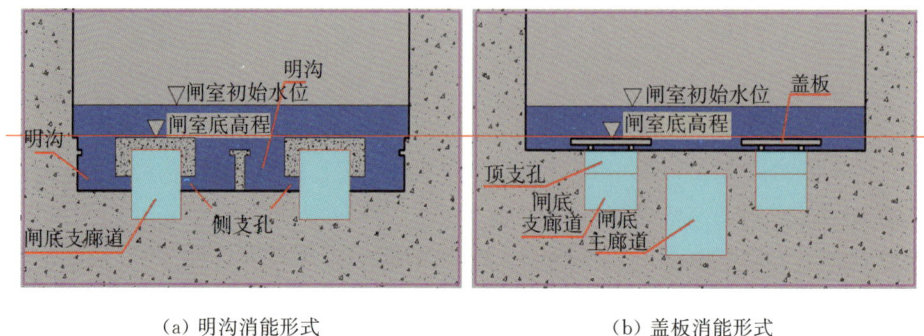

（a）明沟消能形式　　　　　　　　　　　（b）盖板消能形式

图4.1　消能形式对比

60 m单级船闸闸室平面有效尺度（长×宽）为280 m×40 m，船闸一次输水
过程中搬运的水体体积达到74.5万 m³，已达到一座小型水库的库容标准。目
前，国内外单级水头最高的大藤峡船闸一次输水体积为42.3万 m³，最高水头多
级船闸三峡船闸中间级输水体积为23.9万 m³。60 m单级船闸一次输水水体
体积是大藤峡船闸的1.76倍、三峡船闸的3.12倍，输水时间要求控制在16～
17 min内，最大流量将达到1 500 m³/s，即在1 min内要充满20个标准游泳池
（50 m×25 m×1.8 m）。在上述条件下，采用传统的侧支孔明沟或顶支孔盖板
消能将很难解决60 m单级大型船闸闸室消能问题。因此，在兼顾输水效率的基
础上，采用何种输水系统布置和闸室消能措施来消杀水体中的巨大能量，从而确
保闸室内或引航道内船舶的安全，以及船闸自身运行安全将是60 m单级船闸面
临的核心技术难题。

为满足闸室船舶停泊条件，在高水头船闸分散输水系统布置时常在闸室中
布置各种带有出水孔的纵向或横向廊道，以调整船闸输水过程中闸室内的纵向
及横向水流分布。这些出水孔可以设在廊道顶部也可设在廊道侧面，设在顶部
的出水孔需采用盖板消能（图4.2），而设在侧面的出水孔则需采用明沟消能。
目前采用明沟消能的国内外已建船闸均为单明沟消能（图4.3），即仅在出水廊
道的每侧布置一个消能明沟。为达到较好的消能效果，此消能工形式对明沟的
尺度及布置有一定的要求：明沟宽度宜大于支孔宽度的5倍，明沟挡槛的高度应

大于侧向出水支孔出流扩散后的高度,同时为使水流导向闸室中部,明沟上部需按 1∶1 坡度向闸室中心倾斜。

图 4.2　顶支孔与盖板消能布置

图 4.3　单明沟消能布置

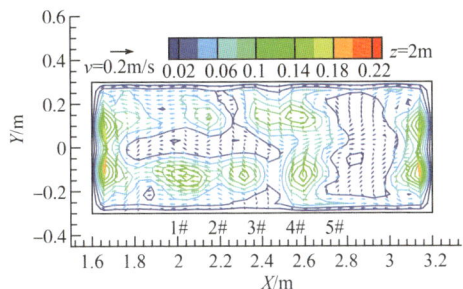

（a）明沟消能

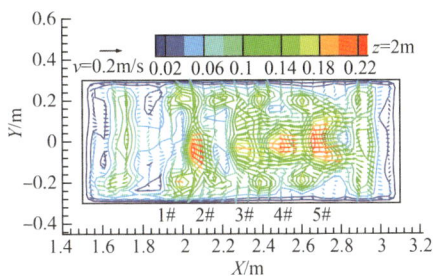

（b）盖板消能

图 4.4　不同消能方式船闸平面流场图

近年的研究表明,明沟消能的效率远大于盖板消能,图 4.4 给出了两种消能设施水流流速分布对比,由图可见,前者的水流均匀程度要优于后者。为此,提出分层消能思想,结合双明沟消能和盖板消能各自技术优势,对传统输水系统布置和闸室消能方式进行改进,通过闸室有限水域内垂向和横向双向分层消能解决 60 m 单级船闸闸室高效消能问题,分层消能输水系统闸室消能工概化布置见图 4.5。

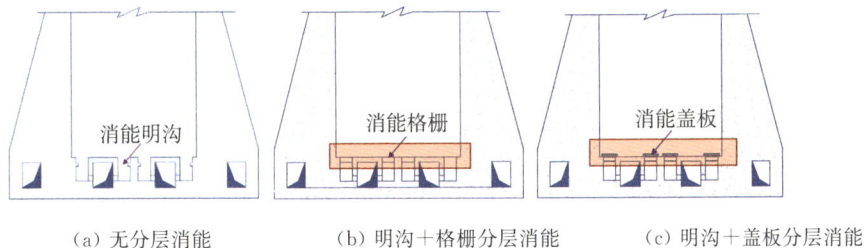

（a）无分层消能　　　（b）明沟＋格栅分层消能　　　（c）明沟＋盖板分层消能

图 4.5　分层消能输水闸室消能工布置概化

4.2 分层消能输水系统布置

本节通过理论分析,并结合国内外典型高水头船闸的工程实践经验,给出 60 m 单级船闸输水系统的选型方法和总体布置,提出输水系统阀门段廊道防空化体型及闸室分层消能工的具体布置方案,同时给出船闸进、出水口的合理形式,最后综合给出了 60 m 单级船闸输水系统各部位的特征尺度。

4.2.1 总体布置

高水头船闸多采用等惯性输水系统以保证闸室均匀出流。我国的三峡双线连续五级船闸是目前国内外总水头最高的船闸,中间级水头达到 45.2 m,其输水系统采用闸室四区段八支管顶支孔盖板消能的布置形式(图 4.6)。

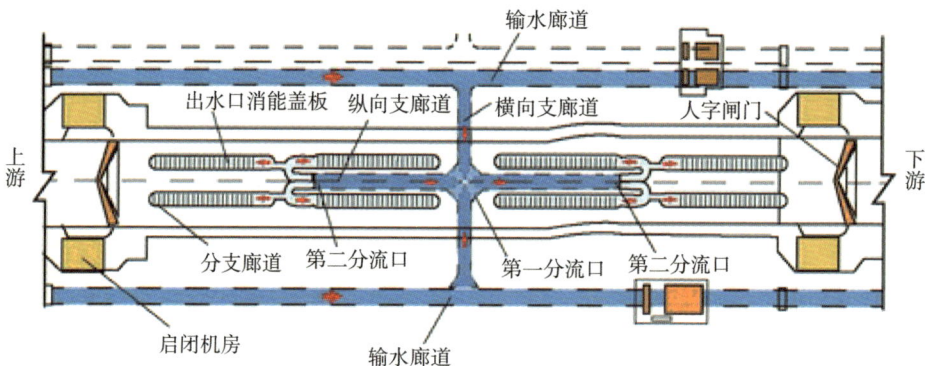

图 4.6 等惯性八支管底部廊道输水系统

目前国内外单级水头最高的黔江大藤峡船闸,工作水头为 40.25 m。在工程初步设计阶段,对两区段四支廊道和四区段八支廊道顶支孔盖板消能两种布置形式进行了对比研究,两种输水系统均可满足输水要求。三峡船闸设计船型需要满足 1+9×1 000 t 船队的过闸需要,闸室纵向需要停泊 4 列船舶,因此采用了四区段八支廊道的等惯性输水系统布置。60 m 单级船闸闸室平面有效尺度为 280 m×40 m,纵向停泊 2 列 5 500~10 500 t 单船(130 m×16.3~22.0 m ×5.5 m),横向停泊 2 列 5 500~9 000 t 单船(130 m×19.2 m×5.5 m)或 1 条 8 500~10 500 t 单船(130 m×22.0 m×5.5 m)和 1 条 5 500~7 500 t 单船(130 m×16.3 m×5.5 m),因此从过闸船舶尺度考虑,闸室内出水区段采用两区段四支廊道的总体布置形式。

4.2.2　输水系统阀门

分散输水系统需考虑惯性水头的影响,其输水阀门处廊道断面面积可按下式进行计算:

$$\omega = \frac{2C \cdot (\sqrt{H+d} - \sqrt{d})}{\mu T \sqrt{2g}[1-(1-\alpha)k_v]} \tag{4.1}$$

式中:ω——输水阀门处廊道断面面积(m^2);C——闸室水域面积(m^2),取 309 m×40 m;H——设计水头(m),取 60 m;d——惯性超高或超降(m),可按《船闸输水系统设计规范》附录式(E.0.3)计算或参考已有工程模型试验及原型观测数据确定,取 1.35 m;μ——阀门全开时输水系统的流量系数,取 0.8;T——闸室输水时间(s),取 960 s;α——系数,可按《船闸输水系统设计规范》表 3.3.2 选用;k_v——阀门开启时间与闸室输水时间的比值,取 0.4~0.6;g——重力加速度(m/s^2)。

根据上式,计算的 60 m 单级船闸输水阀门面积为 67.9 m^2,表 4.1 为国内典型高水头船闸输水阀门尺度对比,结合三峡、大藤峡等船闸阀门取值经验,阀门处廊道断面面积取为 2×6.0 m×6.4 m(数量×宽×高)=76.8(m^2)。

表 4.1　典型高水头船闸阀门尺度

工程	水头 /m	闸室尺度/m		阀门尺度			阀门总面积/m²	
		宽	长	宽/m	高/m	面积/m²	实际值	计算值
60 m 单级	60.0	40	280	6.0	6.4	38.4	76.8	67.9
大藤峡	40.2	34	280	5.0	5.5	27.5	55.0	48.8
三峡中间级	45.2	34	280	4.2	4.5	18.9	37.8	30.7
三峡首末	27.6	40	280	4.5	5.5	24.8	49.5	36.0
三峡新通道中间级	45.2	40	280	4.5	5.0	22.5	45.0	40.3
葛洲坝	27.0	34	280	5.0	5.5	27.5	55.0	46.1

闸墙廊道分别连接充、泄水阀门段和闸室分流口,不仅要考虑结构要求和分流口的水流条件,其断面还需要考虑输水系统的流量系数和断面流速。如按断面流速 15 m/s 控制,则闸墙主廊道断面面积为 2×6.0×8.0=96.0(m^2),与输水阀门处廊道断面面积的比值为 1.25。

船闸输水阀门启闭频繁,工作条件复杂,在非恒定高速水流作用下阀门的水动力学问题突出,尤其是阀门空化问题更成为高水头船闸设计中最为关键的技术难题。研究成果表明:60 m 单级船闸阀门空化问题,可采用主动防护与被动防护相结合的"门楣自然通气＋顶底突扩廊道体型＋综合通气措施"技术解决。该技术通过确定合理的阀门段廊道体型,改善阀门底缘空化条件,尽量减弱底缘空化强度,如果阀门段廊道体型优化后底缘仍存在空化,则利用门楣自然通气解决(详见第 7 章)。因此,60 m 单级船闸阀门段廊道体型可采用顶、底突扩的布置形式,顶部突扩增加门后压力、减小脉动,底部突扩改善底缘流态。对于突扩体自身可能发生的空化,则可采取通气减蚀的办法予以解决。具体参考尺度为:突扩体长度为 34.0 m、最大高度为 12.5 m、顶部突扩 2.5 m、底部突扩 4.0 m、跌坎为台阶型、升坎为"高次曲线"型,如图 4.7 所示。

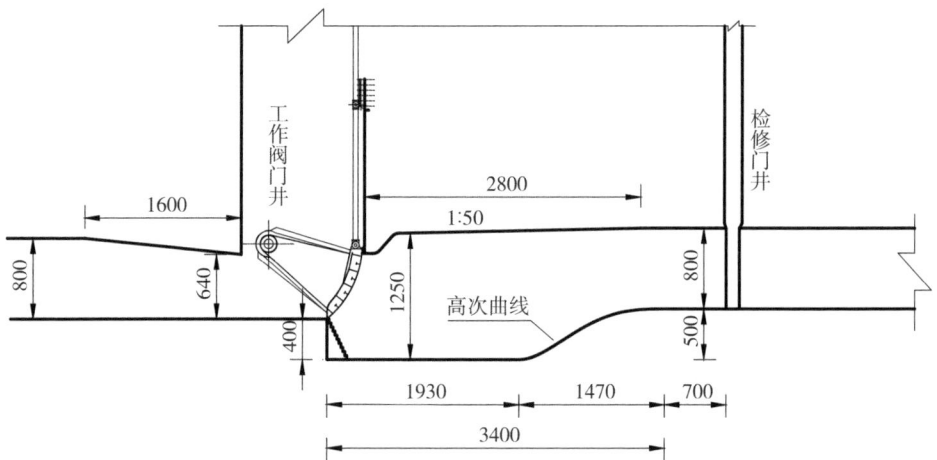

图 4.7　阀门段廊道体型及布置(单位:cm)

4.2.3　闸室消能方案

　　闸室是体现船闸运行功能和效率的核心部位,在船闸充、泄水过程中,闸室内形成复杂水流形态,闸室水力学条件是决定船舶过闸安全性的关键因素。

　　表 4.2 为根据本书第 3 章提出的输水系统选型方法得出的 60 m 单级船闸输水系统选型关联度及国内各大型高水头船闸输水系统选型对比。由表可见,60 m 单级船闸现有输水系统类型中关联度最高的为第三类分散输水系统,但其关联度值也仅为 0.49,而三峡、大藤峡、万安二线等关联度都在 0.8 以上,这也说明 60 m 单级船闸输水系统的要求已远远突破了国内外现有船闸输水系统的技术指标,需要采用新的闸室消能技术来解决 60 m 单级船闸的高效输水问题。

　　为此,在闸室内分别设计了传统的"侧支孔明沟"消能、"侧支孔明沟＋格栅"分层消能和"侧支孔明沟＋顶支孔盖板"分层消能等三种消能方案。

表 4.2　典型高水头船闸输水系统选型对比

序号	船闸名称	绝对关联度 $R(X_i,Y)$						
		集中	局部分散	第一类	第二类 a 型	第二类 b 型	第二类 c 型	第三类
1	60 m 单级船闸	0.03	0.05	0.09	0.21	0.32	0.32	0.49
2	大藤峡	0.05	0.08	0.15	0.34	0.52	0.52	0.80
3	三峡	0.05	0.09	0.16	0.37	0.56	0.57	0.87
4	万安二线	0.07	0.12	0.20	0.47	0.71	0.72	0.91
5	桥巩	0.13	0.23	0.40	0.94	0.72	0.70	0.45
6	大化	0.09	0.16	0.28	0.64	0.81	0.93	0.66
7	富春江	0.18	0.31	0.55	0.81	0.56	0.53	0.35

4.2.3.1　方案一　侧支孔明沟消能方案

60 m 单级船闸输水系统采用闸室内两区段四纵支廊道的布置,见图 4.8。单支纵支廊道断面尺寸(宽×高)为 6.5 m×8.0 m,每支廊道两侧各布置 21 个出水支孔,沿闸室中心第一分流口向支廊道末端沿程每侧出水支孔均分为 3 组,每组 7 孔,孔口尺度(宽×高)分别为 0.5 m×1.7 m、0.45 m×1.7 m 及 0.4 m×1.7 m。出水段支孔采用等间距布置,支孔中心间距为 5.0 m,支孔长度为 1.5 m;出水段顺水流方向首末出水孔分段面积的比值为 1.5。出水孔段总长为 2×21×5.0=210.0 (m),占闸室有效长度的 75%,闸室出水孔面积与阀门断面面积的比值为 1.67。受闸室廊道布置影响,闸室消能采用单明沟消能,明沟宽度为 4.0 m,深 7.5 m。"两区段四支廊道+侧支孔明沟消能"具体布置见图 4.8,闸室消能工尺度参数汇总见表 4.3。

表 4.3　方案一　闸室消能工尺度参数汇总

典型断面		断面尺寸/m		数量	总面积/m²	典型断面面积/阀门断面面积
		宽	高			
阀门		6.0	6.4	2	76.8	1.00
主廊道		6.0	8	2	96.0	1.25
支廊道		6.5	8	4	208.0	2.71
消能明沟		4.0	7.5	8	—	—
侧支孔	第 1 组	0.5	1.7	8×7	47.60	—
	第 2 组	0.45	1.7	8×7	42.84	—
	第 3 组	0.4	1.7	8×7	38.08	—
	合计	—	—	—	128.52	1.67

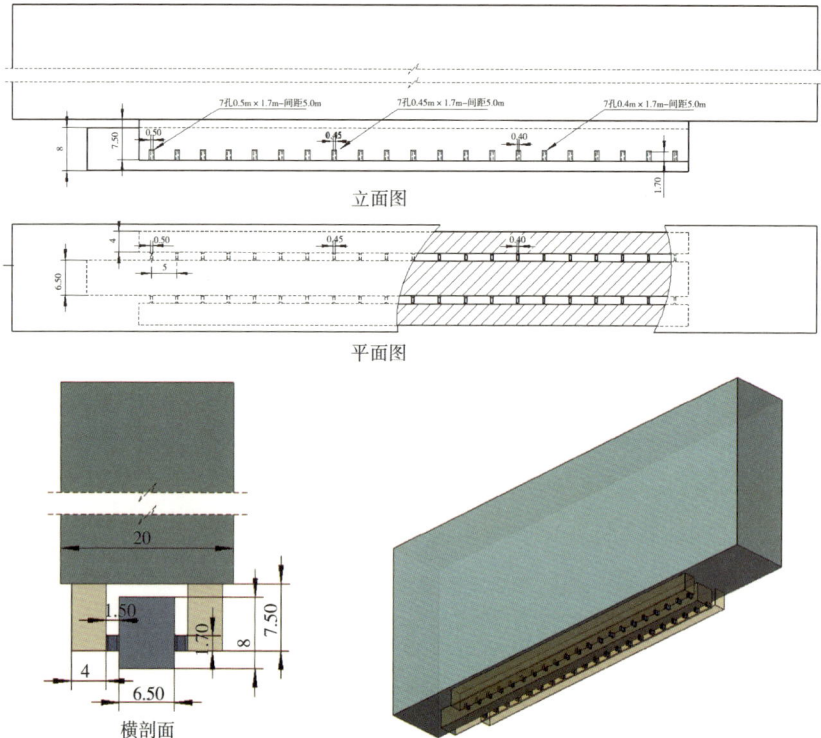

图 4.8　方案一闸室支廊道及消能工布置(1/4 支廊道)

4.2.3.2　方案二　侧支孔明沟＋格栅分层消能方案

"侧支孔明沟＋格栅分层消能"输水系统采用闸室内两区段四纵支廊道的布置,见图 4.9。单支廊道、侧支孔及消能明沟的数量和尺度与方案一"侧支孔明沟消能"完全相同。纵支廊道断面尺寸(宽×高)为 6.5 m×8.0 m,在支廊道两侧各布置 21 个出水支孔,沿闸室中心第一分流口向支廊道末端沿程每侧出水支孔均分为 3 组,每组 7 孔,孔口尺度(宽×高)分别为 0.5 m×1.7 m,0.45 m×1.7 m 及 0.4 m×1.7 m,总面积为 128.52 m²,与阀门断面面积的比值为 1.67。在支廊道两侧,沿闸室长度方向各设置 1 条长 105 m、宽 4.0 m 的消能明沟。每条明沟顶部出口设置消能格栅,布置 42 条等间距、等尺度的消能格栅出水孔缝,对进入闸室的水流进行二次消能和调整。格栅出水孔缝中心间距为 2.5 m,格栅出水孔缝尺度(长×宽)为 4.0 m×1.5 m,格栅出水孔总面积为 8×42×1.5×4.0＝2 016 (m²),与阀门断面面积的比值为 26.25,与侧支出水孔面积的比值为 14.11。单个格栅室消能体积为 4.0×105×6＝2 520 (m³),格栅室总体积为 2.02×10⁴ m³。出水孔段总长为 2×21×5.0＝210.0 (m),占闸室有效长度的 75%。闸室侧支孔明沟＋格栅分层消能方案布置见图 4.9,消能工尺度参数汇总见表 4.4。

表 4.4　方案二　闸室消能工尺度参数汇总

典型断面		断面尺寸/m		数量	总面积 m²	典型断面面积/阀门断面面积
		宽	高			
阀门		6.0	6.4	2	76.8	1.00
主廊道		6.0	8.0	2	96.0	1.25
支廊道		6.5	8.0	4	208.0	2.71
消能明沟		4.0	6.0	8	—	—
侧支孔	第1组	0.5	1.7	8×7	47.60	—
	第2组	0.45	1.7	8×7	42.84	—
	第3组	0.4	1.7	8×7	38.08	—
	合计	—	—	—	128.52	1.67
格栅出水缝		1.5	4.0	8×42	2 016.0	26.25

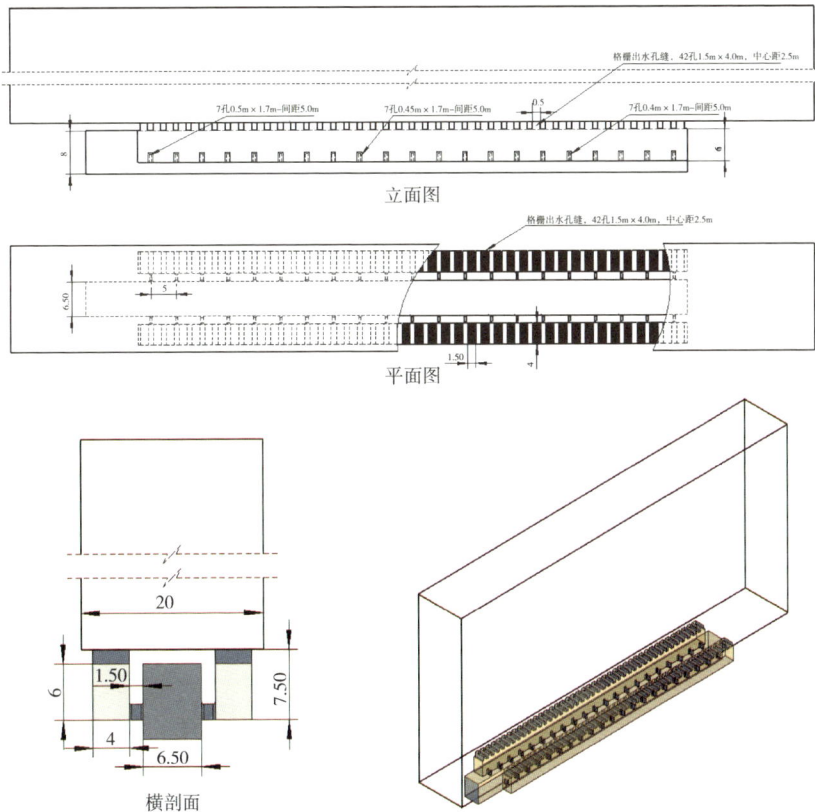

立面图

平面图

横剖面

图 4.9　方案二闸室支廊道及消能工布置

4.2.3.3 方案三 侧支孔明沟+顶支孔盖板分层消能方案

"侧支孔明沟+顶支孔盖板分层消能"输水系统采用闸室内两区段四纵支廊道的布置,见图 4.10。单支廊道、侧支孔及消能明沟的数量和尺度与方案一"侧支孔明沟消能"完全相同。纵支廊道断面尺寸(宽×高)为 6.5 m×8.0 m,在支廊道两侧各布置 21 个出水支孔,沿闸室中心第一分流口向支廊道末端沿程每侧出水支孔均分为 3 组,每组 7 孔,孔口尺度(宽×高)分别为 0.5 m×1.7 m、0.45 m×1.7 m 及 0.4 m×1.7 m,总面积为 128.52 m²,与阀门断面面积的比值为 1.67。在支廊道两侧,沿闸室长度方向各设置 1 条长 105 m、宽 4.0 m 的消能明沟。每条明沟顶部出口设置 21 个等间距、等尺度的顶支孔盖板消能工,对进入闸室的水流进行二次消能和调整。顶支孔出水孔缝中心间距为 5.0 m,出水孔缝尺度(长×宽)为 4.0 m×0.3 m,顶支孔出水孔总面积为 8× 21×0.3×4.0＝201.6 (m²),与阀门断面面积的比值为 2.63,与侧向出水孔面积的比值为 1.41。单个明沟消能室体积为 4.0×105×6＝2 520 (m³),总体积为 2.02×10⁴ m³。出水孔段总长为 2×21×5.0＝210.0(m),占闸室有效长度的 75%。闸室侧支孔明沟+顶支孔盖板分层消能方案布置见图 4.10,消能工尺度参数汇总见表 4.5。

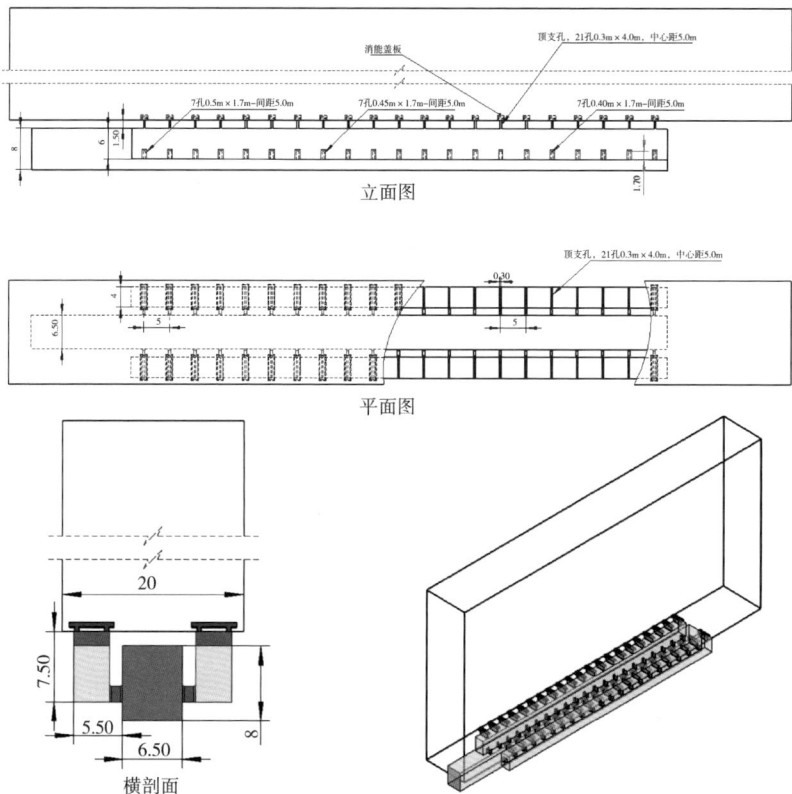

图 4.10 方案三闸室支廊道及消能工布置

表 4.5　闸室消能工尺度参数汇总

典型断面		断面尺寸/m		数量	总面积/m²	典型断面面积/阀门断面面积
		宽	高			
阀门		6	6.4	2	76.8	1.00
主廊道		6	8	2	96.0	1.25
支廊道		6.5	8	4	208.0	2.71
消能明沟		4.5	7.5	8	—	—
侧支孔	第 1 组	0.5	1.7	8×7	47.60	
	第 2 组	0.45	1.7	8×7	42.84	
	第 3 组	0.4	1.7	8×7	38.08	
	合计	—	—	—	128.52	1.67
顶支孔出水孔		4.0	0.3	8×21	201.6	2.63

4.2.4　上下游进出水口

60 m 单级船闸,输水时间 $T=17$ min,初步估计船闸最大流量约为 1 600 m³/s,因此比较经济合理的布置形式为导墙上布置垂直多支孔。分散输水系统进口流速不宜大于 2.5 m/s,则船闸进水口总面积需大于 640 m²,取进水口尺度(支数×孔数×宽×高)为 2×8×5.0 m×8.0 m,具体布置见图 4.11。进水口淹没水深需满足规范要求的大于 2/5 水头的要求,则廊道顶水深应大于 24.0 m。

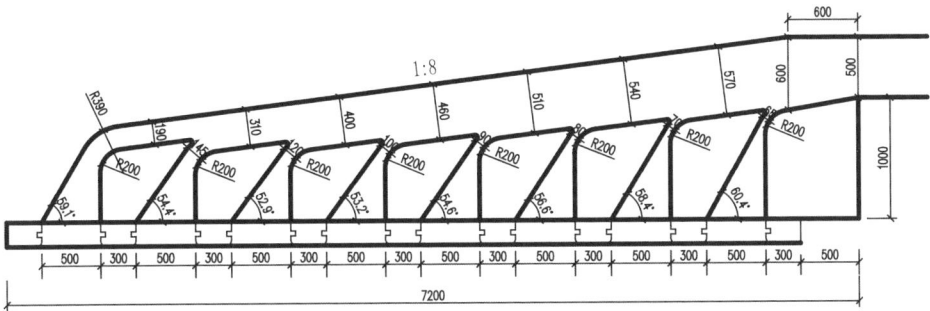

图 4.11　输水系统进水口布置

对于闸室有效面积为 280 m×40 m,水头达 60 m 的单级船闸,船闸充、泄水流量巨大,充、泄水全部布置在引航道内,引航道内流速将超标,故必须采取旁侧取、泄水布置或增大引航道过水断面面积等方式减小引航道流速。其中,采用旁侧布置对改善引航道水流条件的效果更为显著,工程量也更为节省。实际上,国内外几乎所有已建的高水头船闸都采用了这一布置形式,尤其是美国几乎所有超过30 m水头的船闸都采用了旁侧泄水布置。典型工程如美国斯内克河上的下花岗岩(Lower Granite)船闸、巴西托坎廷斯河上的图库鲁伊(Tucurui)枢纽上游船闸和下游船闸等。因此,60 m单级船闸下游出水口采用旁侧泄水的导墙上垂直多支孔布置形式,出水口总面积为192 m²。

4.2.5 输水系统特征尺度及总体布置

综上所述,60 m单级船闸输水系统可采用闸墙主廊道、闸室中部立体分流、闸底两区段四纵支廊道的总体布置方案。闸室消能工采用"侧支孔明沟消能"(无分层消能技术)、"明沟+格栅分层消能"和"明沟+顶支孔盖板分层消能"等三种形式,各系统特征尺度见表4.6,布置见图4.12～图4.13。

表4.6 三种输水系统方案特征尺度汇总表

序号	部位	描述	面积/m²	典型断面面积/阀门断面面积
1	上闸首进水口	导墙侧向垂直多支孔进水,喉部断面宽度沿顺水流方向依次减小	2×8×5.0×8.0=640 2×(1.9+1.45+1.2+1.0+0.9+0.8+0.7+0.65)×8.0=137.6	8.33 1.58
2	输水阀门段廊道	两侧主廊道阀门顶淹没水深为28.0 m,阀门后采用突扩廊道体型,34.0 m×12.5 m(长×高)	2×6.0×6.4=76.8	1.00
3	输水主廊道	输水主廊道顶高程比闸室底高程低1.5 m,距闸墙边6.5 m,通过斜坡分别与充、泄水阀门段廊道连接	2×6.0×8.0=96.0	1.25
4	第一分流口	位于闸室中部,分流舌布置输水主廊道	4×7.0×3.0=84.0	1.53
5	闸室出水段廊道	两区段,每区段两根出水支廊道	4×5.0×6.0=120.0	2.18
6 方案一(侧支孔明沟消能)	出水侧支孔	支廊道两侧各21个出水孔,沿顺水流方向分为3组,孔口尺度(宽×高)分别为0.5 m×1.7 m、0.45 m×1.7 m及0.4 m×1.7 m,出水支孔间隔5.0 m,出水孔段总长为210 m	8×7×(0.5+0.45+0.4)×1.7=128.52	1.67
	消能明沟	出水支廊道两侧各设一道消能明沟,明沟宽4.0 m,深4.5 m	—	—

序号	部位	描述	面积/m²	典型断面面积/阀门断面面积
6 方案二 (侧支孔明沟＋格栅分层消能)	出水侧支孔	支廊道每侧各 21 个出水孔,沿顺水流方向分为 3 组,孔口尺度(宽×高)分别为 0.5 m×1.7 m、0.45 m×1.7 m 及 0.4 m×1.7 m,出水支孔间隔 5.0 m,出水孔段总长为 210 m	8×7×(0.5+0.45+0.4)×1.7=128.52	1.67
	消能明沟	出水支廊道两侧各设一条消能明沟,明沟宽 4.0、深 4.5 m	—	—
	格栅出水孔	消能明沟顶部设置 42 个 4.0 m×1.5 m 的格栅出水孔	8×42×1.5×4.0=2 016	26.25
6 方案三 (侧支孔明沟＋盖板分层消能)	出水侧支孔	支廊道每侧各 21 个出水孔,沿顺水流方向分为 3 组,孔口尺度(宽×高)分别为 0.5 m×1.7 m、0.45 m×1.7 m 及 0.4 m×1.7 m,出水支孔间隔 5.0 m,出水孔段总长为 210 m	8×7×(0.5+0.45+0.4)×1.7=128.52	1.67
	消能明沟	出水支廊道两侧各设一条消能明沟,明沟宽 4.0、深 4.5 m	—	—
	消能盖板	消能明沟顶部设置 21 条 4.0 m×0.3 m 的顶支孔出水孔缝,出水孔缝上各设一个消能盖板,消能盖板顶高程与门槛底高程相同	8×21×0.3×4.0=201.6	2.63
7	下闸首出水口	采用全部旁侧泄水的形式	2×4×3×8=192	2.5

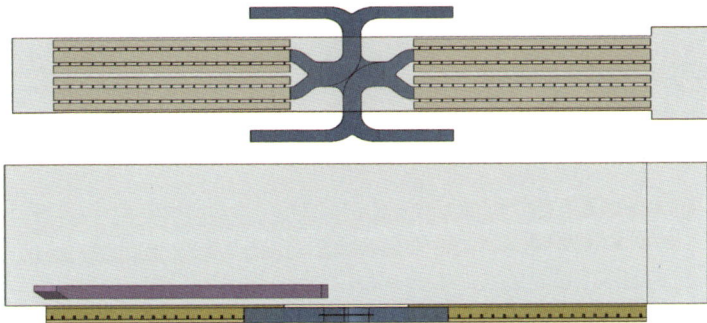

(a) 无分层消能输水系统

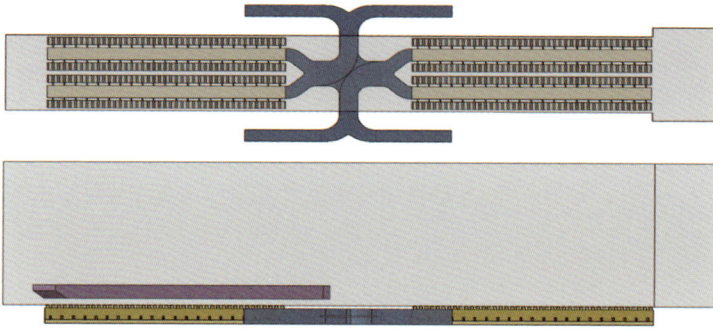

（b）明沟＋格栅分层消能

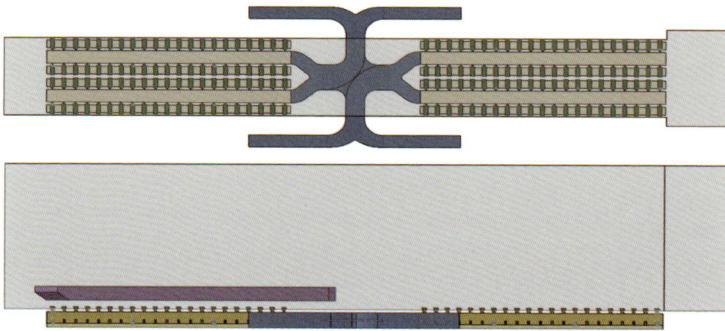

（c）明沟＋盖板分层消能

图 4.12 三种方案输水系统布置对比

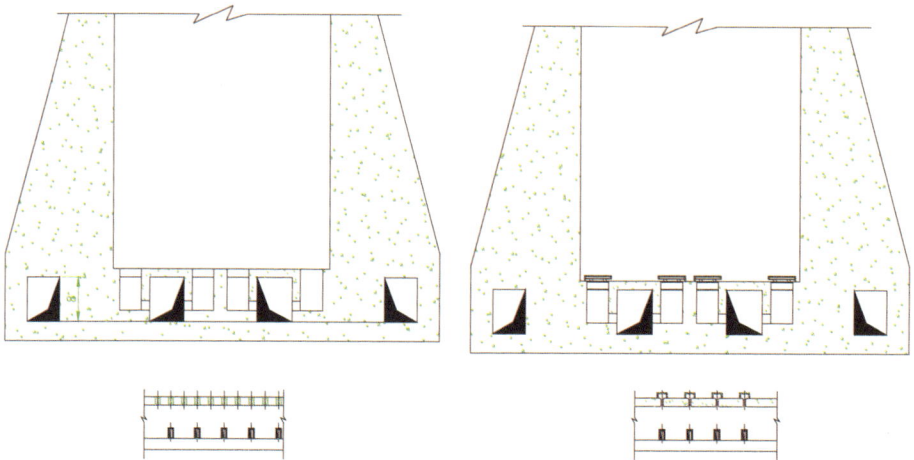

（a）明沟＋格栅分层消能   （b）明沟＋盖板分层消能

图 4.13 两种分层消能方案闸室横断面图对比

4.3　输水系统水力特性

本节通过输水系统整体物理模型,研究 60 m 级单级船闸水流特性的影响因素,分析侧支孔明沟(无分层消能)、侧支孔明沟＋格栅分层消能(简称"明沟＋格栅分层")和侧支孔明沟＋盖板分层消能(简称"明沟＋盖板分层")三种输水系统的流量系数、关键水力特征值的变化规律,明确闸室作用水头、初始淹没水深、阀门开启时间对船闸输水水力指标的影响,并进行三种输水系统方案输水水力特性综合对比分析。

4.3.1　物理模型设计与制作

模型按重力相似设计,比尺 $L=30$。闸室边墙用夹胶玻璃和钢板制作,输水廊道采用聚乙烯塑料板,为了便于观察,输水阀门段用有机玻璃制造。上、下游引航道分别采用钢板水库并用聚乙烯塑料板制作。水工模型的范围包括原型上游引航道、船闸闸室、输水系统(包括进水口、上闸首、闸室、下闸首泄水出水段)以及下游引航道,试验模型见图 4.14。上、下游水位采用溢流式电动平水槽控制,输水阀门采用可无级调速的步进电机驱动启闭机控制。闸室充、泄水曲线和阀门后廊道非恒定流压力均用电阻式点压力传感器测定,恒定流情况下的时均压力用测压管测定。船队(舶)系缆拉力用我院研制的全环电阻式测力仪测定,在模型下游水库出口处连接有矩形量水堰,可测定闸室充、泄水恒定流流量。

图 4.14　船闸分层消能输水系统整体模型

4.3.2 输水系统阻力及流量系数

在恒定流状态下,通过测量输水系统沿程各测点压力,计算得出分层消能、明沟＋格栅分层消能和明沟＋盖板分层消能三种输水系统充、泄水廊道分段阻力系数和各开度的流量系数结果见表 4.7～表 4.10。

表 4.7　三种输水系统充水廊道分段阻力系数对比

运行方式	双边输水			单边输水		
输水系统形式	无分层	明沟＋格栅分层	明沟＋盖板分层	无分层	明沟＋格栅分层	明沟＋盖板分层
进水口段	0.031	0.031	0.031	0.04	0.04	0.04
鹅颈管段	0.298	0.298	0.298	0.292	0.292	0.292
阀门段	0.319	0.319	0.319	0.34	0.34	0.34
阀门后主廊道段	0.099	0.099	0.099	0.19	0.19	0.19
分叉段	0.208	0.208	0.208	0.08	0.08	0.08
分流段	0.133	0.133	0.133	0.212	0.212	0.212
闸室出水孔段	0.461	0.846	1.056	0.208	0.593	0.803
总阻力系数 $\sum\xi$	1.549	1.934	2.144	1.362	1.747	1.957
流量系数 μ	0.803	0.719	0.683	0.857	0.757	0.715

表 4.8　三种输水系统泄水廊道分段阻力系数对比

运行方式	双边输水			单边输水		
输水系统形式	无分层	明沟＋格栅分层	明沟＋盖板分层	无分层	明沟＋格栅分层	明沟＋盖板分层
闸室出水孔段	0.433	0.433	0.433	0.123	0.123	0.123
分流口段	0.245	0.245	0.245	0.201	0.201	0.201
分叉段	0.111	0.111	0.111	0.101	0.101	0.101
阀门前主廊道段	0.178	0.178	0.178	0.175	0.175	0.175
阀门段	0.424	0.424	0.424	0.404	0.404	0.404
阀门后廊道段	0.058	0.058	0.058	0.064	0.064	0.064
旁侧廊道段	0.351	0.736	0.946	0.354	0.739	0.949
总阻力系数 $\sum\xi$	1.800	2.185	2.395	1.422	1.807	2.017
流量系数 μ	0.746	0.677	0.646	0.839	0.744	0.704

表 4.9　双边阀门开启各开度阻力系数和流量系数对比

开启方式	系数	输水系统类型	阀门开度 n					
			0.2	0.4	0.5	0.6	0.8	1.0
充水	总阻力系数 $\sum \xi$	无分层消能	20.850	5.723	3.727	2.787	1.951	1.551
		明沟+格栅分层消能	21.235	6.108	4.112	3.172	2.336	1.936
		明沟+盖板分层消能	22.221	6.191	4.499	3.337	2.467	2.182
	流量系数 μ	无分层消能	0.219	0.418	0.518	0.599	0.716	0.803
		明沟+格栅分层消能	0.217	0.405	0.493	0.561	0.654	0.719
		明沟+盖板分层消能	0.212	0.402	0.471	0.547	0.637	0.677
泄水	总阻力系数 $\sum \xi$	无分层消能	21.836	5.806	4.114	2.952	2.082	1.797
		明沟+格栅分层消能	21.445	6.318	4.322	3.382	2.546	2.146
		明沟+盖板分层消能	22.431	6.401	4.709	3.547	2.677	2.392
	流量系数 μ	无分层消能	0.214	0.415	0.493	0.582	0.693	0.746
		明沟+格栅分层消能	0.216	0.398	0.481	0.544	0.627	0.683
		明沟+盖板分层消能	0.211	0.395	0.461	0.531	0.611	0.647

表 4.10　单边阀门开启各开度阻力系数和流量系数

开启方式	系数	输水系统类型	阀门开度 n					
			0.2	0.4	0.5	0.6	0.8	1.0
充水	总阻力系数 $\sum \xi$	无分层消能	22.250	5.434	3.494	2.601	1.773	1.362
		明沟+格栅分层消能	22.635	5.819	3.879	2.986	2.158	1.747
		明沟+盖板分层消能	22.845	6.029	4.089	3.196	2.368	1.957
	流量系数 μ	无分层消能	0.212	0.429	0.535	0.62	0.751	0.857
		明沟+格栅分层消能	0.210	0.415	0.508	0.579	0.681	0.757
		明沟+盖板分层消能	0.209	0.407	0.495	0.559	0.650	0.715
泄水	总阻力系数 $\sum \xi$	无分层消能	20.850	5.236	3.392	2.520	1.764	1.421
		明沟+格栅分层消能	21.235	5.621	3.777	2.905	2.149	1.806
		明沟+盖板分层消能	21.445	5.831	3.987	3.115	2.359	2.016
泄水	流量系数 μ	无分层消能	0.219	0.437	0.543	0.63	0.753	0.839
		明沟+格栅分层消能	0.217	0.422	0.515	0.587	0.682	0.744
		明沟+盖板分层消能	0.216	0.414	0.501	0.567	0.651	0.704

无分层消能输水系统:双边开启充、泄水流量系数分别为 0.803 和 0.746,单边开启充、泄水流量系数分别为 0.857 和 0.839,平均流量系数在 0.8 左右,这说明无分层消能输水系统阻力较小,输水效率较高,可作为 60 m 级单级船闸输水系统布置的基础方案。

明沟+格栅分层消能输水系统:双边开启充、泄水流量系数分别为 0.719 和 0.677,单边开启充、泄水流量系数分别为 0.757 和 0.744,平均流量系数在 0.72 左右,这说明明沟+格栅分层消能输水系统阻力较无分层消能输水系统略大,输水效率虽略有降低,但输水流量将有所降低,闸室船舶停泊条件将优于无分层消能输水系统。

明沟+盖板分层消能输水系统:双边开启充、泄水流量系数分别为 0.683 和 0.646,单边开启充、泄水流量系数分别为 0.715 和 0.704,平均流量系数在 0.68 左右,这说明明沟+盖板分层消能输水系统阻力较无分层和明沟+格栅消能输水系统略大。同样地,这种消能形式下闸室船舶系缆力较前两种更小。

总之,理论上上述三种输水系统消能形式均可作为 60 m 级单级船闸输水系统布置的备选方案,对超大体积、超高功率条件下船闸安全高效输水具有良好的适应性。

4.3.3 输水水力特性

输水系统水力特性是船闸水力学最为关注的问题之一,其中的输水时间更是衡量输水系统性能的核心指标。为此,通过输水系统物理模型试验给出三种消能方案下不同作用水头和阀门开启速度对应的船闸输水时间和最大输水流量。为便于综合比较,作用水头取 30 m、40 m、45 m、50 m、55 m 和 60 m,阀门开启时间取 $t_v=4$ min、6 min、8 min 和 10 min。试验结果见表 4.11。

4.3.3.1 船闸作用水头的影响

船闸的作用水头大小对于船闸输水系统的选择和输水时间的长短具有重要的影响。由图 4.15~图 4.17 可以看出,闸室流量均呈现先增加后减小的变化趋势。作用水头越大,则闸室流量增长速率越快,流量峰值越大。

$t_v=4$ min 时,最大流量约为 1 700 m³/s;$t_v=6$ min 时,最大流量约为 1 600 m³/s;$t_v=8$ min 时,最大流量约为 1 500 m³/s;$t_v=10$ min 时,最大流量约为 1 350 m³/s。当 t_v/T 不大于 0.5 时,输水最大流量出现在阀门全开时刻,而与作用水头基本无关,闸室流量的下降速率只与阀门全开时输水系统流量系数和惯性长度有关,船闸作用水头对其基本无影响。

由图 4.18~图 4.20 可以看出,作用水头越大,闸室水位增长速率越快,输水时间越长。输水末期流量为零时,闸室水位最高,且高于引航道水位。随后,

表 4.11 三种输水系统输水力特征参数汇总表

H/m	t_v/min	无分层				明沟+格栅分层				明沟+盖板分层			
		T/min	Q/(m³/s)	U/m/min	V/(m/s)	T/min	Q/(m³/s)	U/m/min	V/(m/s)	T/min	Q/(m³/s)	U/m/min	V/(m/s)
60	4	12.67	1 716	8.33	22.34	13.07	1 662	8.07	21.64	13.80	1 574	7.64	20.49
	6	13.77	1 582	7.68	20.60	14.15	1 535	7.45	19.99	14.85	1 458	7.08	18.99
	8	14.85	1 459	7.08	18.99	15.23	1 419	6.89	18.48	15.90	1 354	6.57	17.63
	10	15.95	1 352	6.56	17.60	16.32	1 318	6.40	17.17	16.97	1 262	6.13	16.44
55	4	12.17	1 631	7.92	21.23	12.55	1 580	7.67	20.57	13.25	1 497	7.27	19.49
	6	13.25	1 498	7.27	19.51	13.62	1 455	7.06	18.94	14.30	1 382	6.71	18.00
	8	14.35	1 378	6.69	17.94	14.70	1 341	6.51	17.46	15.35	1 280	6.21	16.67
	10	15.45	1 274	6.18	16.58	15.78	1 243	6.03	16.18	16.40	1 191	5.78	15.51
50	4	11.63	1 541	7.48	20.07	12.00	1 494	7.25	19.45	12.65	1 416	6.87	18.43
	6	12.73	1 411	6.85	18.37	13.08	1 370	6.65	17.84	13.72	1 303	6.33	16.97
	8	13.83	1 293	6.28	16.84	14.17	1 260	6.11	16.40	14.77	1 203	5.84	15.67
	10	14.93	1 192	5.79	15.52	15.25	1 164	5.65	15.15	15.83	1 116	5.42	14.54
45	4	11.08	1 448	7.03	18.85	11.42	1 404	6.81	18.28	12.05	1 331	6.46	17.33
	6	12.18	1 320	6.41	17.18	12.50	1 282	6.22	16.69	13.10	1 220	5.92	15.89
	8	13.28	1 205	5.85	15.69	13.58	1 174	5.70	15.29	14.15	1 123	5.45	14.62
	10	14.38	1 107	5.38	14.42	14.68	1 082	5.25	14.09	15.22	1 039	5.04	13.53

续表

H/m	t_v/min	无分层				明沟+格栅分层				明沟+盖板分层			
		T/min	Q/(m³/s)	U/(m/min)	V/(m/s)	T/min	Q/(m³/s)	U/(m/min)	V/(m/s)	T/min	Q/(m³/s)	U/(m/min)	V/(m/s)
40	4	19.10	1 349	6.55	17.57	10.82	1 308	6.35	17.04	11.40	1 241	6.03	16.16
	6	11.60	1 223	5.94	15.93	11.90	1 189	5.77	15.49	12.45	1 133	5.50	14.75
	8	12.70	1 113	5.40	14.49	12.98	1 085	5.27	14.13	13.52	1 039	5.04	13.53
	10	13.82	1 019	4.95	13.26	14.08	996	4.83	12.97	14.58	957	4.65	12.47
30	4	9.23	1 132	5.49	14.74	9.50	1 099	5.33	14.31	9.98	1 044	5.07	13.60
	6	18.93	1 013	4.92	13.19	19.18	986	4.79	12.84	11.05	942	4.57	12.26
	8	11.45	912	4.43	11.88	11.68	891	4.33	11.60	12.12	855	4.15	11.14
	10	12.57	827	4.01	10.77	12.78	810	3.93	10.55	13.18	781	3.79	10.17

注:T 为输水时间,Q 为最大流量,U 为闸室水面上升速度,V 为阀门断面最大流速。

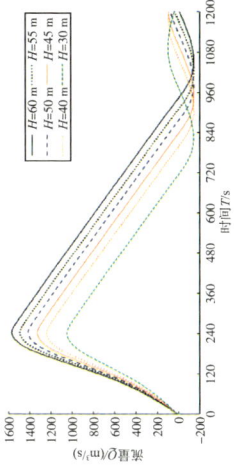
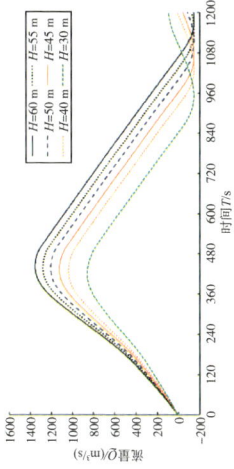
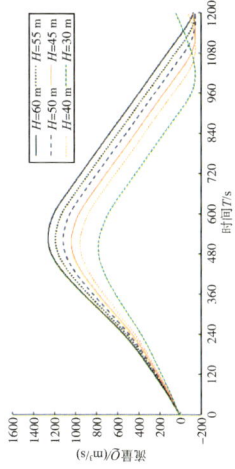

(a) $t_v=4$ min

(b) $t_v=8$ min

(c) $t_v=10$ min

图 4.17　明沟＋盖板分层消能流量变化曲线

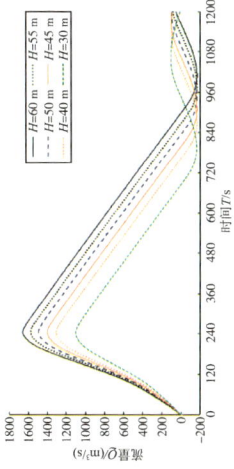
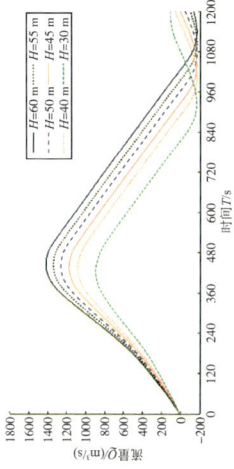
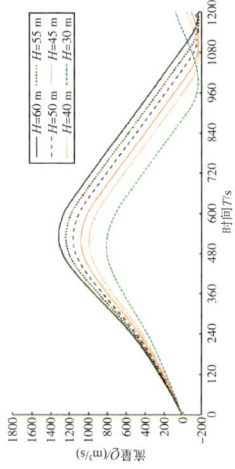

(a) $t_v=4$ min

(b) $t_v=8$ min

(c) $t_v=10$ min

图 4.16　明沟＋格栅分层消能流量变化曲线

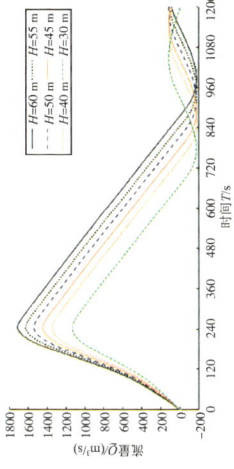
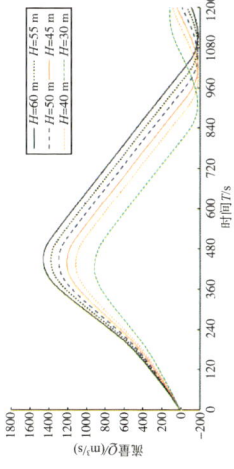
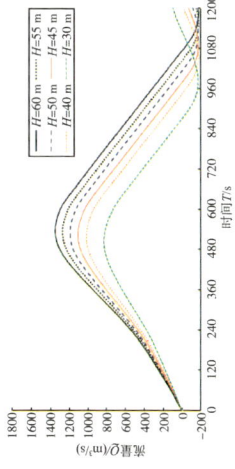

(a) $t_v=4$ min

(b) $t_v=8$ min

(c) $t_v=10$ min

图 4.15　无分层消能流量变化曲线

闸室水位回落,并形成长周期振荡。

4.3.3.2 初始水深的影响

图 4.21~图 4.23 给出了三种消能方案下闸室初始水深对充水过程中水流单位体积能量(能量密度)的影响。由图可知,船闸充水过程中单位体积水流能量呈先增长后减小的总体变化趋势。同一作用水头下,闸室初始水深越大,则初始水体体积越大,充水过程中单位体积水流能量越小。在同一初始水深下,船闸作用水头越高,则充水过程中单位体积水流能量越大。另外,由于三种消能方案输水系统流量系数相差不大,故在相同的作用水头和闸室初始水深条件下,三种消能方案对应的单位体积水流能量差别很小。从能量变化速度上看,作用水头越高,初始水深越小,则闸室充水过程中水流单位体积能量增长和减小速度均越快。

4.3.3.3 阀门开启时间的影响

由图 4.24 可以看出,闸室最大流量随着阀门开启时间的增加而减小,主要是因为阀门开启时间越长,水流进入闸室的速度越小,产生的最大闸室流量也越小。同时从图中可以看出,闸室工作水头越高,闸室的最大流量越大。反之,闸室工作水头越低,闸室流量越小。

由图 4.25 可知,在相同闸室作用水头条件下,闸室的最大能量随阀门开启时间的增加而减小。阀门开启时间越短,单位时间内水流进入闸室的能量越大,闸室内部产生的最大能量也越大。反之,阀门开启时间越长,单位时间内进入闸室的水流能量越小,进而闸室内部产生的最大能量越小。同时可以看出,在相同作用水头条件下,初始水位越低,闸室内部产生的最大流量越大。反之,初始水位越高,闸室内部产生的最大能量越小。这是因为初始水位越低,闸室内部水垫层高度越低,进入闸室内部的水流能量经过消能工的消杀,在水垫层内产生漩涡,漩涡涡量越大,能量越高。反之,水垫层高度越高,产生的漩涡涡量越小,能量越低。

4.3.4 输水水力指标分析

针对无分层消能输水系统,通过模型试验研究了在不同作用水头和阀门开启时间下的输水水力特性。实际上,对于侧支孔出水明沟消能方案,与其输水性能和消能效果有关的水力指标主要包括:输水流量(Q)、闸室水深(h)、水流能量 $E_P = 9.81QH$、水体能量密度 $E_{Pm} = 9.81QH/h\Omega$ 及表征表层水体动力特性的参数当量弗劳德数 $Fr_c = Q/\sqrt{gh}$。其中,H 为作用水头,Ω 为闸室水域面积。

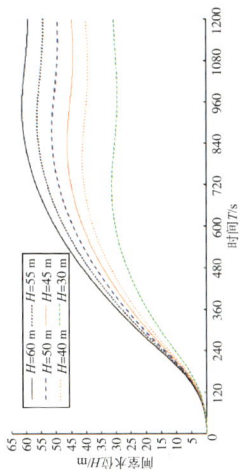
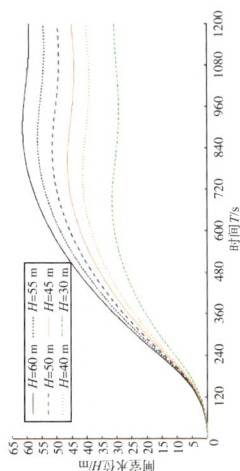
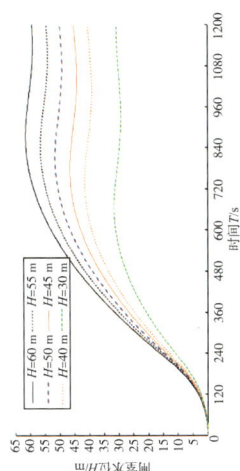

(a) $t_v = 4$ min

(b) $t_v = 8$ min

(c) $t_v = 10$ min

图 4.18　无分层消能闸室水位变化曲线

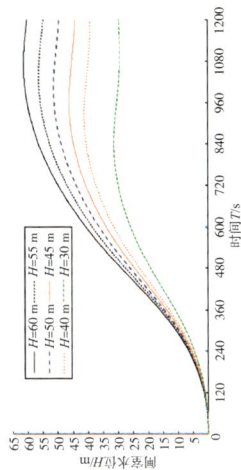
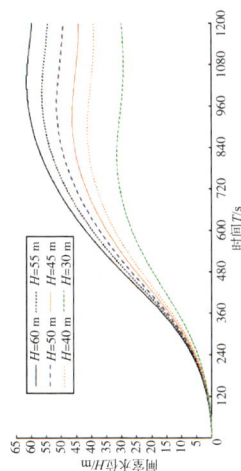
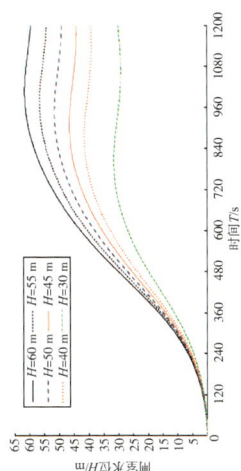

(a) $t_v = 4$ min

(b) $t_v = 8$ min

(c) $t_v = 10$ min

图 4.19　明沟+格栅分层消能闸室水位变化曲线

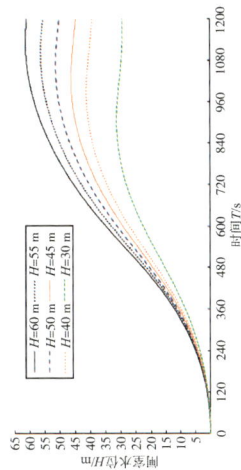
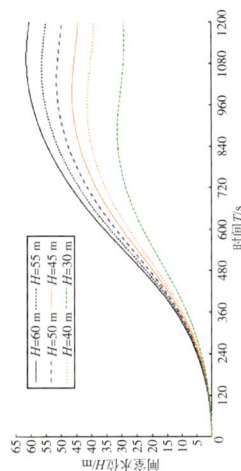
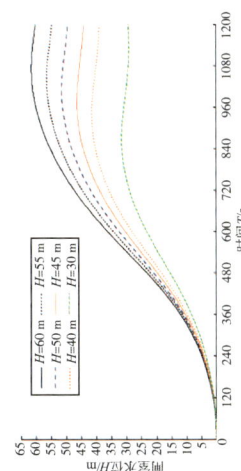

(a) $t_v = 4$ min

(b) $t_v = 8$ min

(c) $t_v = 10$ min

图 4.20　明沟+盖板分层消能闸室水位变化曲线

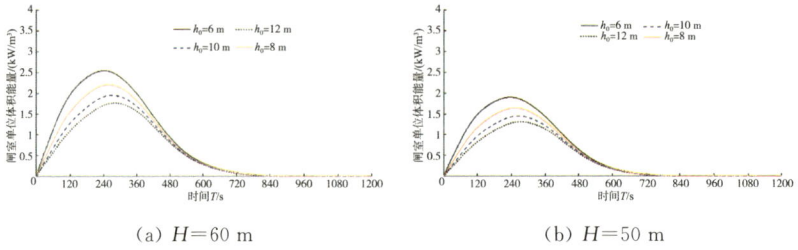

(a) $H=60$ m   (b) $H=50$ m

图 4.21　不同初始门槛水深条件下的水力特性曲线(无分层消能, $t_v=8$ min)

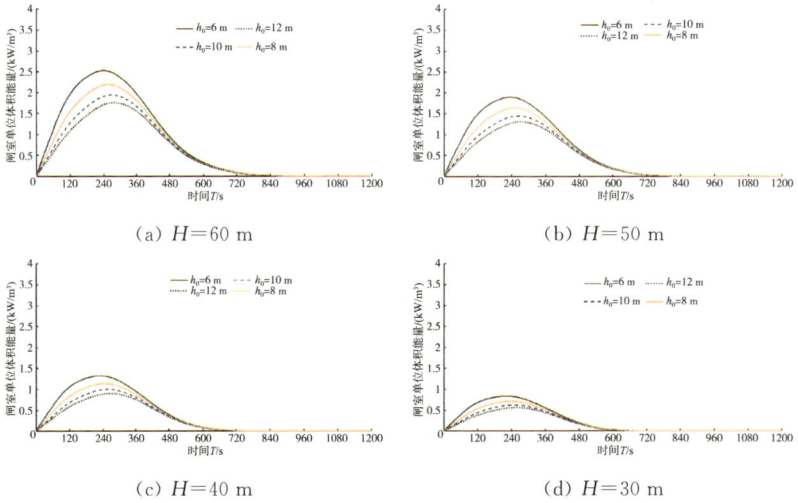

(a) $H=60$ m   (b) $H=50$ m

(c) $H=40$ m   (d) $H=30$ m

图 4.22　闸室能量密度变化曲线

(明沟＋格栅分层消能, $t_v=8$ min)

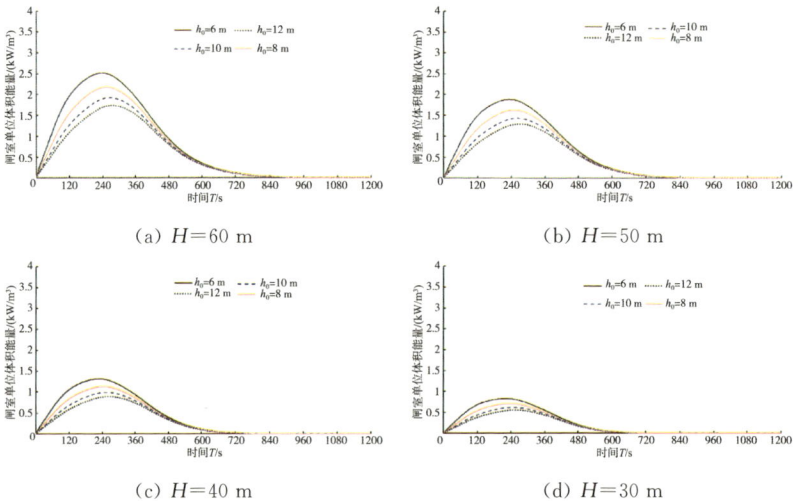

(a) $H=60$ m   (b) $H=50$ m

(c) $H=40$ m   (d) $H=30$ m

图 4.23　闸室能量密度变化曲线

(明沟＋盖板分层消能, $t_v=8$ min)

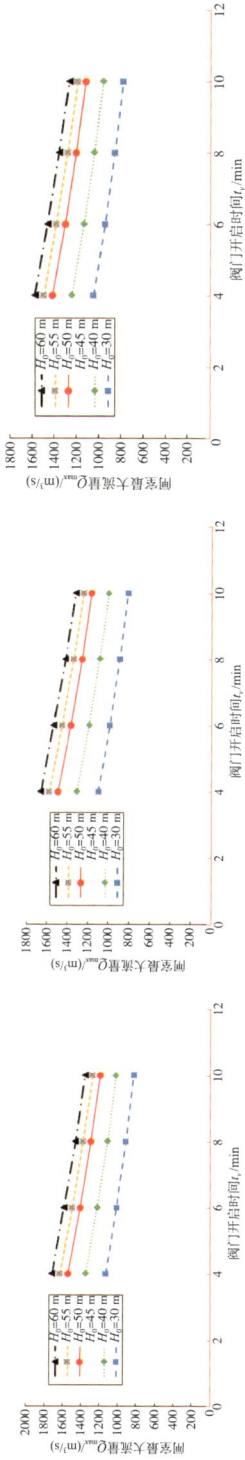

图 4.24　阀门开启时间与闸室最大流量关系图

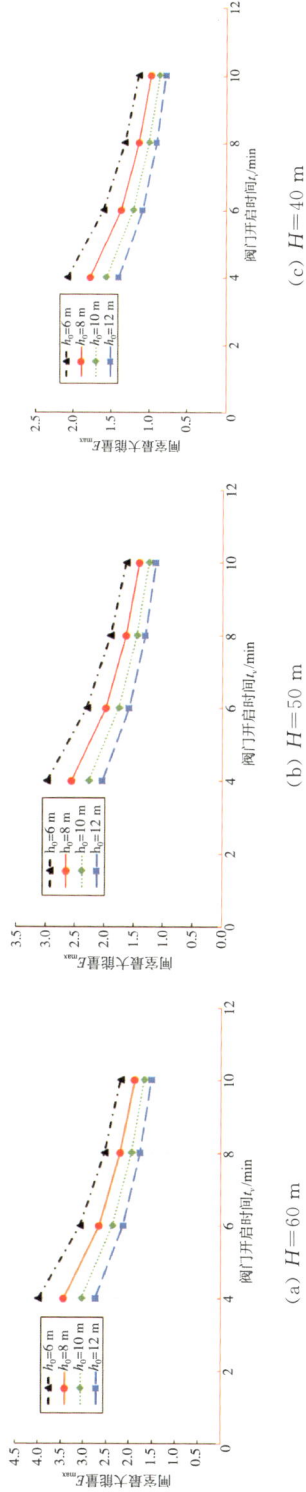

图 4.25　阀门开启时间对闸室最大能量密度的影响（无分层消能）

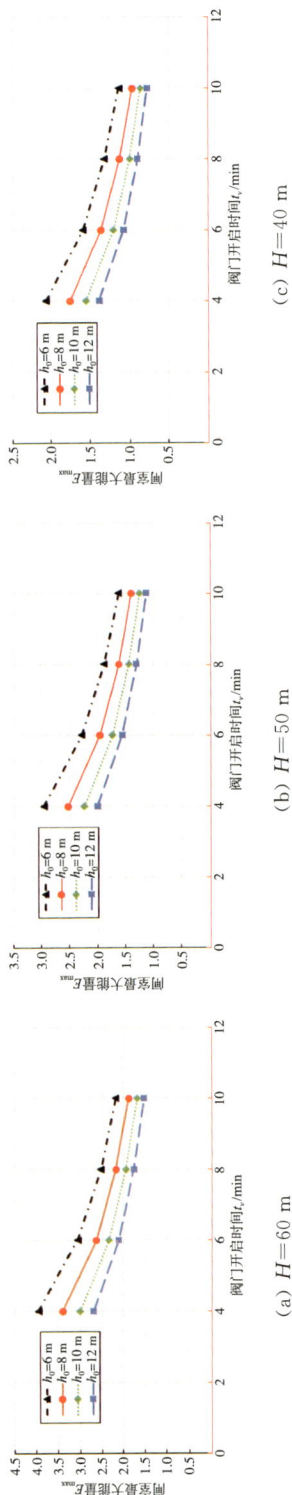

(a) $H=60$ m (b) $H=50$ m (c) $H=40$ m

图 4.26 阀门开启时间对闸室最大能量密度的影响（明沟＋格栅分层消能）

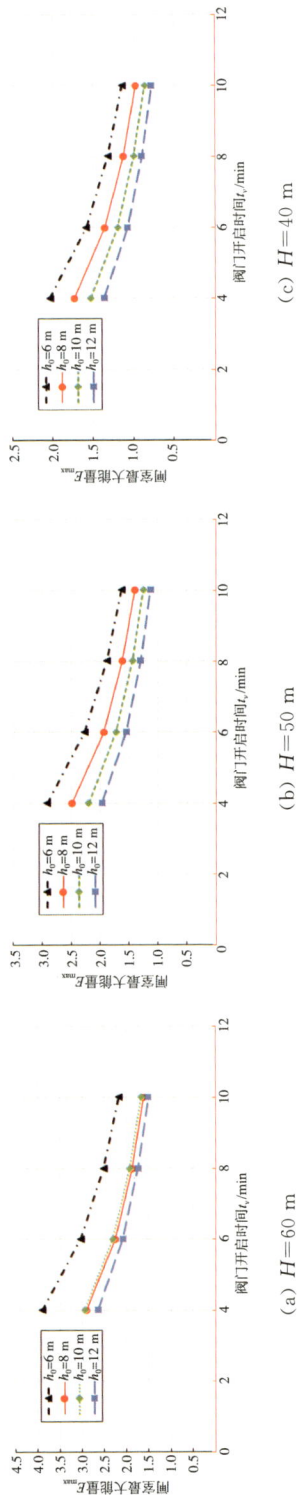

(a) $H=60$ m (b) $H=50$ m (c) $H=40$ m

图 4.27 阀门开启时间对闸室最大能量密度的影响（明沟＋盖板分层消能）

无分层消能输水系统在不同水头和阀门开启方式下的输水水力指标见表4.12。输水过程中各指标随时间的变化见图4.28。试验结果表明,水头越大且阀门开启速度越慢,则输水时间越长,水流最大能量越小,水体最大能量密度和当量弗劳德数亦越小。此方案下阀门开启时间为 4～6 min 时,闸室充水时间为15～20 min,最大能量为 500～800 MW,最大能量密度为 2.4～3.9 kW/m³。

表 4.12　60 m 级船闸无分层消能输水系统输水水力指标

水头 H/m	开启时间 t_v /min	输水时间 T/s	能量 $E_{P\max}/\text{MW}$	能量密度 $E_{Pm\max}/(\text{kW/m}^3)$	当量弗劳德数 $Fr_{c\max}/\text{m}^2$
40	4.0	807	402.2	2.3	110.1
	6.0	881	332.7	1.8	91.3
	8.0	949	287.6	1.6	78.9
	10.0	985	257.1	1.4	70.7
50	4.0	870	592.8	3.1	120.8
	6.0	934	493.5	2.5	100.4
	8.0	999	424.6	2.1	86.6
	10.0	1 056	382.1	1.9	77.7
60	4.0	957	797.1	3.9	129.2
	6.0	1 025	673.8	3.2	107.5
	8.0	1 093	583.4	2.7	92.9
	10.0	1 152	522.6	2.4	83.1

明沟＋格栅分层消能输水系统在不同水头和阀门开启方式下的输水水力指标见表4.13。输水过程中各指标随时间的变化见图4.29。试验结果表明,水头越大且阀门开启速度越慢,则输水时间越长,水流最大能量越小,相同初始水深条件下水体最大能量密度和当量弗劳德数亦越小。此方案下阀门开启时间为 4～6 min 时,闸室充水时间为15～20 min,水流最大能量为 500～800 MW,最大能量密度为 2.4～3.9 kW/m³,各项水力指标与无分层消能输水系统差别不大。

明沟＋格栅分层消能输水系统在不同水头和阀门开启方式下的输水水力指标见表4.14。输水过程中各指标随时间的变化见图4.30。试验结果表明,水头越大且阀门开启速度越慢,则输水时间越长,水流最大能量越小,相同初始水深条件下水体最大能量密度和当量弗劳德数亦越小。此方案下阀门开启时间为4～6 min 时,闸室充水时间为15～20 min,水流最大能量为 500～800 MW,最大能量密度为 2.4～3.9 kW/m³,各项水力指标与无分层消能输水系统差别不大。

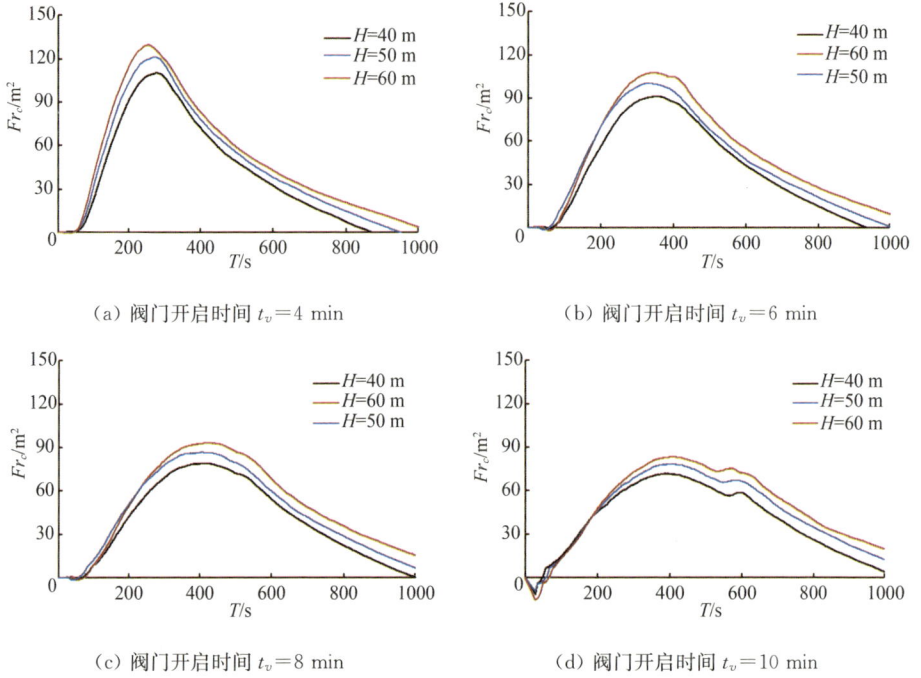

（a）阀门开启时间 $t_v = 4$ min

（b）阀门开启时间 $t_v = 6$ min

（c）阀门开启时间 $t_v = 8$ min

（d）阀门开启时间 $t_v = 10$ min

图 4.28　不同水头下无分层消能输水系统水流当量弗劳德数变化过程

表 4.13　60 m 级船闸明沟＋格栅分层消能输水系统输水水力指标

水头 H/m	开启时间 t_v/min	输水时间 T/s	能量 E_{Pmax}/MW	能量密度 E_{Pmmax}/(kW/m³)	当量弗劳德数 Fr_{cmax}/m²
	4.0	741	340.0	2.3	110.7
40	6.0	806	337.4	1.8	92.7
	8.0	916	291.4	1.6	80.1
	10.0	933	240.3	1.2	67.4
	4.0	836	596.2	3.2	122.3
50	6.0	910	493.3	2.5	100.6
	8.0	995	426.2	2.1	87.2
	10.0	1 029	382.5	2.0	78.3
	4.0	986	802.3	3.9	129.5
60	6.0	1 014	671.6	3.2	108.0
	8.0	1 063	588.6	2.8	94.0
	10.0	1 128	526.4	2.4	83.7

（a）阀门开启时间 $t_v = 4$ min

（b）阀门开启时间 $t_v = 6$ min

（c）阀门开启时间 $t_v = 8$ min

（d）阀门开启时间 $t_v = 10$ min

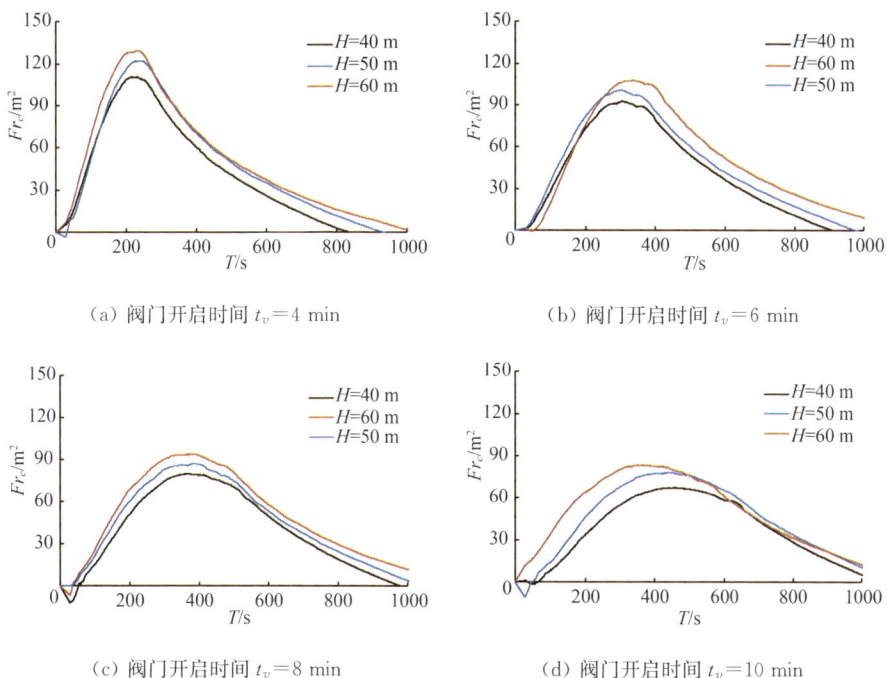

图 4.29　不同水头下明沟＋格栅分层消能输水系统水流当量弗劳德数变化过程

表 4.14　60 m 级船闸明沟＋格栅分层消能输水系统输水水力指标

水头 H/m	开启时间 t_v/min	输水时间 T/s	能量 $E_{P\max}/\text{MW}$	能量密度 $E_{Pm\max}/(\text{kW/m}^3)$	当量弗劳德数 $Fr_{c\max}/\text{m}^2$
40	4.0	815	398.9	2.3	109.1
	6.0	876	349.5	2.0	95.7
	8.0	936	291.8	1.7	79.8
	10.0	993	263.2	1.5	71.9
50	4.0	924	586.3	3.2	121.0
	6.0	990	488.8	2.6	99.7
	8.0	1 053	421.8	2.2	86.0
	10.0	1 073	384.2	2.0	78.2
60	4.0	986	784.0	4.0	127.9
	6.0	1 068	662.8	3.3	107.0
	8.0	1 063	588.6	2.8	94.0
	10.0	1 128	526.4	2.4	83.7

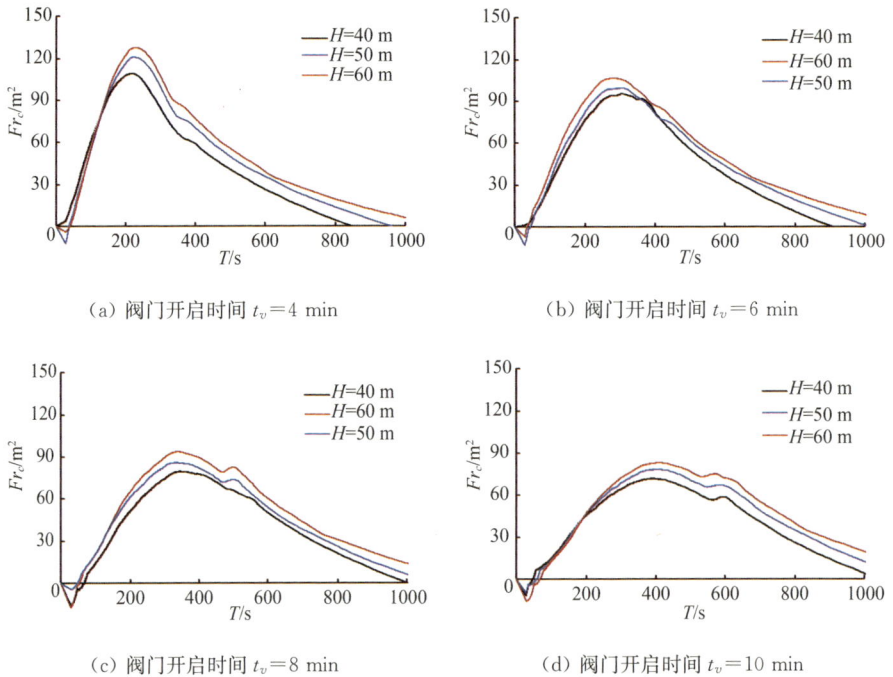

(a) 阀门开启时间 $t_v = 4$ min

(b) 阀门开启时间 $t_v = 6$ min

(c) 阀门开启时间 $t_v = 8$ min

(d) 阀门开启时间 $t_v = 10$ min

图 4.30　不同水头下明沟＋格栅分层消能输水系统水流当量弗劳德数变化过程

4.3.5　综合分析

由图 4.31～图 4.36 可以看出,在相同阀门开启时间 t_v 和相同闸室作用水头的条件下,闸室流量随输水时间的变化曲线中可以看出,方案一的流量峰值的流量变化率始终大于方案二,且方案二大于方案三。在相同阀门开启时间条件下,作用水头越大,流量峰值越大,且流量峰值大小的变化每个方案基本变化相同。在不同工况条件下,对于流量峰值以及流量变化率,方案一大于方案二,方案二大于方案三。

根据以上试验结果,方案一:无分层消能输水系统水力指标与船闸工作水头和阀门开启时间的关系见图 4.31～图 4.32,方案二:明沟＋格栅分层消能输水系统水力指标与船闸工作水头和阀门开启时间的关系见图 4.33～图 4.34,方案三:明沟＋盖板分层消能输水系统水力指标与船闸工作水头和阀门开启时间的关系见图 4.35～图 4.36。由各图中试验结果所呈现的规律可知:

(1) 船闸输水时间与阀门开启时间呈线性关系,与船闸工作水头呈幂函数关系,指数为 0.5。但是,当工作水头变化幅度不大时,二者基本呈线性关系。

(2) 船闸输水水流最大能量与阀门开启时间呈幂指数关系,指数为 −0.5;

与船闸工作水头成正比。

（3）船闸输水水体能量密度、当量弗劳德数与阀门开启时间亦呈幂函数关系,指数同为-0.5,与船闸工作水头均为正比关系。

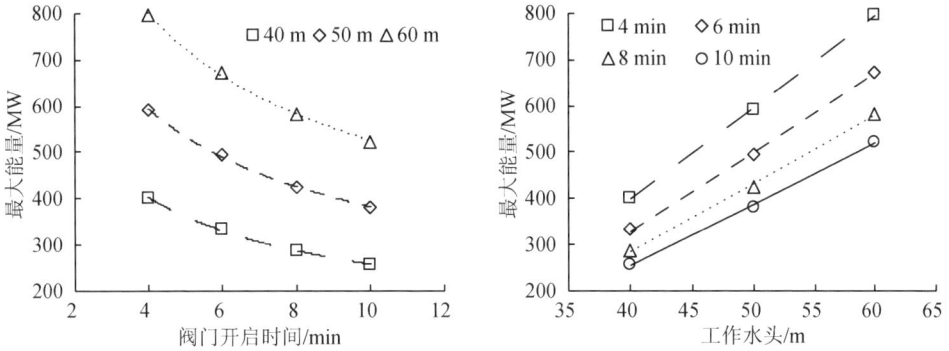

图 4.31　水流最大能量与阀门开启时间和工作水头的对应关系(方案一)

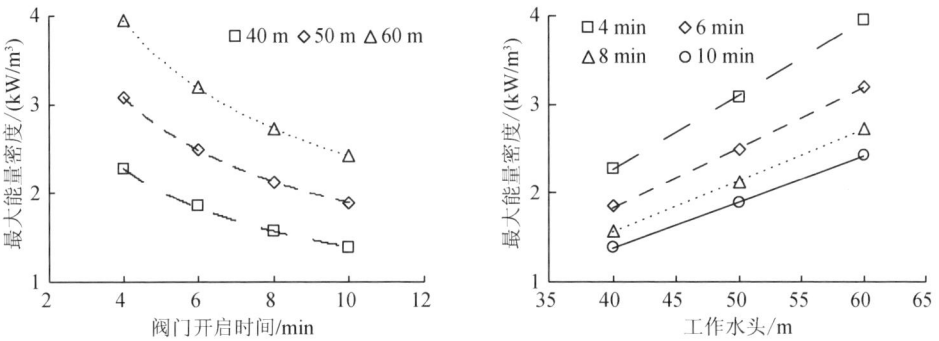

图 4.32　水体最大能量密度与阀门开启时间和工作水头的对应关系(方案一)

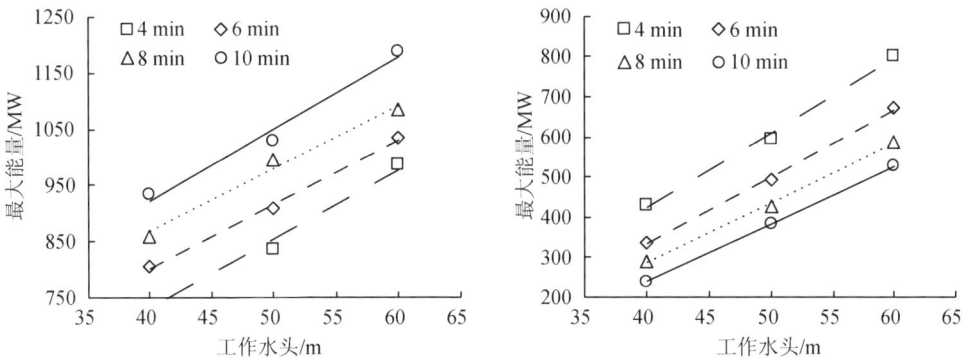

图 4.33　水流最大能量与阀门开启时间和工作水头的对应关系(方案二)

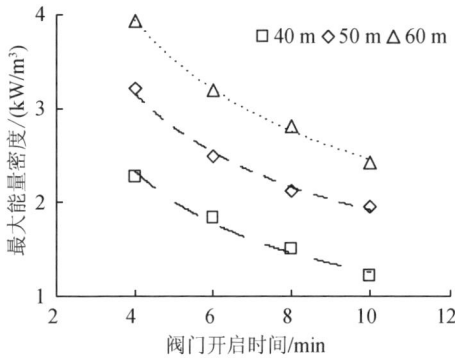

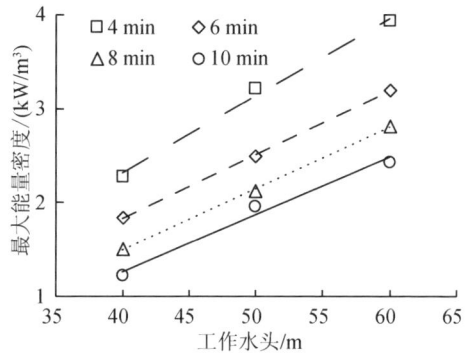

图 4.34　水体最大能量密度与阀门开启时间和工作水头的对应关系(方案二)

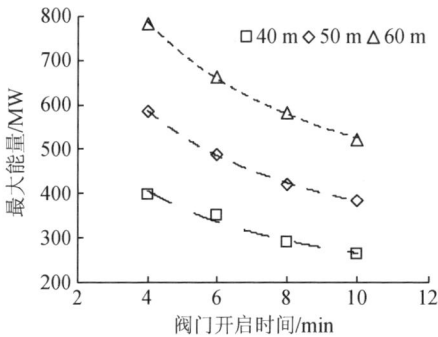

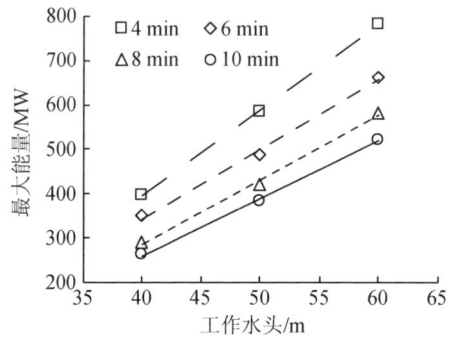

图 4.35　水流最大能量与阀门开启时间和工作水头的对应关系(方案三)

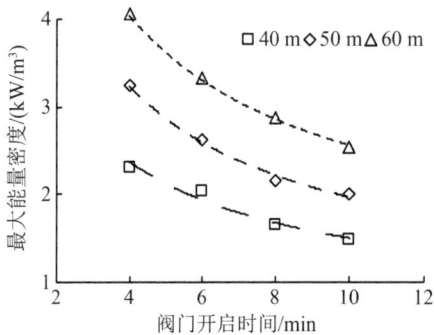

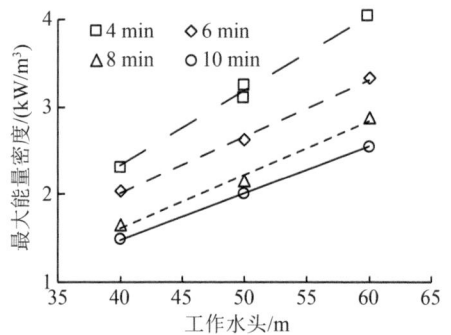

图 4.36　水体最大能量密度与阀门开启时间和工作水头的对应关系(方案三)

（4）对比三种消能方案,各水力指标与水力要素的相互关系基本一致,差异主要源于三种消能方案流量系数的差别。方案一的输水系统流量系数约为 0.80,方案二对应的流量系数约为 0.75,方案三的流量系数最小,约为 0.68。

4.4 闸室船舶停泊条件试验研究

本节通过船闸输水系统水工模型,研究无分层消能、明沟＋格栅分层消能和明沟＋盖板分层消能三种输水系统在不同工作水头、初始淹没水深、阀门开启时间和船舶吨级条件下闸室内船舶停泊条件,明确了各水力要素与停泊条件的相应关系,建立了分散输水系统闸室船舶系缆力经验公式。

4.4.1 无分层消能闸室停泊条件

考虑到多种水力要素影响下船舶系缆力的复杂性,试验中船闸工作水头分别取 40 m、50 m 和 60 m,阀门开启时间分别取 4 min、6 min、8 min 和 10 min,闸室初始水深分别取 6 m、8 m、10 m 和 12 m,船舶吨级分别取 3 000 t 和 8 000 t,其尺度(长×宽×吃水深度)分别为 95 m×16 m×3.2 m 和 130 m×22 m×5.5 m,共进行 831 次停泊条件试验。

由于试验工况众多,故仅给出典型工况下的闸室船舶纵向、前横向和后横向系缆力的变化过程,见图 4.37～图 4.40。典型工况的选取以能反映出不同水力要素对系缆力的影响为标准。各工况下闸室船舶纵、横向系缆力最大值见表 4.15。

表 4.15 无分层消能时闸室船舶最大系缆力

工况编号	船舶吨级 /t	初始水深 /m	水头 /m	阀门开启时间 /min	系缆力/kN	
					纵向	横向
C1F1	3 000	6	40	4	74.04	16.02
C1F5	3 000	6	50	4	81.28	23.60
C1F9	3 000	6	60	4	86.91	31.74
C1F10	3 000	6	60	6	72.32	17.89
C1F11	3 000	6	60	8	62.50	11.62
C1F12	3 000	6	60	10	55.91	8.32
C1F21	3 000	8	60	4	61.64	23.90
C1F33	3 000	10	60	4	46.24	18.70
C1F45	3 000	12	60	4	39.62	16.53
C1F57	8 000	6	60	4	170.14	34.41
C1F69	8 000	8	60	4	120.94	25.72
C1F81	8 000	10	60	4	90.69	20.16
C1F93	8 000	12	60	4	73.82	17.14

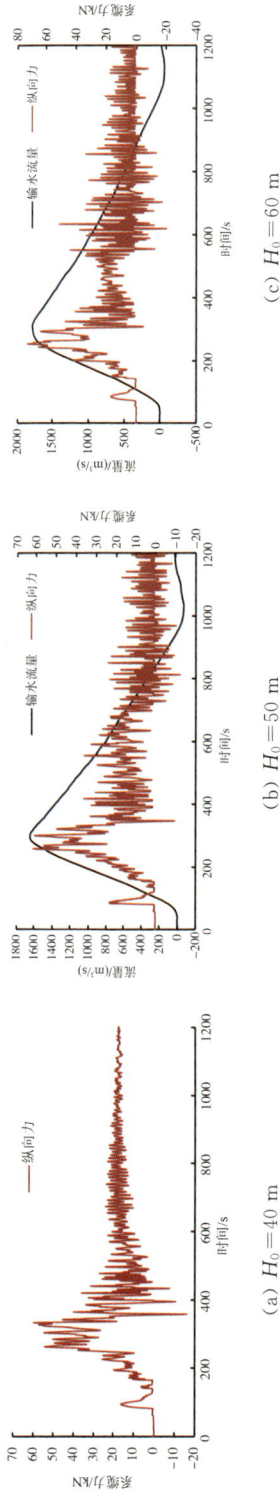

(a) $H_0 = 40$ m　　(b) $H_0 = 50$ m　　(c) $H_0 = 60$ m

图 4.37　无分层消能输水系统 3 000 t 级船舶纵向系缆力（$h_0 = 6$ m, $t_v = 4$ min）

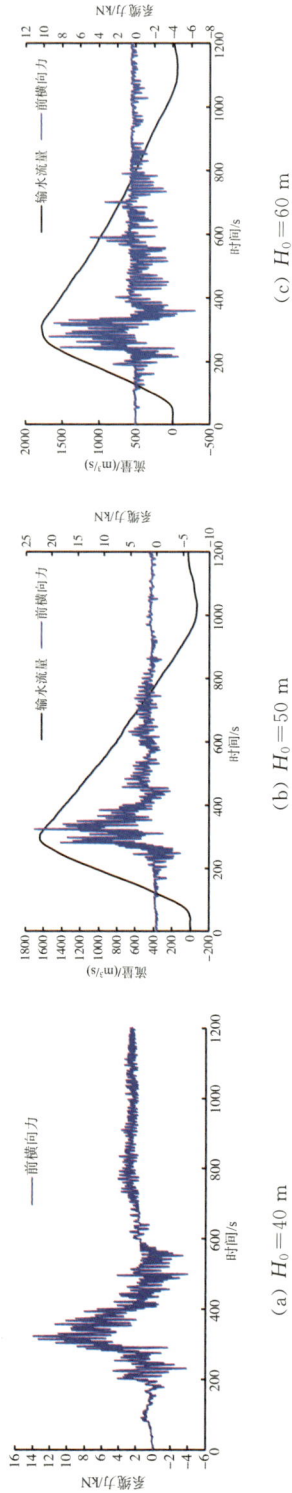

(a) $H_0 = 40$ m　　(b) $H_0 = 50$ m　　(c) $H_0 = 60$ m

图 4.38　无分层消能输水系统 3 000 t 级船舶前横向系缆力（$h_0 = 6$ m, $t_v = 4$ min）

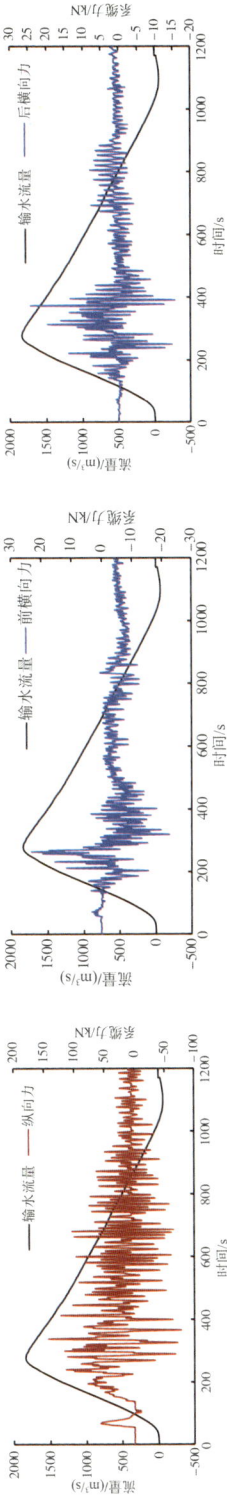

(a) 纵向系缆力　　　(b) 前横向系缆力　　　(c) 后横向系缆力

图 4.39　C1F69 工况 8 000 t 级船舶系缆力（方案一，$h_0 = 8$ m，$H_0 = 60$ m，$t_v = 4$ min）

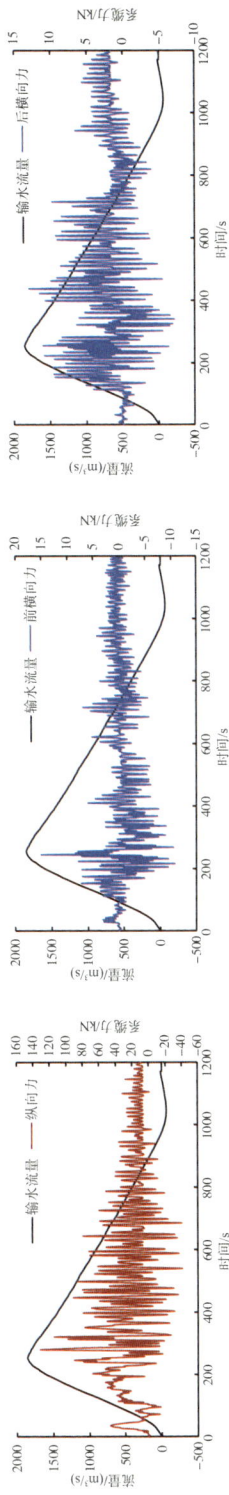

(a) 纵向系缆力　　　(b) 前横向系缆力　　　(c) 后横向系缆力

图 4.40　C1F93 工况 8 000 t 级船舶系缆力（方案一，$h_0 = 12$ m，$H_0 = 60$ m，$t_v = 4$ min）

表中试验结果表明:船舶排水量越大,则其纵向系缆力越大,但横向系缆力差别不大。闸室初始淹没深度增大,则纵向系缆力和横向系缆力均有所降低。船闸工作水头也是系缆力的重要影响因素,水头越高,则系缆力越大。根据试验结果,对于 60 m 级单级船闸,若采用无分层消能输水系统,则闸室初始水深大于 10 m,阀门开启时间大于 4 min 时,3 000 t 级船舶基本满足要求,最大纵向系缆力为 46.24 kN,最大横向系缆力为 18.7 kN。

4.4.2 明沟+格栅分层消能闸室停泊条件

由于试验工况众多,故仅给出典型工况下的闸室船舶纵向、前横向和后横向系缆力的变化过程,见图 4.41～图 4.44。典型工况的选取以能反映出不同水力要素对系缆力的影响为标准。各工况下闸室船舶纵、横向系缆力最大值见表 4.16。

表 4.16　明沟+格栅分层消能闸室船舶最大系缆力

工况编号	船舶吨级/t	初始水深/m	水头/m	阀门开启时间/min	系缆力/kN	
					纵向	横向
C2F1	3 000	6	40	4	33.67	14.39
C2F5	3 000	6	50	4	37.20	21.24
C2F9	3 000	6	60	4	39.40	28.59
C2F10	3 000	6	60	6	32.87	15.95
C2F11	3 000	6	60	8	28.61	10.49
C2F12	3 000	6	60	10	25.46	7.50
C2F21	3 000	8	60	4	28.18	21.42
C2F33	3 000	10	60	4	21.59	17.20
C2F45	3 000	12	60	4	16.84	14.11
C2F57	8 000	6	60	4	95.71	53.50
C2F69	8 000	8	60	4	68.20	39.99
C2F81	8 000	10	60	4	51.64	31.69
C2F93	8 000	12	60	4	40.69	25.92

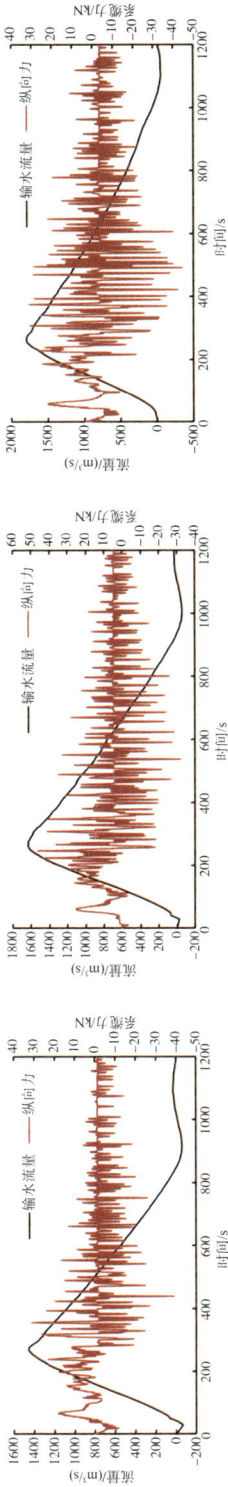

图 4.41　明沟＋格栅分层消能输水系统 3 000 t 级船纵向系缆力（$h_0 = 6$ m，$t_v = 4$ min）

（a）$H_0 = 40$ m　　（b）$H_0 = 50$ m　　（c）$H_0 = 60$ m

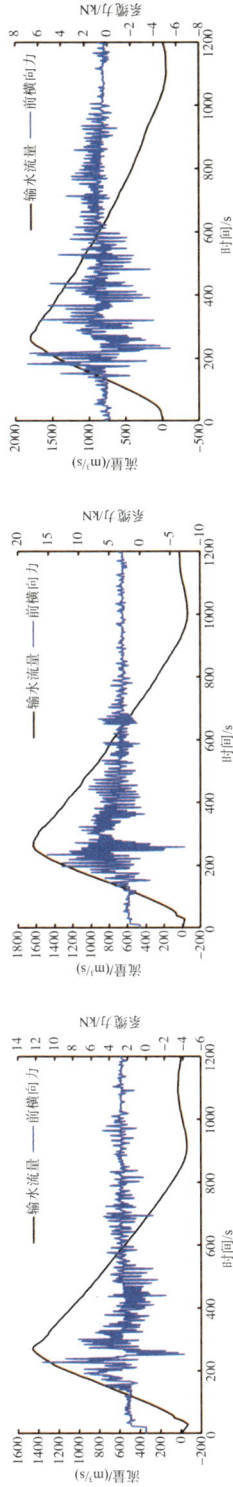

图 4.42　明沟＋格栅分层消能输水系统 3 000 t 级船前横向系缆力（$h_0 = 6$ m，$t_v = 4$ min）

（a）$H_0 = 40$ m　　（b）$H_0 = 50$ m　　（c）$H_0 = 60$ m

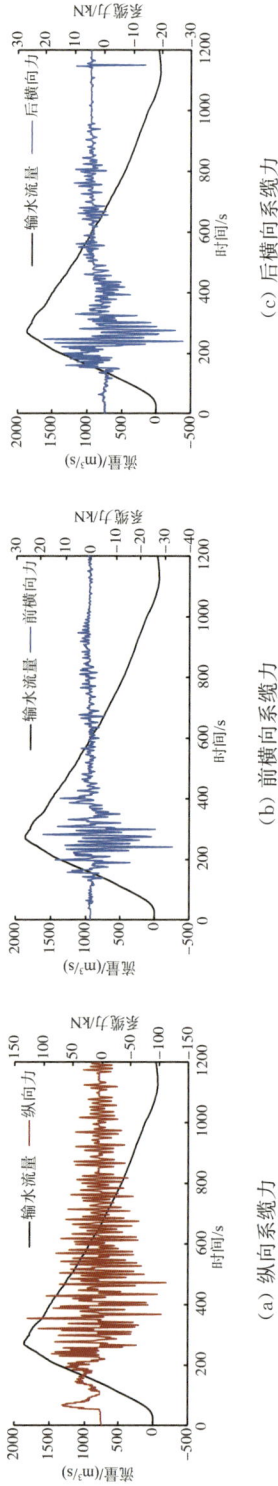

(a) 纵向系缆力　　(b) 前横向系缆力　　(c) 后横向系缆力

图 4.43　明沟＋格栅分层消能输水系统 8 000 t 级船舶系缆力($h_0 = 8\ m, H_0 = 60\ m, t_v = 4\ min$)

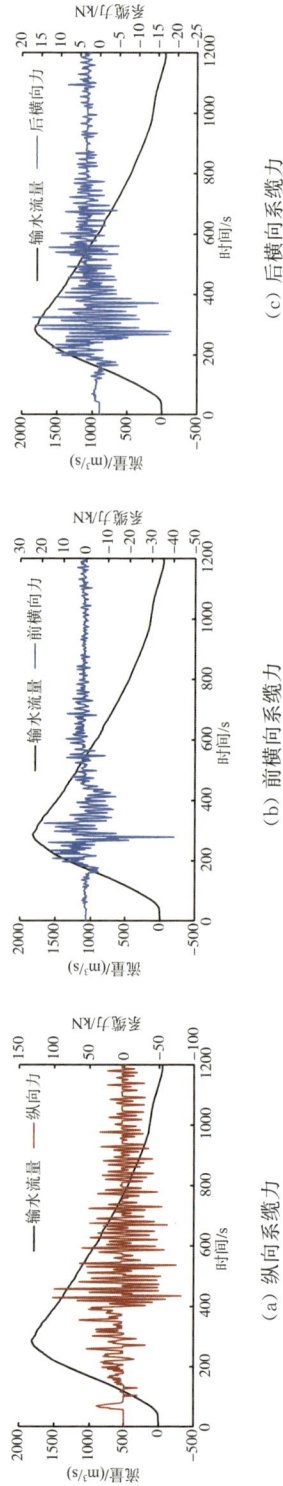

(a) 纵向系缆力　　(b) 前横向系缆力　　(c) 后横向系缆力

图 4.44　明沟＋格栅分层消能输水系统 8 000 t 级船舶系缆力($h_0 = 12\ m, H_0 = 60\ m, t_v = 4\ min$)

　　表中试验结果表明:船舶排水量越大,则其纵向系缆力越大,但横向系缆力差别不大。闸室初始淹没深度增大,则纵向系缆力和横向系缆力均有所降低。船闸工作水头也是系缆力的重要影响因素,水头越高,则系缆力越大。根据试验结果,对于 60 m 级单级船闸,若采用明沟+格栅分层消能输水系统,则闸室初始水深大于 8 m,阀门开启时间大于 4 min 时,3 000 t 级船舶闸室停泊条件满足规范要求,最大纵向系缆力为 28.18 kN,最大横向系缆力为 21.42 kN。

4.4.3　明沟+盖板分层消能闸室停泊条件

　　由于试验工况众多,故仅给出典型工况下的闸室船舶纵向、前横向和后横向系缆力的变化过程,见图 4.45~图 4.48。典型工况的选取以能反映出不同水力要素对系缆力的影响为标准。各工况下闸室船舶纵、横向系缆力最大值见表 4.17。

表 4.17　明沟+盖板分层消能闸室船舶最大系缆力

工况编号	船舶吨级/t	初始水深/m	水头/m	阀门开启时间/min	系缆力/kN	
					纵向	横向
C2F1	3 000	6	40	4	33.70	16.16
C2F5	3 000	6	50	4	37.39	23.75
C2F9	3 000	6	60	4	39.50	31.77
C2F10	3 000	6	60	6	33.05	17.90
C2F11	3 000	6	60	8	29.04	11.80
C2F12	3 000	6	60	10	25.76	8.45
C2F21	3 000	8	60	4	27.43	23.39
C2F33	3 000	10	60	4	21.07	18.85
C2F45	3 000	12	60	4	16.95	15.72
C2F57	8 000	6	60	4	92.84	41.96
C2F69	8 000	8	60	4	64.85	30.90
C2F81	8 000	10	60	4	48.27	24.18
C2F93	8 000	12	60	4	37.20	19.19

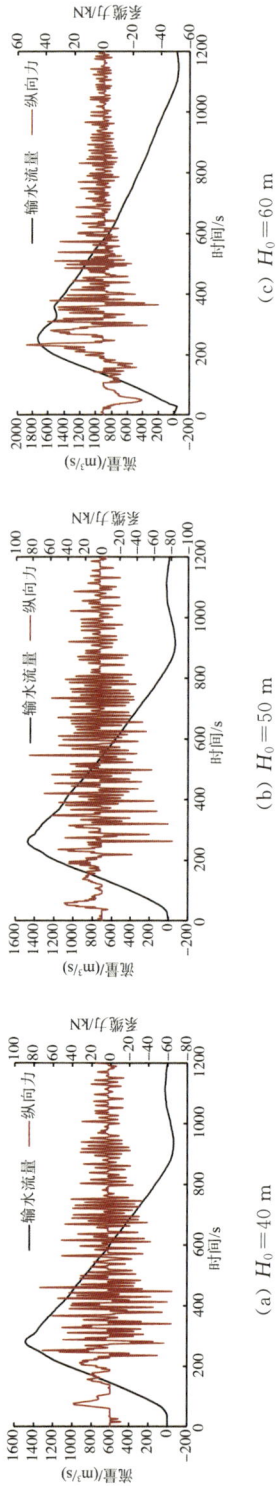

(a) $H_0 = 40$ m　　　　(b) $H_0 = 50$ m　　　　(c) $H_0 = 60$ m

图 4.45　明沟＋盖板分层消能输水系统 3 000 t 级船舶纵向系缆力（$h_0 = 6$ m，$t_v = 4$ min）

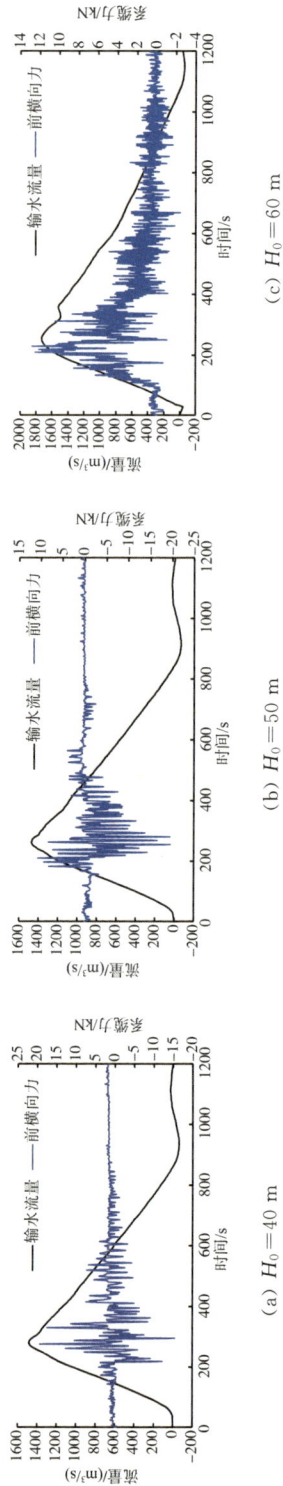

(a) $H_0 = 40$ m　　　　(b) $H_0 = 50$ m　　　　(c) $H_0 = 60$ m

图 4.46　明沟＋盖板分层消能输水系统 3 000 t 级船舶前横向系缆力（$h_0 = 6$ m，$t_v = 4$ min）

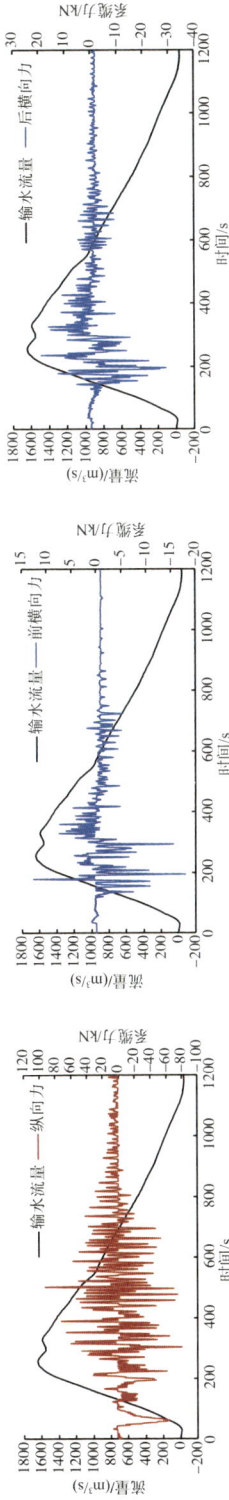

（a）纵向系缆力　　（b）前横向系缆力　　（c）后横向系缆力

图 4.47　明沟＋盖板分层消能输水系统 8 000 t 级船舶系缆力（$h_0 = 8$ m，$H_0 = 60$ m，$t_v = 4$ min）

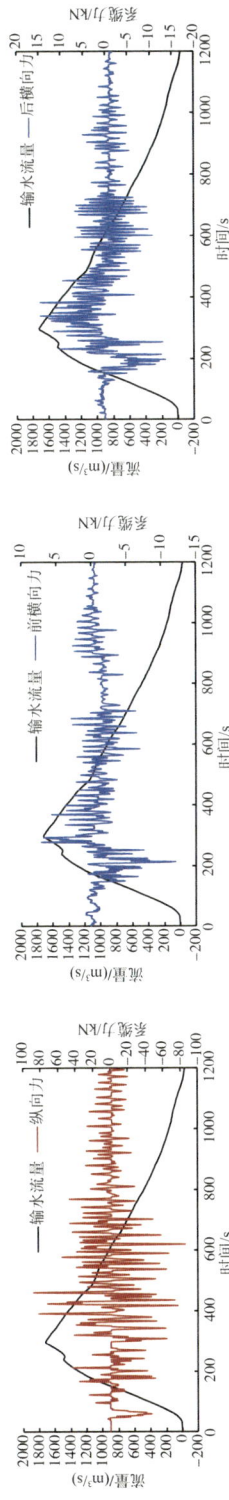

（a）纵向系缆力　　（b）前横向系缆力　　（c）后横向系缆力

图 4.48　明沟＋盖板分层消能输水系统 8 000 t 级船舶系缆力（$h_0 = 12$ m，$H_0 = 60$ m，$t_v = 4$ min）

表中试验结果表明:船舶排水量越大,则其纵向系缆力越大,但横向系缆力差别不大。闸室初始淹没深度增大,则纵向系缆力和横向系缆力均有所降低。船闸工作水头也是系缆力的重要影响因素,水头越高,则系缆力越大。根据试验结果,对于 60 m 级单级船闸,若采用明沟+盖板分层消能输水系统,则闸室初始水深大于 8 m,阀门开启时间大于 4 min 时,3 000 t 级船舶闸室停泊条件满足规范要求,最大纵向系缆力为 27.43 kN,最大横向系缆力为 23.39 kN。

4.4.4 综合分析

4.4.4.1 水动力因素与系缆力的相关性

对于分散输水系统,水流在较大范围内分散进入或流出闸室,因此水流对船舶的作用力较小,尤其是在船闸泄水时,由于初期淹没深度较大,表层水体较为平稳,故研究闸室船舶停泊条件时仅考虑船闸充水的情况。普遍认为,船闸充水过程中闸室船舶主要受三种作用力:

(1)波浪力 波浪力是由于纵向廊道内各出水支孔的出流不均匀且随时改变而引起的。在阀门开启初期,水体的惯性使沿水流方向的支孔次第出流,因而闸室水面出现比降。随后,前后出水支孔流量交替增大减小,使闸室内水流条件更加复杂。已有学者针对波浪力开展了大量研究,研究成果表明波浪力与输水系统初始流量增率、船舶排水量、闸室初始水位的过水横断面面积、船舶中腰水下横断面积和波浪力系数有关,而波浪力系数又与支孔距上闸首的距离、船舶长度和支孔的初始流量增率等因素有关。因此,已有的研究成果对波浪力的计算是非常复杂的,部分参数的估算难度很大。

(2)局部力 局部力是由于各出水支孔的集中水流而产生的,它可以是由于水流作用于船舶的压力不均匀而产生的,也可以是由于出流引起的水面波动作用于船舶上的波浪压力而产生的。因此,局部力是不稳定的,可以对船舶产生变化的横向和纵向作用力。

(3)流速力 分散输水系统闸室的纵向水流是由于出水支孔出流不均匀而产生的,其值很小,因而在大多数情况下流速力可忽略不计。

实际上,对于明沟消能输水系统而言,水体消能空间较大,波浪力的作用应是十分有限的,且波浪力第一峰值发生时输水流量很小,水流对船舶的作用力不大。因此,对于复杂分散输水系统,闸室船舶所受水流作用力主要是局部力。已有研究成果表明,最大局部力常发生在最大能量到最大流量时段,但是具体时刻尚未明确。本研究将通过大量的模型试验数据回归分析,明确局部力所致的船舶最大横向、纵向系缆力发生的时刻,从而深入研究水动力要素与系缆力的相关性,并提出不同输水系统方案下的船舶最大纵向、横向系缆力的估算方法。

如图 4.49 所示,典型工况下水动力因素和纵向系缆力的变化过程表明:水流能量最大值、当量弗劳德数最大值和纵向系缆力最大值出现的时刻基本一致,故可初步认为二者与纵向系缆力有直接的相关关系。如图 4.50 所示,典型工况下水动力因素和横向系缆力的变化过程表明:水流能量最大值、流量最大值和横向系缆力最大值出现的时刻基本一致。故可初步认为二者与纵向系缆力有直接的相关关系。

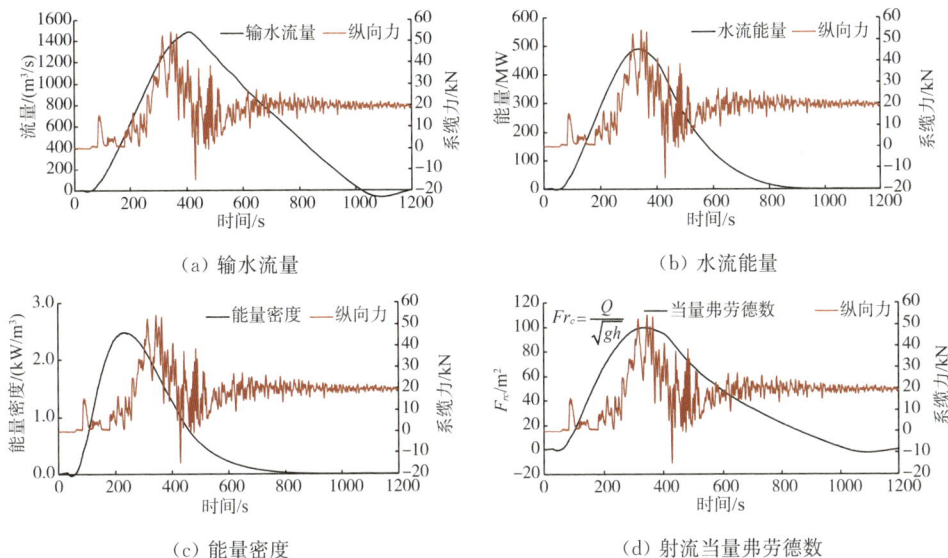

(a) 输水流量

(b) 水流能量

(c) 能量密度

(d) 射流当量弗劳德数

图 4.49　各水动力因素与纵向系缆力的变化过程对比

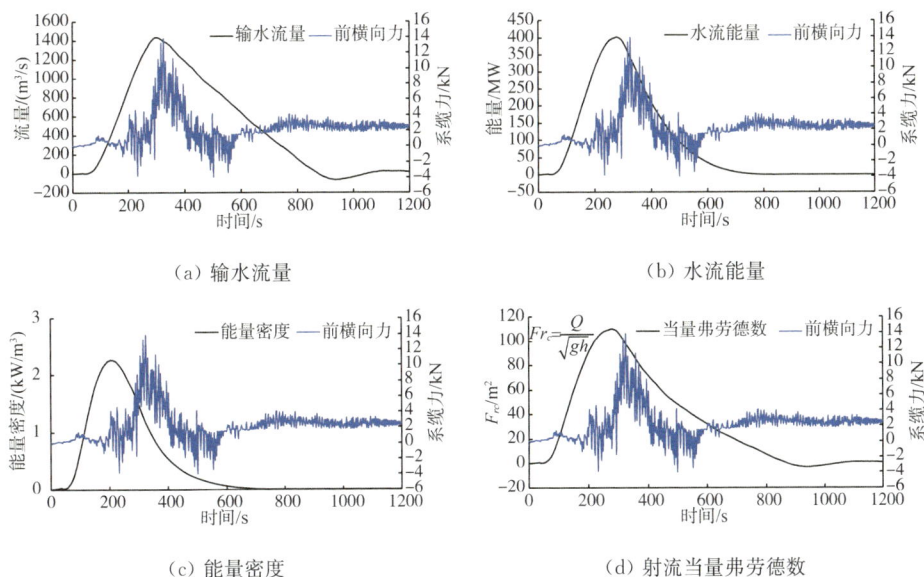

(a) 输水流量

(b) 水流能量

(c) 能量密度

(d) 射流当量弗劳德数

图 4.50　各水动力因素与横向系缆力的变化过程对比

为进一步明确各水动力因素与系缆力的相关性,对所进行的 831 组试验数据进行了对比分析,图 4.51 给出了输水流量、水流能量、能量密度和当量弗劳德数最大值与闸室船舶最大纵向系缆力的对应关系。由图可知,对于纵向系缆力而言,其最大值发生时刻与闸室水流当量弗劳德数最大值时刻一致性最佳,故可认为射流当量弗劳德数对纵向系缆力有直接影响。

同样地,为进一步明确各水动力因素与横向系缆力的相关性,对所进行的 831 组试验数据进行了对比分析。试验结果表明,对于横向系缆力,其最大值发生时刻介于最大流量和最大能量对应时刻之间(见图 4.52),且其与水动力因素的相关性还受阀门开启时间的影响,当 kv 大于某一临界值时,最大横向系缆力的发生时刻与水流最大能量发生时刻一致;当 kv 小于该临界值时,最大横向系缆力的发生时刻与水流最大流量发生时刻一致。

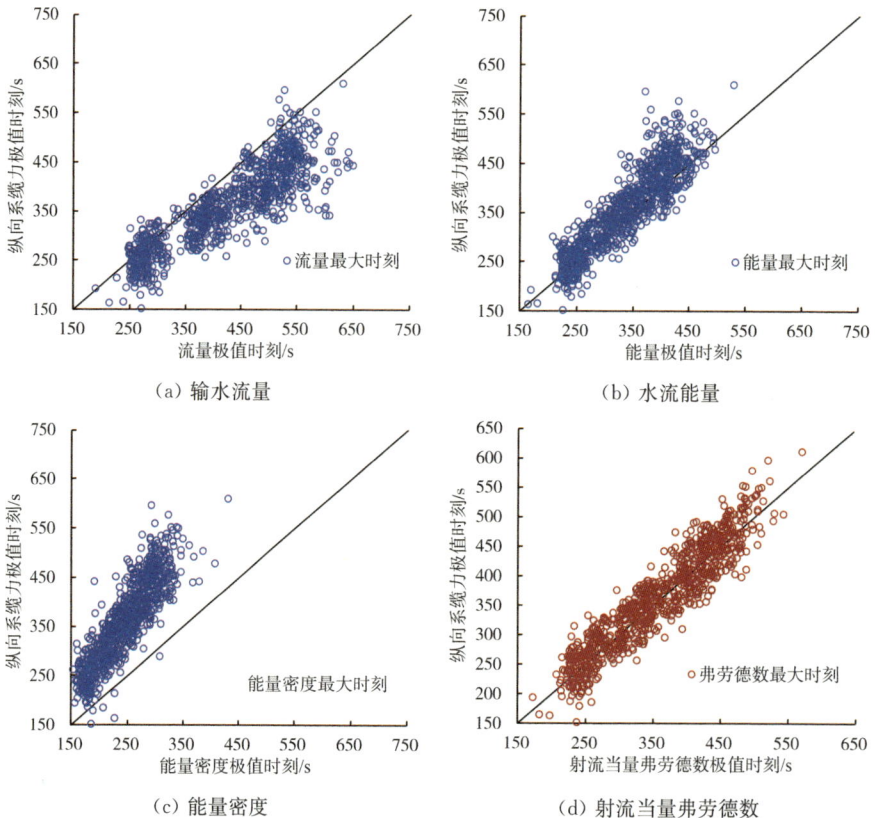

(a) 输水流量　　(b) 水流能量

(c) 能量密度　　(d) 射流当量弗劳德数

图 4.51　各水动力因素最大值与纵向系缆力最大值出现时刻对比

图 4.53 给出了按不同 k_v 值对横向系缆力最大值进行分区后其发生时刻与最大输水流量和最大水流能量发生时刻的相关关系。由图可知,对于横向系缆力而言,当 $k_v<0.5$ 时其最大值发生时刻与闸室水流流量最大值时刻一致,当

$k_v > 0.5$ 时其最大值发生时刻与闸室水流能量最大值时刻一致。因此,水流能量和输水流量对横向系缆力有直接影响。

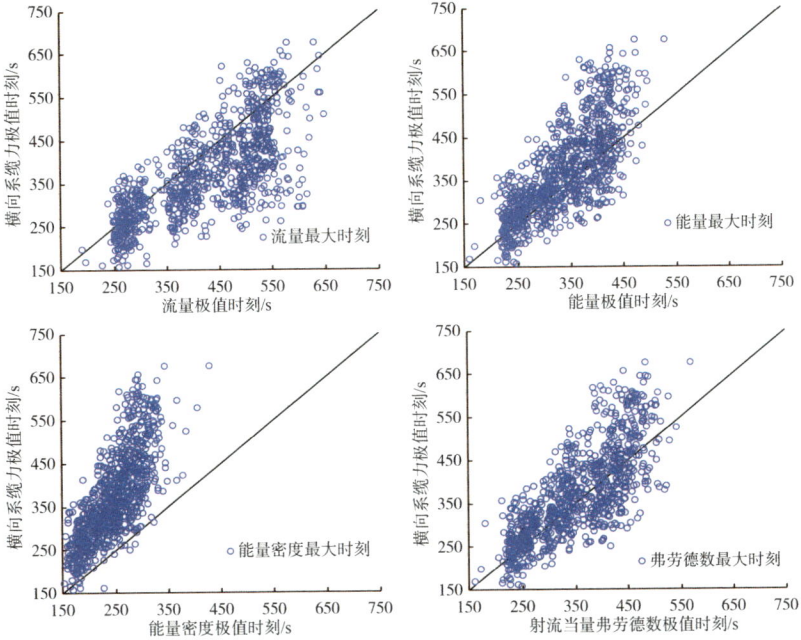

图 4.52　各水动力因素最大值与横向系缆力最大值出现时刻对比

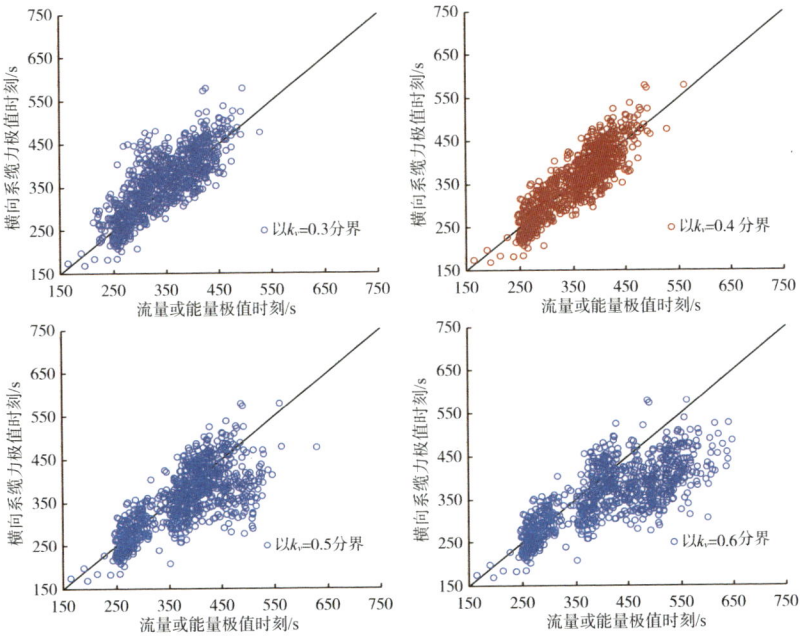

图 4.53　以不同值分区后最大横向系缆力和最大流量、最大能量出现时刻

4.4.4.2 最大纵向系缆力的影响因素及估算方法

如前所述,最大纵向系缆力与射流当量弗劳德数直接相关。另外,船舶排水量越大,其质量越大,在水动力作用下其系缆力亦越大;局部力作用下船舶的纵向受力还与船长、船舶中腰水下横断面面积有关;闸室初始水位也是影响动水作用力的关键因素。因此,建立上述影响因素和最大纵向系缆力的函数关系,即可建立最大纵向系缆力的估算方法。根据大量试验数据可知,闸室船舶最大纵向系缆力可由下式计算:

$$P_{l\max} = K_l \frac{WL_c}{\chi_l h_0} \left(\frac{Q}{\sqrt{gh}} \right)_{\max} \tag{4.2}$$

式中:W——船舶排水量(t);L_c——船长(m);χ_l——船舶中腰水下横断面面积(m^2);h_0——闸室初始水深(m);$\left(\dfrac{Q}{\sqrt{gh}} \right)_{\max}$——水流当量弗劳德数最大值(m^2);$K_l$——综合系数,反映闸室消能工形式和船舶特征等因素对系缆力的影响。

图 4.54 给出了不同方案下闸室船舶最大纵向系缆力,其中各方案下综合系数 K_l 如表 4.18 所示:

表 4.18 不同输水系统布置方案下闸室船舶最大纵向系缆力综合系数

	无分层消能	明沟＋格栅	明沟＋盖板
3 000 t 级船舶	7.5×10^{-4}	3.3×10^{-4}	3.3×10^{-4}
8 000 t 级船舶	9.1×10^{-4}	5.1×10^{-4}	5.1×10^{-4}

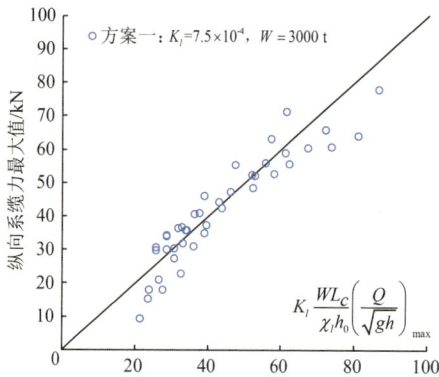

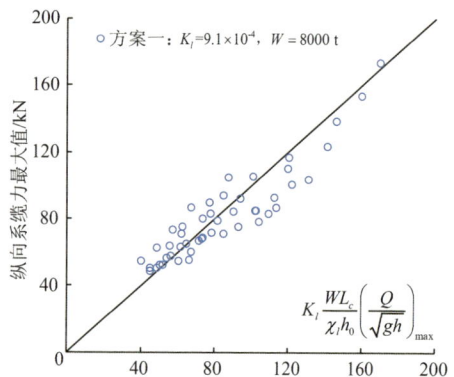

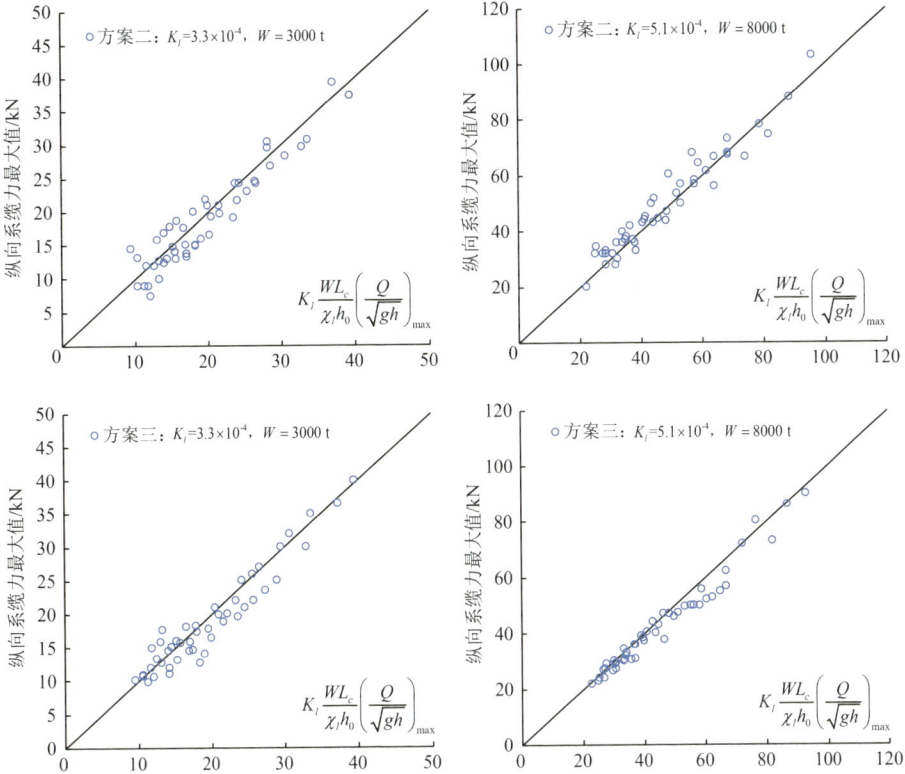

图 4.54　不同方案下闸室船舶最大纵向系缆力

4.4.4.3　最大横向系缆力的影响因素及估算方法

如前所述,最大横向系缆力与水流能量和输水流量直接相关。另外,船舶排水量越大,其质量越大,在水动力作用下其系缆力亦越大;局部力作用下船舶的纵向受力还与船长、船舶吃水深度所在的纵向断面面积有关;闸室初始水位和阀门开启时间也是影响横向动水作用力的关键因素。因此,建立上述影响因素和最大横向系缆力的函数关系,即可建立最大横向系缆力的估算方法。根据大量试验数据可知,闸室船舶最大横向系缆力可由下式计算:

$$P_{c\max} = K_c \frac{WE_{P\max}}{g\chi_c t_v h_0} \tag{4.3}$$

式中:W——船舶排水量(t);χ_c——船长、船舶吃水深度所在的纵向断面面积(m²);h_0——闸室初始水深(m);t_v——阀门开启时间(s);$E_{P\max}$——水流能量最大值(MW);K_c——综合系数,反映闸室消能工形式和船舶特征等因素对系缆力的影响。

图 4.55 给出了不同方案下闸室船舶最大纵向系缆力,其中各方案下综合系

数 K_c 如表 4.19 所示：

表 4.19　不同输水系统布置方案下闸室船舶最大横向系缆力综合系数

	无分层消能	明沟＋格栅	明沟＋盖板
3 000 t 级船舶	0.057	0.051	0.058
8 000 t 级船舶	0.096	0.083	0.068

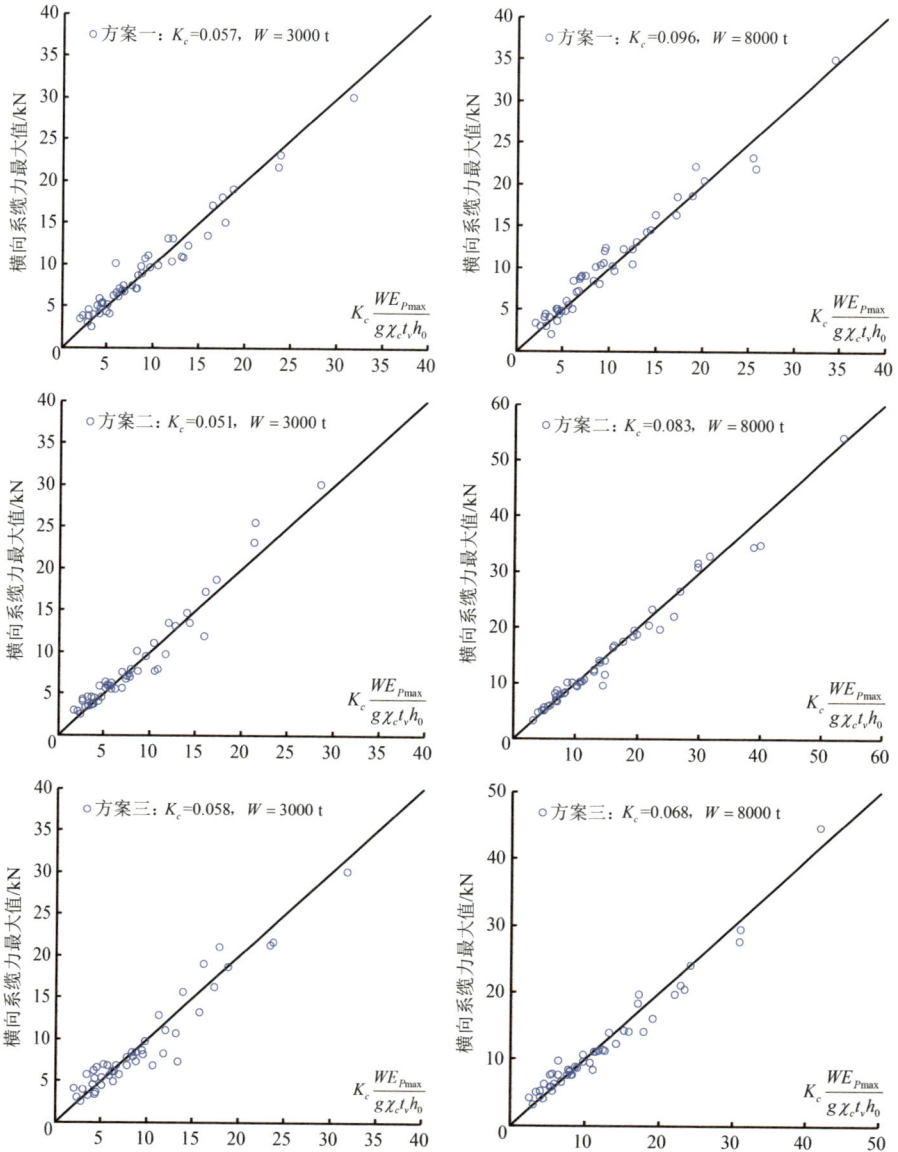

图 4.55　不同方案下闸室船舶最大横向系缆力

第 5 章
输水系统分层消能机理

本章通过三维数值模拟的方法，从内在流动机理出发，开展分层消能输水闸室消能特性研究，探讨了闸室流速均匀性变化特性，分层消能设施的水流流动结构和速度衰减模式，获得了闸室流速、紊动强度空间分布规律与时变特性，揭示了分层消能输水系统的消能机理。

5.1 数学模型

5.1.1 计算原理与方法

目前，k-ε 双方程紊流模型多应用于水利工程数值模拟，主要包括标准 k-ε 紊流模型、RNG k-ε 紊流模型和 Realizable 紊流模型三种类型。闸室采用明沟消能或盖板消能，出水孔（缝）均具有高速射流的特性，高速射流具有较强的各向异性，而标准 k-ε 紊流模型因紊动黏度各向同性不适用于该类计算。在标准 k-ε 紊流模型基础上，Yakhot 和 Orszag 采用重整化群理论统计技术建立了 RNG k-ε 紊流模型，该紊流模型考虑了分离流动和旋转效应，对高速射流的各向异性能较好地模拟，其连续方程、动量方程和 k、ε 方程可分别表示如下：

连续方程：
$$\frac{\partial \rho}{\partial t} + \frac{\partial (\rho u_i)}{\partial x_i} = 0 \qquad (5.1)$$

动量方程：
$$\frac{\partial (\rho u_i)}{\partial t} + \frac{\partial}{\partial x_j}(\rho u_i u_j) = -\frac{\partial P}{\partial x_i} + \frac{\partial}{\partial x_j}\left[(\nu + \nu_t)\left(\frac{\partial u_i}{\partial x_j} + \frac{\partial u_j}{\partial x_i}\right)\right] \qquad (5.2)$$

k 方程：
$$\frac{\partial (\rho k)}{\partial t} + \frac{\partial (\rho u_i k)}{\partial x_i} = \frac{\partial}{\partial x_i}\left[\frac{\nu + \nu_t}{\sigma_k}\frac{\partial k}{\partial x_i}\right] + G_k - \rho \varepsilon \qquad (5.3)$$

ε 方程：
$$\frac{\partial(\rho\varepsilon)}{\partial t} + \frac{\partial(\rho u_i \varepsilon)}{\partial x_i} = \frac{\partial}{\partial x_i}\left[\frac{\nu + \nu_t}{\sigma_\varepsilon}\frac{\partial\varepsilon}{\partial x_i}\right] + C_{1\varepsilon}\rho\frac{\varepsilon}{k}G_k - C_{2\varepsilon}\rho\frac{\varepsilon^2}{k} \tag{5.4}$$

式中，ρ 和 ν 分别为体积分数平均的密度和分子黏性系数；P 为修正压力；ν_t 为紊流黏性系数，它可由紊动能 k 和紊动耗散率 ε 求出：

$$\nu_t = C_\mu \frac{k^2}{\varepsilon}, \quad C_{1\varepsilon} = 1.42 - \frac{\eta(1-\eta/\eta_0)}{1+\beta\eta^3}, \quad \eta = Sk/\varepsilon, \quad S = \sqrt{2\,\overline{S}_{ij}\,\overline{S}_{ij}}$$

以上各张量表达式中，$i=1,2,3$，即 $\{x_i = x, y, z\}$，$\{u_i = u, v, w\}$；j 为求和下标，方程中通用模型常数见表 5.1。

表 5.1　控制方程中的常数值

η	β	C_μ	$C_{1\varepsilon}$	$C_{2\varepsilon}$	σ_k	σ_ε
3.98	0.012	0.085	1.44	1.92	1.0	1.3

对闸室水面模拟采用 VOF 模型。该模型中 ρ 和 μ 是体积分数的函数，而不是一个常数。它们可由下式表示：

$$\rho = \alpha_w \rho_w + (1 - \alpha_w)\rho_a \tag{5.5}$$

$$\mu = \alpha_w \mu_w + (1 - \alpha_w)\mu_a \tag{5.6}$$

式中，α_w 为水的体积分数；ρ_w 和 ρ_a 分别为水和气的密度；μ_w 和 μ_a 分别为水和气的分子黏性系数。通过对水的体积分数 α_w 的迭代求解，ρ 和 μ 的值都可由式 (5.5)、(5.6) 求出。水的体积分数 α_w 的控制微分方程为：

$$\frac{\partial\alpha_w}{\partial t} + u_i\frac{\partial\alpha_w}{\partial x_i} = 0 \tag{5.7}$$

5.1.2　模型验证

船闸输水系统多孔射流问题是典型的三维壁面射流，即从支孔射出的每股水流在闸室内形成三维壁面射流状态，为了论证数学模型计算结果的准确性，以单明沟布置形式为基础，从三维壁面射流展向、垂向速度分布两方面开展物理模型数据和数学模型计算结果的对比分析。

验证模型，侧支孔尺度（宽×高）为 0.45 m×1.7 m，支孔面积平方根 D 作为长度基准（$D=0.875$ m）。明沟宽度为 4 m，提取径向间距 $2D$（1.75 m）、$4D$（3.5 m）处的典型断面上的平面速度和垂向速度，对其进行无量纲后，各断面验证曲线如图 5.1 所示。

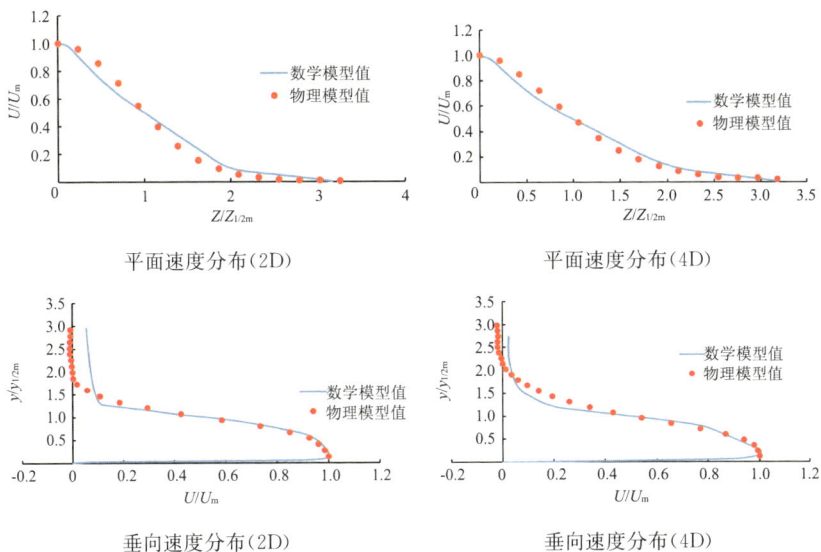

平面速度分布（2D）　　　　　　　平面速度分布（4D）

垂向速度分布（2D）　　　　　　　垂向速度分布（4D）

图 5.1　数学模型和物理模型不同位置流速对比

由图 5.1 可知，各典型断面平面速度分布曲线与物理模型试验数据吻合较好。$0<y/y_{1/2m}<1.5$ 时各典型断面平面速度分布曲线与物理模型试验数据吻合较好；当 $y/y_{1/2m}\geqslant1.5$ 时吻合程度较差，分析其原因，支孔射流冲击明沟边壁，进而反射至支孔上方位置，影响其速度分布情况。总体来看，射流平面速度和垂向速度分布与物理模型试验数据吻合较好，考虑到数学模型模拟的水流过程与实际情况必然存在差异，故认为采用 RNG $k\text{-}\varepsilon$ 紊流模型可较好地模拟船闸输水系统水动力特性。

5.1.3　计算区域及三维模型

在不影响计算精度的情况下，为减小计算量以提高计算效率，根据明沟消能二区段出水输水系统布置特点，计算区域选取了整个闸室区域的一半进行模拟研究。同时为保证入流边界上的流速流向较为平稳，廊道进口进行了水平延伸处理，计算模型如图 5.2 所示。

采用分块六面体结构网格对计算区域进行剖分，同时对侧支孔、明沟及其附近区域进行网格加密处理，剖分的网格单元总数约为 254 万个，节点总数约为 165 万个。计算全区域、侧支孔和明沟网格剖分见图 5.4。对称面上设置对称边界条件，闸室出口为空气压力出口边界，廊道进口为质量流进口边界，其余均为无滑移的壁面边界。

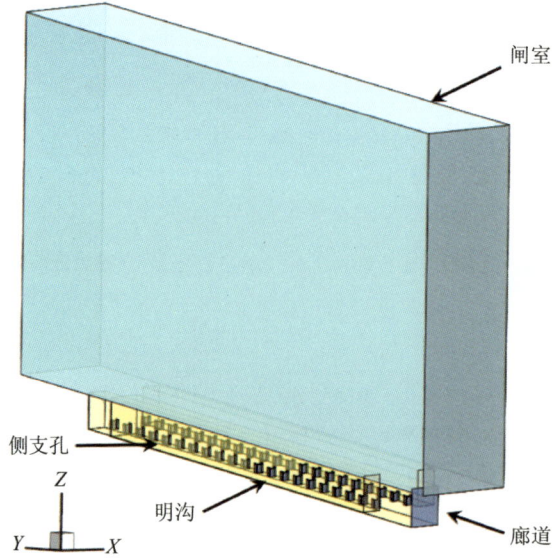

图 5.2　计算区域三维立体图

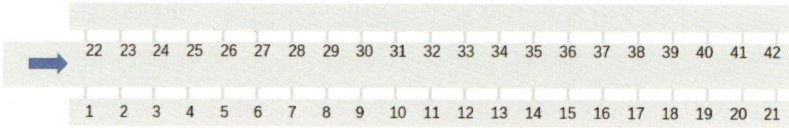

图 5.3　计算区域侧支孔编号

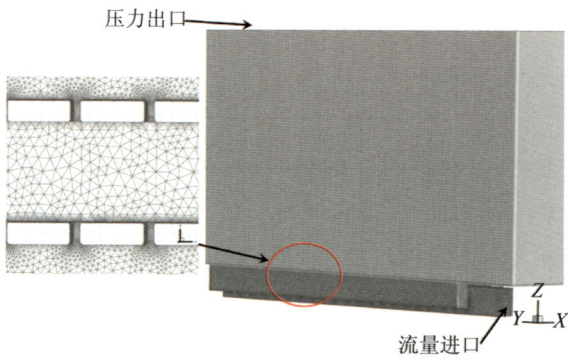

图 5.4　网格剖分图

104

5.2　常规明沟消能机理

5.2.1　闸室流场及流态特性

常规明沟消能输水系统在充水初期,支廊道流量仅为 80 m³/s(T=100 s),各侧支孔流速较小,明沟可满足消能要求,支孔水流经明沟消能后可平稳流向闸室(图 5.5)。随着输水流量增大,支廊道流量达到 Q=330 m³/s(T=400 s),支孔水流射流速度达到了 12.21 m/s,明沟已不能充分消杀支孔水流能量,部分水流流向闸室自由面,部分水流在闸墙和上升水流的挤压下,在明沟及廊道上方形成不同程度的漩涡结构,左侧明沟上方为逆时针漩涡,右侧明沟上方为顺时针漩涡,廊道上的一对漩涡方向与之相反,闸室内局部流速达到了 4.70 m/s(图 5.6)。对比各时刻水流结构,明沟内消能漩涡的形成及其强度与充水时间和空间位置密切相关。在充水初期,侧支孔出流主要集中在临近支廊道进口附近,其漩涡主要分布在该段区域内,但由于此时流速不大,漩涡强度亦相对较弱。当充水流量达到 Q=180 m³/s时,在明沟全段范围内均形成不同尺度的消能漩涡,且其漩涡强度分布较为均匀。当充水流量进一步增加,出现明显漩涡的区域逐步缩减至远离进口的侧支孔段。总体而言,对于 60 m 单级船闸,常规明沟消能工较难充分消杀支孔水流能量。

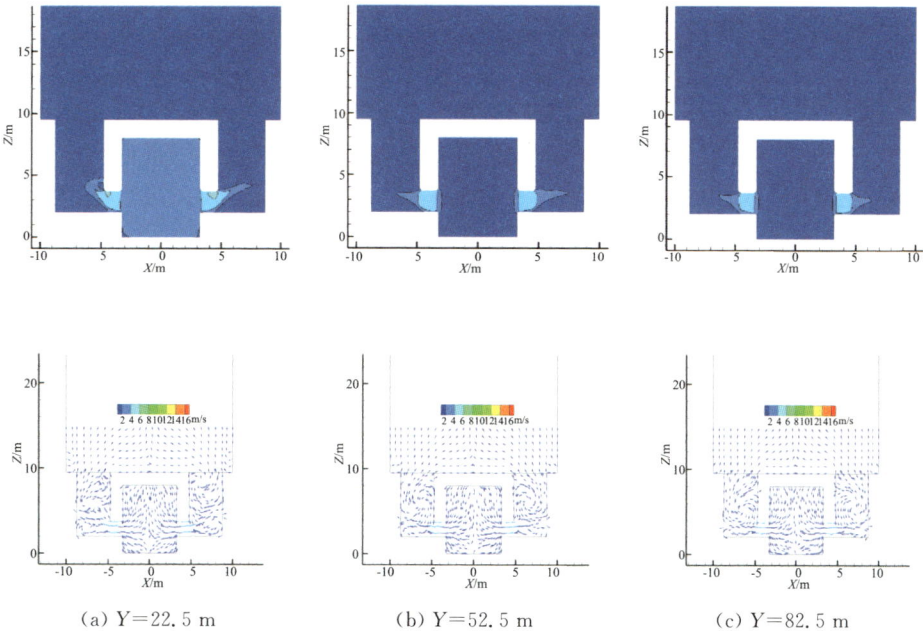

(a) Y=22.5 m　　(b) Y=52.5 m　　(c) Y=82.5 m

图 5.5　闸室横剖面流速分布图(Q=80 m³/s,T=100 s)

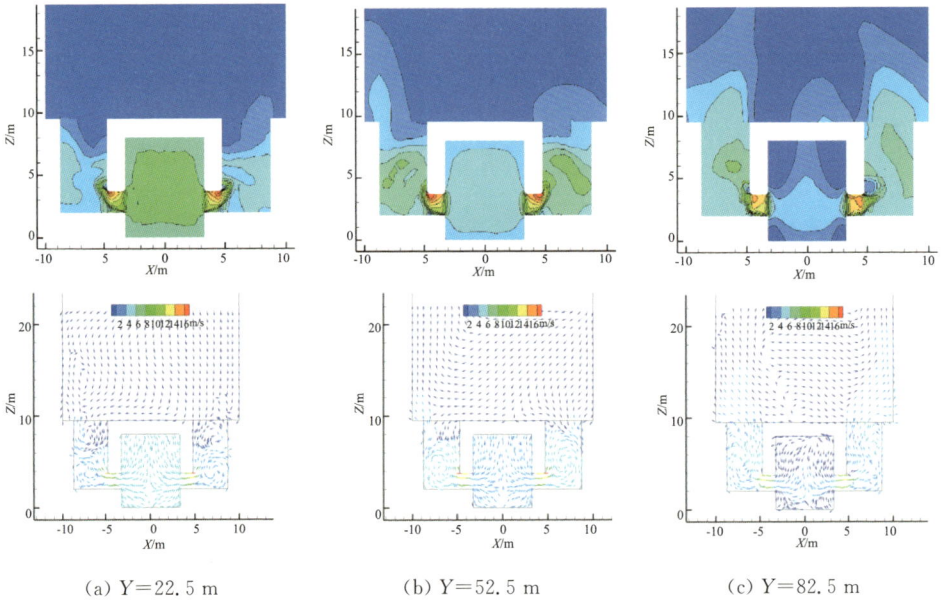

(a) $Y=22.5$ m　　　　(b) $Y=52.5$ m　　　　(c) $Y=82.5$ m

图 5.6　闸室横剖面流速分布图($Q=330$ m³/s, $T=400$ s)

5.2.2　闸室支孔流量分配

　　船闸输水初期,各侧支孔出流流速沿支廊道水流方向呈递减分布,即支廊道进口区域侧支孔流速大(4♯),支廊道末端侧支孔流速小(19♯);随输水时间和流量逐渐增加,各侧支孔出流速度沿支廊道呈递增分布,即支廊道进口附近支孔流速小,支廊道末端支孔流速大,见图 5.7。根据计算,支廊道流量达到最大时($Q=330$ m³/s),末端侧支孔流速为 12.21 m/s,而进口附近侧支孔流速仅为 9.29 m/s,各侧支孔流量标准差 σ 约为 0.75,传统明沟消能工各支孔流量沿程分配存在一定的不均匀性。

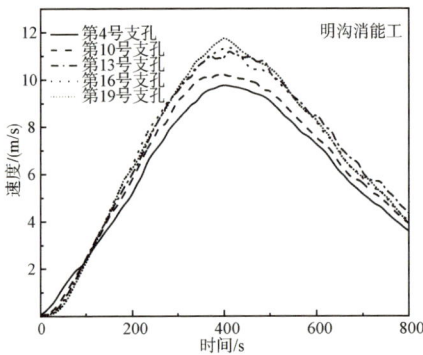

图 5.7　侧支孔流速分布图　　　　　图 5.8　侧支孔流量分布图

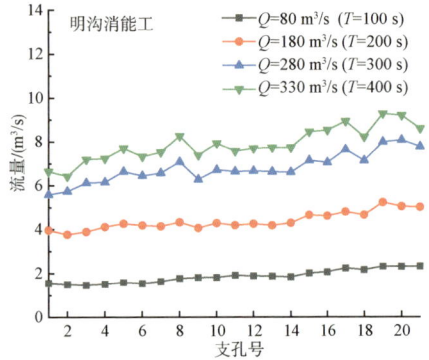

5.2.3　消能机理及效果

明沟消能过程即为水流能量的传递和转换过程,而紊动能 k 和紊动耗散率 ε 是反映能量传递和转换特性的重要参数。若紊动能和紊动耗散率的值越大,则能量传递和转换速率越快。

以支廊道最大流量 $Q=330$ m³/s 时刻为例,由闸室典型横断面的紊动能 k 和紊动耗散率 ε 的分布图 5.9 可见,紊动能和紊动耗散率主要分布在明沟内,其最大值分别为 3.01 m²/s² 和 36.8%。在水平剖面上紊动能和紊动耗散率主要分布在射流边缘一定的范围内,即漩涡位置处,且其最大值分别为 5.39 m²/s² 和 40.43%,见图 5.10。对比而言,紊动参数的分布主要集中在水平剖面上。由此说明,明沟消能主要是利用支孔高速射流与其周围水体的剪切作用,形成一对反向漩涡。在以上漩涡的助推下发生水流剪切、摩擦、掺混等现象,由于粘性的作用,由时均动能转化来的脉动动能变为热能耗散,水流损失了能量,引起水流动能向热能的转换,从而达到了水流动能的耗散,以取得能量消刹的效果。

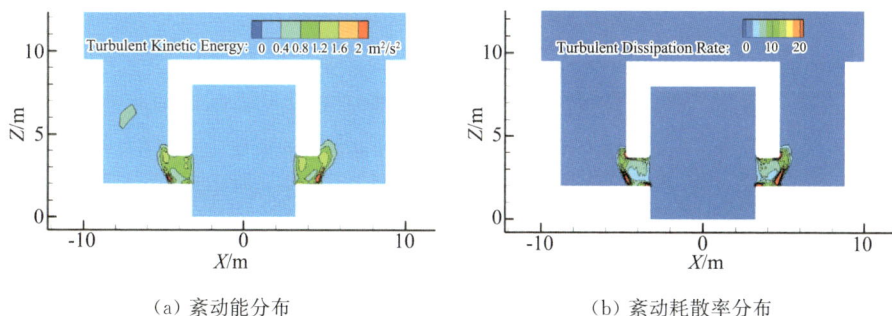

（a）紊动能分布　　　　　　　　　　（b）紊动耗散率分布

图 5.9　明沟紊动能和紊动耗散率($Y=52.5$ m,$Q=330$ m³/s)

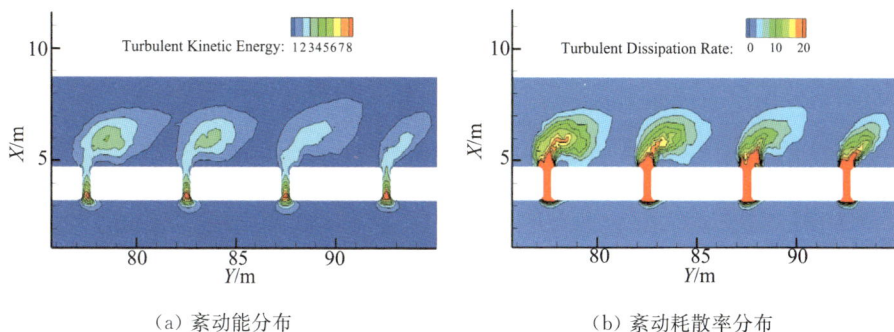

（a）紊动能分布　　　　　　　　　　（b）紊动耗散率分布

图 5.10　明沟紊动能和紊动耗散率($Z=3.5$ m,$Q=330$ m³/s)

闸室断面剩余比能及流速分布均匀程度是衡量船闸输水系统消能效果的重要水力指标,因此本研究主要按这两项指标进行对比分析。

对于某一闸室水面剖面,闸室断面剩余动能 E、剩余比能 E_{jt} 及流速分布均匀度 m 可按下列公式计算:

$$E = \frac{1}{2}\rho \int_{A_c} v_c^3 \, \mathrm{d}S$$

$$E_{jt} = \frac{1}{2}\rho \int_{A_c} v_c^3 \, \mathrm{d}S / \omega \qquad (5.8)$$

$$m = E_{\min}/E = \frac{1}{2}\rho \int_{A_c} \overline{v}_c^3 \, \mathrm{d}S \Big/ \Big(\frac{1}{2}\rho \int_{A_c} v_c^3 \, \mathrm{d}S\Big) = \omega \, \overline{v}_c^3 \Big/ \int_{A_c} v_c^3 \, \mathrm{d}S$$

式中,ρ 为流体密度;A_c 为闸室横断面面积;$\overline{v}_c$ 为断面平均流速;v_c 为水流流速;ω 为闸室过水断面面积。

由上式可知,m 的取值范围为 $0 < m \leqslant 1$,当 m 的值趋于 1 时,表明断面流速分布愈均匀,反之亦然。

表 5.2 给出了采用传统明沟消能的船闸最大输水流量时刻,闸室不同水深断面上的剩余动能、剩余比能以及流速分布均匀度。由表可知,闸室剩余动能和剩余比能在靠近水面时刻分别为 3.33×10^6 W 与 $1\,081.84 \times 10^{-3}$ W·m^{-2},流速分布均匀度随水深的增加而增加,$h/H = 0.8$ 时,流速分布均匀度 m 约为 0.35。

表 5.2　常规无分层消能输水系统消能效果

断面位置	水深 h/m	过水面积 A_T/m²	剩余动能 E/W	剩余比能 E_{jt}/(W·m⁻²)(10⁻³)	流速分布均匀度 m
$Q = 330$ m³/s, $H = 30.83$ m, $T = 400$ s					
0.2H	8.06	3 080	2 869 271	931.58	0.18
0.4H	16.12	3 080	1 663 615	540.13	0.22
0.6H	24.18	3 080	1 814 907	589.26	0.25
0.8H	32.24	3 080	3 332 072	1 081.84	0.35

5.3　明沟+格栅分层消能机理

5.3.1　闸室流场及流态特性

明沟顶部增设格栅消能工后,侧支孔进入明沟内的水流漩涡强度加剧,水流在明沟消能区域掺混更强烈,旋滚得到增强,通过明沟和格栅两次消能后,消能更为充分,闸室内局部最大流速由采用明沟消能时的 4.70 m/s 降低到 3.41 m/s;并且增设的格栅调整了进入闸室流主射流方向,使进入闸室合速度进一步减小,横向扩散更为快速,闸室内的流速梯度变化明显得到改善(图 5.11~图 5.12)。

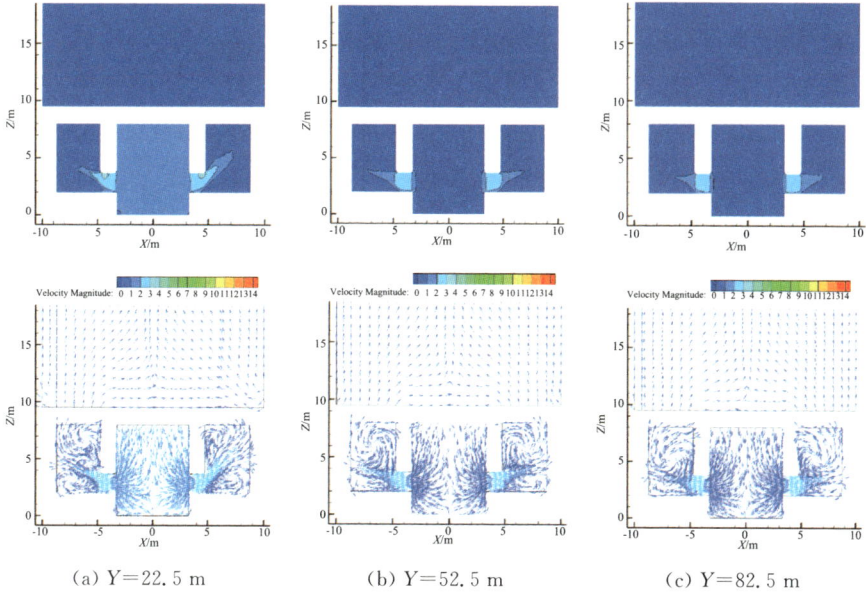

(a) $Y=22.5$ m　　　(b) $Y=52.5$ m　　　(c) $Y=82.5$ m

图 5.11　闸室横剖面流速区域图($Q=80$ m³/s, $T=100$ s)

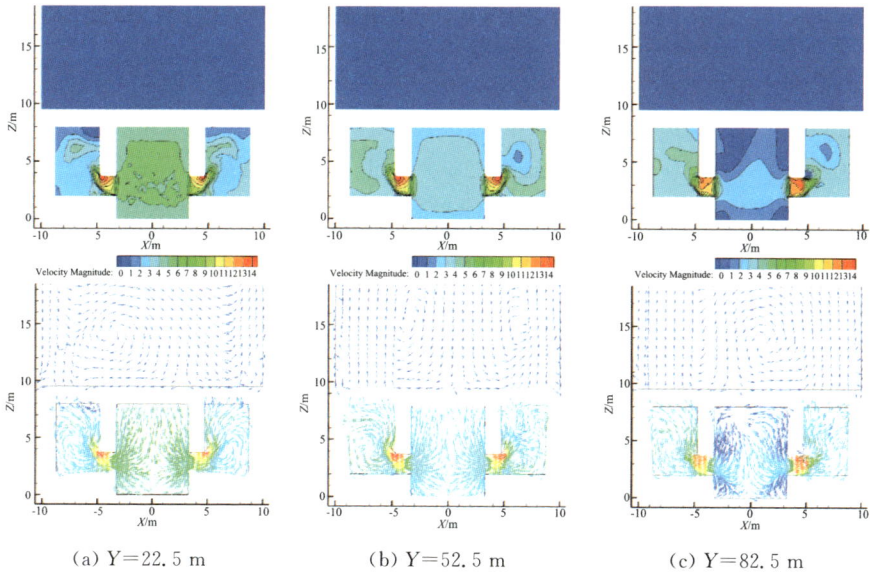

(a) $Y=22.5$ m　　　(b) $Y=52.5$ m　　　(c) $Y=82.5$ m

图 5.12　闸室横剖面流速分布图($Q=330$ m³/s, $T=400$ s)

5.3.2　闸室支孔流量分配

明沟+格栅分层消能工的侧支孔流速变化趋势与明沟消能工相似,输水初期各侧支孔流速沿支廊道水流方向递减,$T>100$ s 后,侧支孔流速沿支廊道水流方向递增(图 5.13)。与传统明沟消能工相比,明沟顶部增设格栅后,各侧支孔沿程流量分配均匀性得到了改善。当支廊道流量为 $Q=330$ m³/s 时,各侧支孔流量标准差 σ 由 0.75 降至 0.47,沿程各侧支孔流量分布均匀性得到较大改善(图 5.14)。

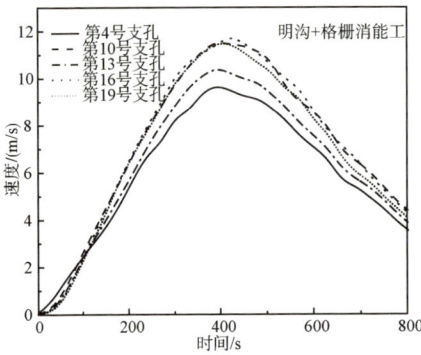

图 5.13　侧支孔流速分布图

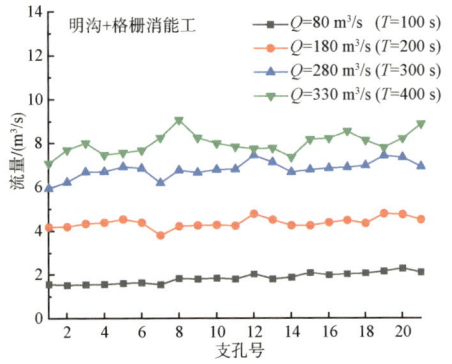

图 5.14　侧支孔编号及支孔流量分布图

5.3.3　消能机理及效果

以支廊道最大流量 $Q=330$ m³/s 时刻为例,由闸室典型横断面的紊动能 k 和紊动耗散率 ε 的分布图 5.15 可见,明沟顶部设置格栅消能工后,相同闸室横断面上消能明沟内的紊动能为 3.61 m²/s²,耗散率为 42.1%,较明沟消能分别增大 19.9% 和 14.4%。在水平剖面上,相比明沟消能工,明沟+格栅的紊动能和紊动耗散率耗散范围更大(图 5.16),设置格栅分层消能后,增加了水流掺混,扩大了明沟消能区域消能范围,提高了消能强度。

由表 5.3 给出的采用明沟+格栅分层消能的船闸最大输水流量时刻,闸室不同水深断面上的剩余动能、剩余比能以及流速分布均匀度可知,相同位置的剩余动能、剩余比能均小于明沟消能工,在靠近水面附近($h/H=0.80$),两者分别为 2.65×10^5 W 与 86.07×10^{-3} W·m⁻²,且均匀度由 0.35 提高到 0.37。

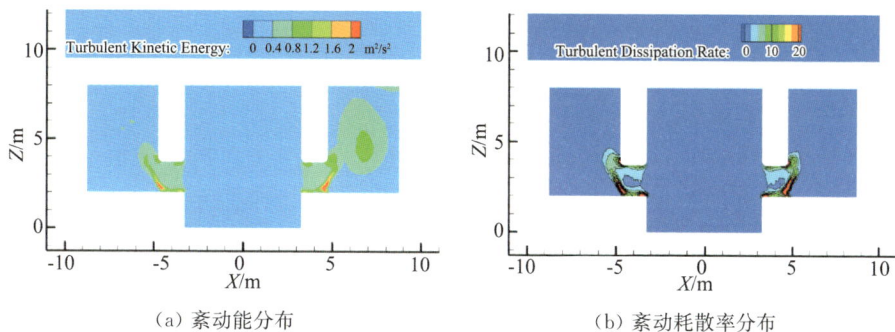

（a）紊动能分布　　　　　　　　　　（b）紊动耗散率分布

图 5.15　明沟紊动能和紊动耗散率($Y=52.5$ m,$Q=330$ m³/s)

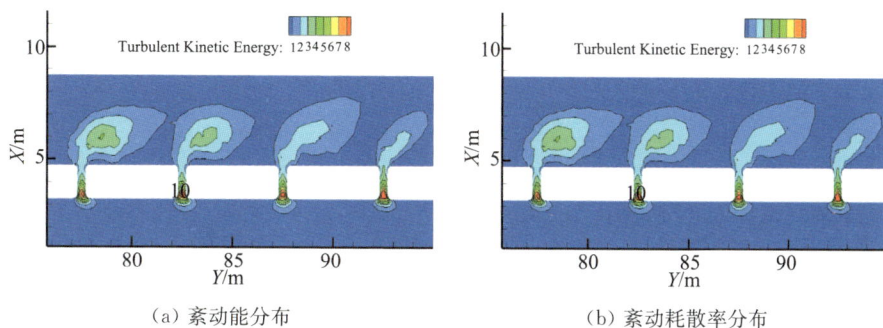

（a）紊动能分布　　　　　　　　　　（b）紊动耗散率分布

图 5.16　明沟紊动能和紊动耗散率($Z=3.5$ m,$Q=330$ m³/s)

表 5.3　明沟＋格栅分层消能输水系统消能效果

断面位置	水深 h/m	过水面积 A_T/m²	剩余动能 E/W	剩余比能 E_{pt}/(W·m⁻²)(10⁻³)	流速分布均匀度 m
$Q=330$ m³/s,$H=40.39$ m,$T=400$ s					
0.2H	8.06	3 080	358 793.8	116.49	0.23
0.4H	16.12	3 080	299 223.2	97.15	0.26
0.6H	24.18	3080	254 769.4	82.72	0.30
0.8H	32.24	3 080	265 087.7	86.07	0.37

5.4　明沟＋盖板分层消能机理

5.4.1　闸室流场及流态特性

明沟＋盖板消能输水系统在充水初期($Q=80$ m³/s),与前两者差别不大,支孔出流后平稳流向闸室。随流量增大,支廊道流量达到 $Q=330 \text{ m}^3/\text{s}$ 时,最小断面平均射流速度仅为 11.32 m/s,上支孔与盖板的添置,使明沟区域漩涡强度越发剧烈且在盖板出流后形成二次旋滚,进入闸室内部最大流速约为 2.24 m/s,仅为传统明沟消能工的 48%,(图 5.17、图 5.18)。明沟+盖板分层消能输水系

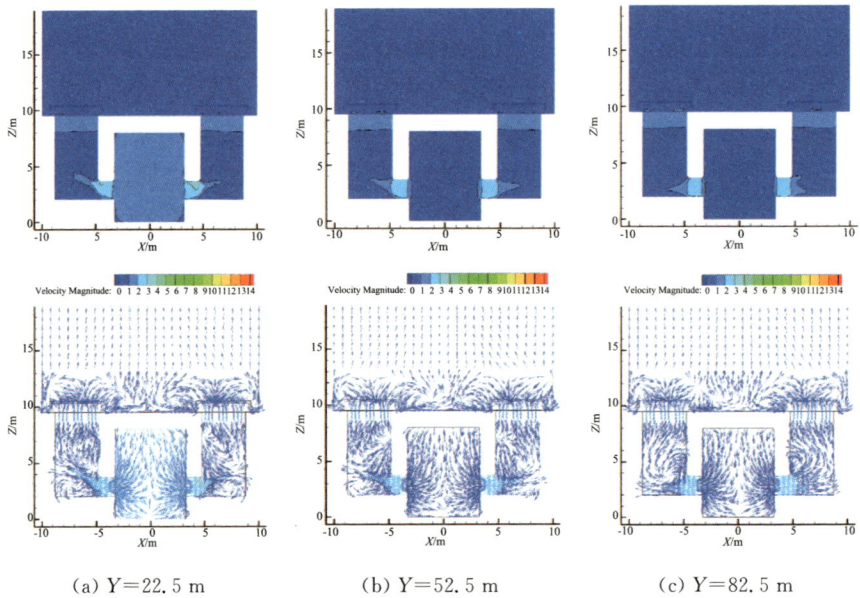

(a) $Y=22.5$ m　　　　(b) $Y=52.5$ m　　　　(c) $Y=82.5$ m

图 5.17　闸室横剖面流速区域图($T=100$ s)

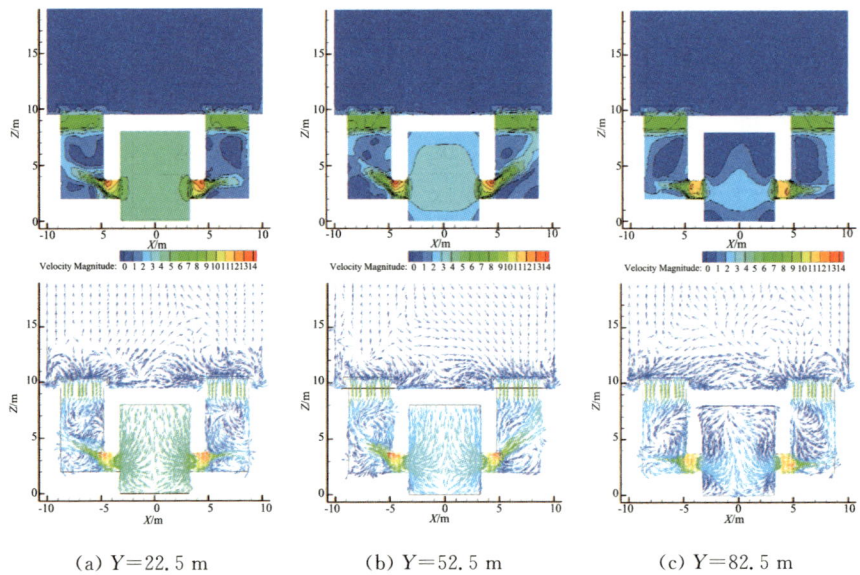

(a) $Y=22.5$ m　　　　(b) $Y=52.5$ m　　　　(c) $Y=82.5$ m

图 5.18　闸室横剖面流速分布图($T=400$ s)

统,由于支孔出流平均,在大流量时刻水流经支廊道出流后,明沟内形成的射流相比传统消能工与明沟+格栅消能工更为分离。这使得高速射流横向扩散速率增快,涡旋强度较大,保证了高流量下的明沟消能效率。

5.4.2　闸室支孔流量分配

明沟+盖板分层消能工侧支孔流速变化趋势与前两种消能工相似,输水初期流速沿水流方向递减,输水时间大于 160 s 后,各侧支孔出流沿支廊道逐渐递增(图 5.19),当设置盖板后,水流能更为充分地在明沟消能区域掺混,沿程各侧支孔流量分配均匀性得到进一步改善(图 5.20)。当支廊道流量为 $Q=330$ m³/s 时,沿程各侧支孔流量标准差 σ 仅为 0.44(无分层明沟消能为 0.75,明沟+格栅消能为 0.47),是三种消能方式中沿程侧支孔流量分配最均匀的方案。

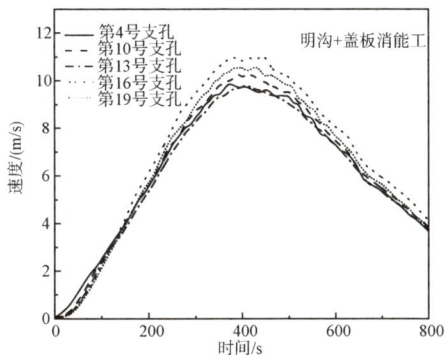

图 5.19　侧支孔流速分布图　　　图 5.20　侧支孔流量分布图

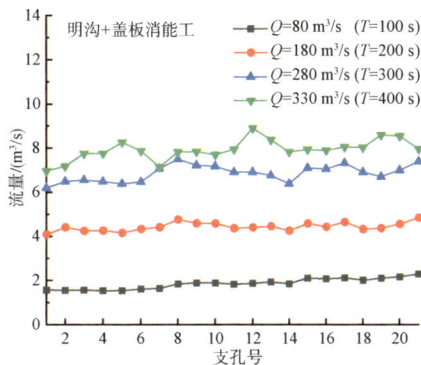

5.4.3　消能机理及效果

以支廊道最大流量 $Q=330$ m³/s 时刻为例,明沟顶部设置盖板消能工后,闸室横剖面上紊动能和紊动耗散率主要分布在明沟及盖板附近(图 5.21、图 5.22),相同断面紊动能和紊动耗散率分别 3.85 m²/s² 和 46.7%,相比明沟消能分别增大27.9%和26.9%,比明沟+格栅分别增大 6.6%和10.9%。在水平剖面上紊动能和紊动耗散率最大值分别为 6.74 m²/s² 和 42.73%。相比明沟消能和明沟+格栅消能,设置盖板后,水流滞留消能区域更久,明沟区域掺混更为剧烈,明沟区域的紊动、耗散均高于前两者。

表 5.4 为采用明沟+盖板分层消能的船闸最大输水流量时刻,闸室不同水深断面上的剩余动能、剩余比能以及流速分布均匀度。当 $Q=330$ m³/s 时,水面附近

($h/H=0.80$)的剩余动能、剩余比能仅为 1.15×10^4 W 与 3.74×10^{-3} W·m^{-2}，闸室流速分布均匀度 m 提升至 0.40，消能效果较明沟＋格栅消能有进一步提升。

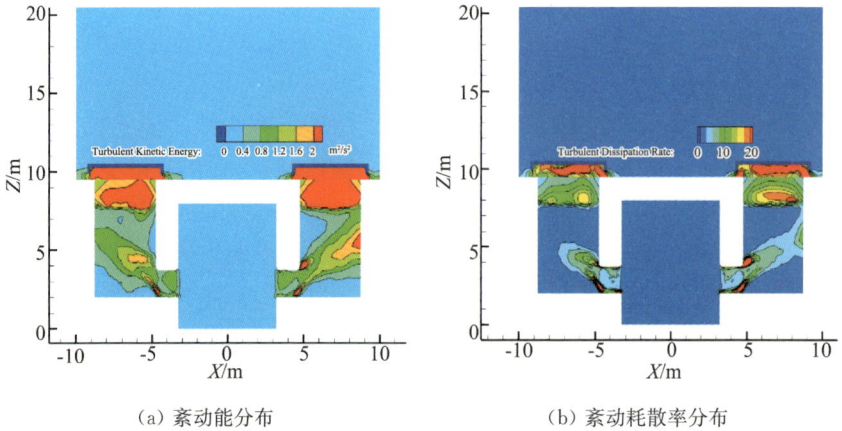

（a）紊动能分布 　　　　　　（b）紊动耗散率分布

图 5.21　明沟紊动能和紊动耗散率($Y=52.5$ m,$Q=332.07$ m^3/s)

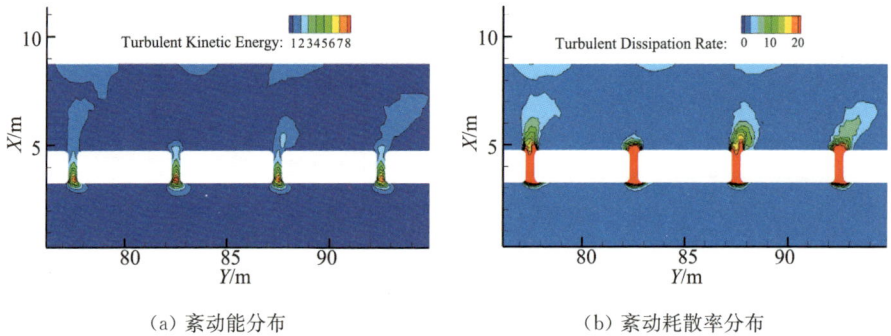

（a）紊动能分布 　　　　　　（b）紊动耗散率分布

图 5.22　明沟紊动能和紊动耗散率($Z=3.5$ m,$Q=330$ m^3/s)

表 5.4　明沟＋盖板分层消能输水系统消能效果

断面位置	水深 h/m	过水面积 A_T/m^2	剩余动能 E/W	剩余比能 E_{p1}/(W·m^{-2})(10^{-3})	流速分布均匀度 m
$Q=330$ m^3/s,$H=31.70$ m,$T=400$ s						
0.2H	8.06	3 080.00	32 492.34	10.55	0.26
0.4H	16.12	3 080.00	21 695.48	7.04	0.27
0.6H	24.18	3 080.00	16 246.45	5.27	0.32
0.8H	32.24	3 080.00	11 530.33	3.74	0.40

5.5　综合分析比较

5.5.1　横向流速分布特征

　　分析三种闸室消能工,小流量时水流出支孔后射入明沟,水流能量在明沟、格栅、盖板等消能工内充分耗散,水流平稳进入闸室,表层水体横向、纵向流速分布较为均匀,各方案流速分布差异不大。充水流量较大时,侧支孔最小断面平均射流速度有所增大,部分水流在闸墙和上升水流的挤压下,在明沟及廊道上方形成不同程度的漩涡结构,左侧明沟上方为逆时针漩涡,右侧明沟上方为顺时针漩涡,廊道上的一对漩涡方向与之相反。当达到最大充水流量时,最小断面平均射流速度进一步增大,水流进入闸室后仍有部分能量未能充分耗散,各方案在剩余能量方面有差异。表 5.5 给出了不同方案下输水不同时期支孔射流平均流速及闸室断面横向流速的分布特征。由表中结果可知,相比而言,常规无分层消能方案输水流量最大时射流平均流速最大,明沟＋盖板消能次之,明沟＋格栅消能方案最小,常规无分层消能方案输水流量最大时闸室横向流速最大,明沟＋盖板和明沟＋格栅消能方案差别不大三种方案中,明沟＋盖板方案水流流速分布最为均匀,明沟＋格栅方案次之,常规无分层消能方案均匀度最低。这说明分层消能消能效果更好,水流能量耗散更加充分,两种分层消能方案在射流流速和闸室横向流速方面的差别不大。

表 5.5　各方案支孔射流流速横向分布特征

	常规无分层消能	明沟＋格栅消能	明沟＋盖板消能
输水前期支孔射流平均流速 ($T=300$ s)	8.06 m/s	7.99 m/s	8.01 m/s
输水最大流量时支孔射流平均流速($T=400$ s)	12.21 m/s	9.42 m/s	11.32 m/s
输水最大流量时闸室断面横向流速($T=400$ s)	4.7 m/s	3.41 m/s	2.24 m/s
水流流速分布均匀度	0.45	0.52	0.62

5.5.2　纵向流速分布特征

　　对比三种方案下支孔纵向流速分布模拟结果可知,水流自侧支孔进入闸室出现了明显的射流流态,而且相同流量下不同断面上的流速分布呈现不同程度的差异。在充水初期,沿支廊道进口水流方向,侧支孔射流流速大小呈先递减后均化再递增的分布规律。当流量增加至最大值时,各支孔流速不均匀分布差异进一步加大。由此可知,在充水初期,水流主要集中从临近进口的支孔流出,随时间推移,则流主要集中从远离进口的支孔流出。出现上述流速分布演变的原因在于,充水初期纵支廊道流速较小,根据势流原理,水流自然寻找最近的支孔流入闸室;当纵支廊道流速增加至一定值后,大部分水流寻主流方向,临近进口的支孔来不及分流,从而导致远离进口的支孔出流强度大于临近进口的出流强度。三种方案下输水不同时期支孔射流沿纵向分布规律基本一致,不同方案纵向流速的极值差别不大。另外,研究结果还表明:闸室充水过程中支孔流量沿支廊道进口流速方向呈先递减后递增的分布特征,且两条纵支廊道对称侧的支孔流量分布基本对称。由此可知,各输水系统布置方案下侧支孔射流流速沿纵向分布特征差异不大,三种方案在孔口流量分配方面性能基本相同。

5.5.3 消能机理和消能效果

明沟消能过程即为水流能量的传递和转换过程,若紊动能和紊动耗散率的值越大,则能量传递和转换速率愈快。研究结果表明:明沟消能的能量耗散主要源自支孔高速射流与其周围水体的剪切作用所形成的动量转换。此能量转换主要通过支孔射流剪切所形成的反向漩涡耗能来实现。其主要机理为在以上漩涡的助推下发生水流剪切、摩擦、掺混等现象,由于黏性的作用,由时均动能转化来

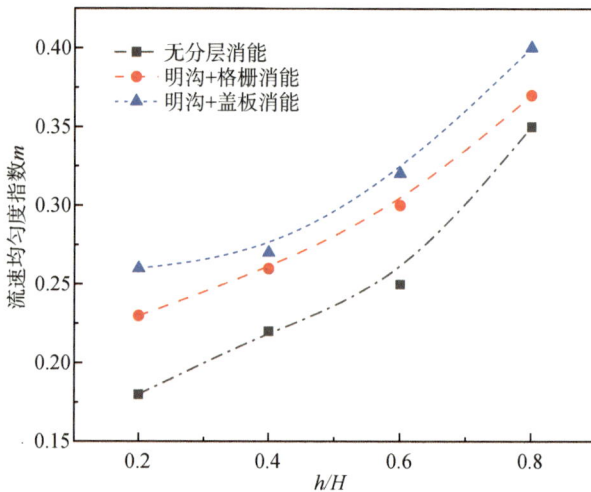

图 5.23 不同消能方案流速均匀度及消能效果

的脉动动能变为热能耗散,水流损失了能量,引起水流动能向热能的转换,从而达到了水流动能的耗散,以取得能量消刹的效果。对于明沟＋盖板分层消能输水系统而言,明沟消能剩余能量通过格栅进一步耗散,消能效果在三种方案中最佳;对于明沟＋格栅分层消能输水系统而言,剩余能量通过垂向射流沿盖板绕流分散,消能效果在三种方案中居中。

通过对比分析图 5.23 中三种方案下输水流量最大时闸室不同水深断面上的剩余动能、剩余比能以及流速分布均匀度可知:在相同流量下断面剩余动能和剩余比能整体上随水深的增加而减小,流速分布均匀度随水深的增加而增大。常规无分层消能输水系统,其流速分布均匀度为 0.35;明沟＋格栅分层消能输水系统,其流速分布均匀度指数为 0.37,水流流速分布较无分层消能方案更均匀;明沟＋盖板分层消能输水系统,其流速分布均匀度指数为 0.40,水流流速分布较无分层消能方案和明沟＋格栅消能方案更均匀。

第6章
大水位变幅省水船闸输水系统

本章结合我国高水头船闸以及人工运河建设需求量大,且水资源日益紧缺的现状,针对 60 m 级巨型船闸运行耗水量大、闸室消能及输水阀门空化等难题,基于船闸作用水头分级理论,综合分析了影响省水船闸分级的因素,建立了省水船闸输水系统水力计算模型,提出了 60 m 级省水船闸的合理水头分级方案和布置形式,在此基础上通过物理模型试验论证了 60 m 级省水船闸输水系统的可行性,并给出了合理的运行方案,解决了 60 m 级船闸节水难题。

6.1 国内外现状

高水头巨型船闸运行耗水量巨大,例如三峡船闸单线单次运行耗水量高达 20 万 m³,在一些水资源匮乏的地区,必然会产生发电、航运、农业三者之间的用水矛盾和利益协调问题。而且随着水头不断提高,高水头转换的动能会给船闸输水系统带来严重的空化问题。例如苏联建设的 Uski-Camino Kirski 船闸,其水头高达 42 m,水流跌入消能室有严重空化现象,灌水时间过长,输水时间长达 37 min。为解决水头过高引起的阀门空蚀空化问题,降低阀门廊道段高程、将阀门廊道段设计成突扩体型、设置廊道内消能工等方法已经被船闸设计普遍采用。为找到同时减小船闸运行耗水量和降低船闸工作水头的方法,工程师们研究设计了分作用水头降低船闸耗水量和阀门作用水头的省水船闸。省水船闸通常在船闸的一侧或两侧设置一级以上的省水池,船闸泄水运行时,闸室先泄向高处的省水池(A池),再依次泄向低处的省水池(C池),剩下的水泄向下游;充水时顺序与泄水时相反,见图 6.1。省水船闸可提高水资源利用效率,减少船闸运行用水量。对于高水头船闸,还可降低船闸工作水头,减少解决阀门工作条件技术难度以及简化船闸输水系统布置等优势,在人工运河及高坝通航领域有较好的应用前景。

法国人 Carelli 是第一个尝试采用特殊方法来节省船闸用水的人,他在位于法国 Royal 河的 Uboe 船闸上进行了省水方案试验。德国于 19 世纪 80 年代开始建造省水船闸。经过了一个多世纪的不断实践,其对省水船闸的省水池布局、输水系统设计、省水池运行方式等达到了很高的研究水平。同时,德国也是世界上省水船闸工程应用数量最多的国家,如在 Rhine-Danube 运河上,从 Bamberg 到 Kelheim,在长度为 171 km、落差为 243 m 的河道上,总共建设船闸 16 座,其中 13 座为省水船闸。规划中的尼加拉瓜运河的 Brito、Camilo 两座船闸水头分别为 34.19 m 和 33.78 m,曾开展过三级船闸共设九级省水池的方案研究。巴拿马运河扩建工程,分别在太平洋侧和大西洋侧新建了一座三级省水船闸,闸室长 427 m,宽 55 m,深 18.3 m,是目前世界上规模最大的省水船闸。比利时曾根据我国三峡船闸参数开展了水头高达 113 m 的单级省水船闸概念性方案研究。目前,德国正在开展水头达 38 m 的吕内堡省水船闸方案可行性研究。

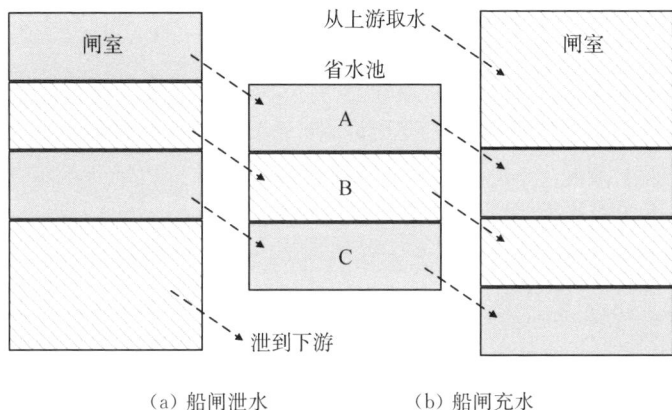

（a）船闸泄水　　　（b）船闸充水

图 6.1　省水船闸工作原理

20 世纪 70 年代末,我国对安徽省寿县郑家岗船闸进行了省水船闸模型试验。进入 21 世纪后,结合广西桂林春天湖船闸、肖家船闸、徐家船闸等几座小型双线旅游船闸,在进行输水系统布置时考虑了双线船闸互充互泄的省水运行方式。结合广西长洲水利枢纽三线和四线船闸,江济淮工程蜀山船闸等工程对双线并列船闸互充互泄输水形式的水力特性进行试验研究。近年来,南京水利科学研究院对山东小清河的金家堰船闸、水牛韩船闸、王道船闸三座低水头省水船闸进行试验研究,并对广西桂江巴江口、贵州白市等高水头省水船闸开展了物理模型和数学模型试验。此外,天津大学曾结合长江三峡船闸工程进行了设省水池方案研究,重庆交通大学曾结合乌江银盘船闸提出了省水船闸方案并进行研究。比较传统船闸,我国省水船闸工程实例较少,国内等级航道上目前几乎没有建成投运的省水船闸。现有国内外省水船闸重点考虑省水船闸省水池面积、省水池级数变化对各级省水池水位、作用水头和省水率的影响。对比国内外省水船闸特点,国外省水船闸主要建设在运河上,船闸上下游水位变幅较小,我国省水船闸主要建设在天然河流上,船闸上下游水位变化大,省水船闸省水池水级划分影响因素比国外运河船闸复杂。特别是采用一体式省水池结构的省水船闸,对船闸上下游水位变化幅值有特殊要求,省水船闸水级计算及影响因素更加复杂,因此急需针对我国河流水位变化特点研究适合我国的分作用水头船闸输水系统设计方案,突破相关关键技术。

6.2 省水船闸影响因素研究

6.2.1 作用水头分级计算模型

船闸的工作过程是根据连通器原理来实现闸室水位升降的,作用水头分级的省水船闸的工作原理与多级船闸相同,在多级船闸各闸室高程的计算过程中,在不考虑补溢水情况下,上游最高水位和下游最高水位决定各闸室的顶高程,上下游最低水位决定各闸室的底高程,即上下游最高水位控制顶高程,上下游最低水位控制底高程,再加上安全超高 a 和门槛水深 s,就确定了实际闸顶和闸底高程,如图 6.2 所示。本节重点讨论分析的是各闸室和省水池的高程计算,因为门槛水深 s 和安全超高 a 不影响整个计算过程,所以在接下来的计算公式中 s 和 a 忽略不计。

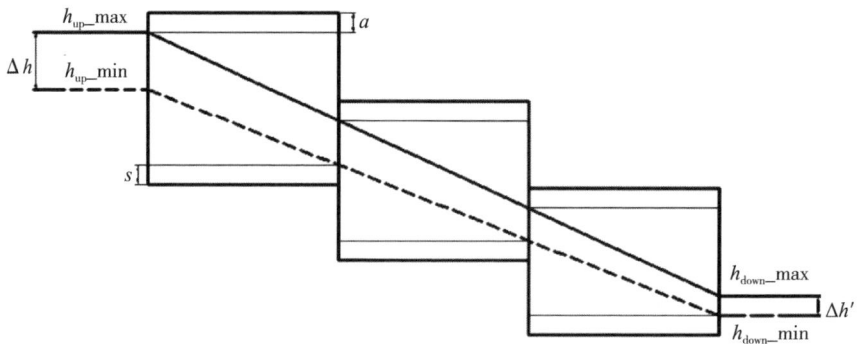

图 6.2　多级船闸各闸室水位控制示意图

当不考虑上下游水位变幅、剩余水头、各闸室的门槛水深和安全超高,且省水池面积与闸室面积相等时,设省水池多级船闸的各级高程推导过程如下:

设多级船闸总级数为 n，i 为从上游往下游顺序第 i 级闸室编号。由于 n 级船闸的每级闸室将上下游水位差平均分为 n 等份，且上一级闸室的底高程等于下一级闸室的顶高程，则各级闸室的顶高程 $h_{\text{lock\_max}}(i)$ 和底高程 $h_{\text{lock\_min}}(i)$ 计算公式如下：

$$h_{\text{lock\_max}}(i) = h_{\text{up}} - (i-1) \times \frac{(h_{\text{up}} - h_{\text{down}})}{n} \tag{6.1}$$

$$h_{\text{lock\_min}}(i) = h_{\text{up}} - i \times \frac{(h_{\text{up}} - h_{\text{down}})}{n} \tag{6.2}$$

设 m 为每个闸室设置省水池的级数，j 为每级闸室中省水池从上游往下游顺序的第 j 级省水池编号，与多级船闸原理相同，m 级省水池将各级闸室高程平均分成 $m+2$ 等份，且上一级省水池底高程等于下一级省水池顶高程，则每级省水池的顶高程和底高程计算公式如下：

$$h_{\text{WSB\_min}}(i,j) = h_{\text{lock\_max}}(i) - (j+1) \times \frac{h_{\text{up}} - h_{\text{down}}}{n(m+2)} \tag{6.3}$$

$$h_{\text{WSB\_max}}(i,j) = h_{\text{lock\_max}}(i) - j \times \frac{h_{\text{up}} - h_{\text{down}}}{n(m+2)} \tag{6.4}$$

式中，$h_{\text{WSB\_min}}(i,j)$ 为第 i 级闸室的第 j 级省水池底高程，$h_{\text{WSB\_max}}(i,j)$ 为第 i 级闸室的第 j 级省水池顶高程。

设多级省水池的多级船闸省水运行过程中，每级省水池与闸室互充互泄的工作水头为每级省水池池深的 2 倍，则：

$$H_{\text{WSB}}(i,j) = 2 \times \frac{(h_{\text{up}} - h_{\text{down}})}{n(m+2)} \tag{6.5}$$

式中，$H_{\text{WSB}}(i,j)$ 表示闸室和省水池相互充泄水的工作水头，当计算对象为单级船闸时，公式中 n 取值为 1。

多级船闸省水运行过程中，每一级闸室中有占闸室总水体 $\frac{2}{m+2}$ 的部分无法与省水池交换，需要由上一级闸室补充或者直接泄向下一级闸室。如图 6.2 所示，多级船闸相邻两级闸室中上一级闸室泄水过程末期有一部分水体无法泄入省水池，需要泄向下一级闸室；同时下一级闸室所对应的省水池里的水全部泄空时，闸室未充满的部分刚好由上游泄水来补充。由示意图可知，上游泄向下游的这部分水体水头为 $\frac{2(h_{\text{up}} - h_{\text{down}})}{n(m+2)}$，则省水运行过程中相邻闸室之间充泄水水头 $H_{\text{lock\_lock}}$ 的计算公式为：

$$H_{\text{lock\_lock}} = 4 \times \frac{(h_{\text{up}} - h_{\text{down}})}{n(m+2)} \tag{6.6}$$

省水运行时上游向第一级闸室充水和最后一级闸室向下游充泄水的工作水头 $H_{\text{up\_lock\_down}}$ 计算公式为:

$$H_{\text{up\_lock\_down}} = 2 \times \frac{(h_{\text{up}} - h_{\text{down}})}{n(m+2)} \tag{6.7}$$

当计算对象为单级船闸时,公式中 n 取值为 1。

6.2.1.1 各级闸室和省水池高程计算公式

各级闸室的底高程由上游最低水位和下游最低水位控制,由于不考虑补溢水情况,则每一级船闸的作用水头相等,即每一级船闸的作用水头均为当前上下游水位差除以船闸运行级数。但是需要注意的是,由于上下游的水位变幅不相等(多数工程实例中,上游水位变幅大于下游水位变幅),每级闸室的深度不相同,因此每级闸室对应的省水池池深也不相同。通过计算多级船闸各闸室的高程可以推导出省水船闸各级省水池布置高程公式。

各闸室底高程计算公式:

$$h_{\text{lock\_min}}(i) = h_{\text{up\_max}} - \Delta l - i \times \frac{(h_{\text{up\_max}} - h_{\text{down\_min}} - \Delta l)}{n} \tag{6.8}$$

各闸室顶高程计算公式:

$$h_{\text{lock\_max}}(i) = h_{\text{up\_max}} - (i-1) \times \frac{(h_{\text{up\_max}} - h_{\text{down\_min}} - \Delta l')}{n} \tag{6.9}$$

式中,Δl 为上游水位最大变幅;$\Delta l'$ 为下游水位最大变幅。

各闸室上游最低水位和下游最高水位的计算公式:

$$h_{\text{lock\_up\_min}}(i) = h_{\text{up\_max}} - \Delta l - (i-1) \times \frac{(h_{\text{up\_max}} - h_{\text{down\_min}} - \Delta l)}{n} \tag{6.10}$$

$$h_{\text{lock\_down\_max}}(i) = h_{\text{up\_max}} - i \times \frac{(h_{\text{up\_max}} - h_{\text{down\_min}} - \Delta l')}{n} \tag{6.11}$$

同理,各闸室的上下游最高水位控制对应的省水池顶高程,上下游最低水位控制各省水池底高程。如图 6.3 所示,当省水池面积与闸室面积的比值为 k 时,设省水池池深为 x。泄水过程中,当第一级省水池泄满时,此时省水池水深 x,则闸室水位下降了 kx,此时闸室水位和省水池水位齐平,由此可以确定第一级省水池高程。同理,当第二级省水池泄满时,闸室水位和省水池水位齐平。依此类推,可以确定每一级省水池高程。

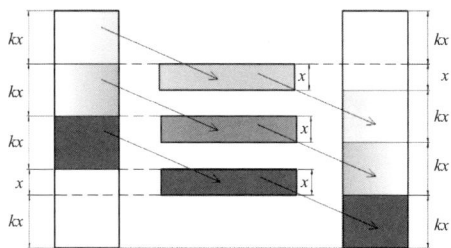

图 6.3　无剩余水头 ΔH 示意图　　　　图 6.4　有剩余水头 ΔH 示意图

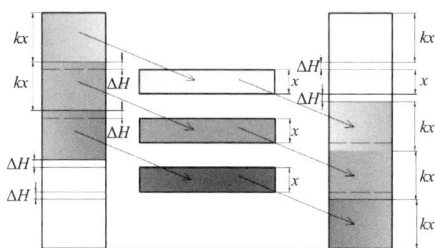

设多级船闸每级闸室池深为 H_{lock}，则：

$$H_{\text{lock}} = (m+1)kx + x \tag{6.12}$$

整理得：

$$x = \frac{H_{\text{lock}}}{k(m+1)+1} \tag{6.13}$$

因为多级船闸每级闸室深度为各级闸室顶高程减去底高程，所以：

$$H_{\text{lock}}(i) = h_{\text{lock\_max}}(i) - h_{\text{lock\_min}}(i) \tag{6.14}$$

结合上式，得每级省水池池深：

$$x(i) = \frac{h_{\text{lock\_max}}(i) - h_{\text{lock\_min}}(i)}{k(m+1)+1} \tag{6.15}$$

式中，$x(i)$ 为第 i 级闸室的省水池池深，将各级闸室高程计算公式代入，可得

$$x(i) = \frac{h_{\text{up\_max}} - h_{\text{down\_min}} + (i-1)\Delta l' + (n-i)\Delta l}{n[k(m+1)+1]} \tag{6.16}$$

由公式可知，各级闸室和省水池深度随上下游最大水位变幅增大而增大。

多级船闸的各级省水池底高程计算公式：

$$h_{\text{WSB\_min}}(i,j) = h_{\text{lock\_up\_min}}(i) - (k \times j + 1) \times \frac{h_{\text{lock\_up\_min}}(i) - h_{\text{lock\_min}}(i)}{k(m+1)+1}$$

$$\tag{6.17}$$

多级船闸的各级省水池顶高程计算公式：

$$h_{\text{WSB\_max}}(i,j) = h_{\text{lock\_max}}(i) - (k \times j) \times \frac{h_{\text{lock\_max}}(i) - h_{\text{lock\_down\_max}}(i)}{k(m+1)+1}$$

$$\tag{6.18}$$

对于单级省水船闸，各级省水池高程控制方程可简化为：

$$h_{WSB\_min}(j) = (h_{up\_max} - \Delta l) - (k \times j + 1) \times \frac{(h_{up\_max} - h_{down\_min} - \Delta l)}{k(m+1)+1}$$

$$(6.19)$$

$$h_{WSB\_max}(j) = h_{up\_max} - (k \times j) \times \frac{(h_{up\_max} - h_{down\_min} - \Delta l')}{k(m+1)+1} \qquad (6.20)$$

当上下游水位存在较大变幅时,相邻两级省水池,上一级省水池的底高程可能会低于下一级省水池的顶高程,即 $h_{WSB\_min}(j) < h_{WSB\_max}(j+1)$,此情况下无法采用封闭式省水池布置形式。当出现这种情况时,有两种解决方法:一是将省水池布置为开敞式形式;二是尽可能增大省水池与闸室的面积比值 k,从而减小单级省水池池深来达到目的。

当闸室与省水池之间存在剩余水头 ΔH 时,即闸室与省水池充泄水过程结束时,闸室水位与对应省水池水位之间水位差为 ΔH,如图 6.4 所示。因为剩余水头只存在于省水池和闸室之间,所以剩余水头的存在不影响闸室的高程布置。

此时

$$H_{lock} = (m+1)kx + x + 2\Delta H \qquad (6.21)$$

整理得:

$$x = \frac{H_{lock} - 2\Delta H}{k(m+1)+1} \qquad (6.22)$$

结合上式,得每级省水池高程:

$$x(i) = \frac{h_{lock\_max}(i) - h_{lock\_min}(i) - 2\Delta H}{k(m+1)+1} \qquad (6.23)$$

式中,$x(i)$ 为第 i 级闸室的省水池高程,将各级闸室高程计算公式代入,可得:

$$x(i) = \frac{h_{up\_max} - h_{down\_min} + (i-1)\Delta l' + (n-i)\Delta l - 2\Delta H}{n[k(m+1)+1]} \qquad (6.24)$$

多级船闸的各级省水池底高程计算公式:

$$h_{WSB\_min}(i,j) = h_{lock\_max}(i) - (k \times j + 1)x - \Delta H \qquad (6.25)$$

展开得:

$$h_{WSB\_min}(i,j) = h_{lock\_up\_min}(i) - (k \times j + 1) \times \frac{h_{lock\_up\_min}(i) - h_{lock\_min}(i) - 2\Delta H}{k(m+1)+1} - \Delta H$$

$$(6.26)$$

同理,多级船闸的各级省水池顶高程计算公式:

$$h_{WSB\_max}(i,j) = h_{lock\_max}(i) - (k \times j)x - \Delta H \tag{6.27}$$

展开得：

$$h_{WSB\_max}(i,j) = h_{lock\_max}(i) - (k \times j) \times \frac{h_{lock\_max}(i) - h_{lock\_down\_max}(i) - 2\Delta H}{k(m+1)+1}$$

$$\tag{6.28}$$

对于本书所研究的单级省水船闸，各级省水池高程控制方程可简化为：

$$h_{WSB\_min}(j) = (h_{up\_max} - \Delta l) - (k \times j + 1) \times \frac{(h_{up\_max} - h_{down\_min} - \Delta l - 2\Delta H)}{k(m+1)+1} - \Delta H$$

$$\tag{6.29}$$

$$h_{WSB\_max}(j) = h_{up\_max} - (k \times j) \times \frac{(h_{up\_max} - h_{down\_min} - \Delta l' - 2\Delta H)}{k(m+1)+1} - \Delta H$$

$$\tag{6.30}$$

6.2.1.2 分级作用水头计算模型

设多级省水池的多级船闸省水运行过程中，每级省水池与闸室互充互泄的工作水头为 $x+kx$，即

$$H_{WSB}(i,j) = (k+1) \times \frac{h'_{up} - h'_{down}}{n[k(m+1)+1]} \tag{6.31}$$

式中，$H_{WSB}(i,j)$ 表示闸室和省水池相互充泄水的工作水头，当计算对象为单级船闸时，公式中 n 取值为 1。h'_{up}、h'_{down} 为当前工况下的上下游水位，h'_{up}、h'_{down} 的取值范围为：

$$h_{up\_max} - \Delta l \leqslant h'_{up} \leqslant h_{up\_max} \tag{6.32}$$

$$h_{down\_min} \leqslant h'_{down} \leqslant h_{down\_min} + \Delta l \tag{6.33}$$

多级船闸在省水运行过程中相邻两闸室之间的工作水头为省水池与闸室之间工作水头的 2 倍，即：

$$H_{lock\_lock}(i,j) = 2 \times (k+1) \times \frac{h'_{up} - h'_{down}}{n[k(m+1)+1]} \tag{6.34}$$

省水运行时上游向第一级闸室充水和最后一级闸室向下游充泄水的工作水头 $H_{up\_lock\_down}$ 计算公式为：

$$H_{up\_lock\_down}(i) = (k+1) \times \frac{h'_{up} - h'_{down}}{n[k(m+1)+1]} \tag{6.35}$$

当计算对象为单级船闸时，公式中 n 取值为 1。

由图 6.6 可知,设多级省水池的多级船闸省水运行过程中,每级省水池与闸室互充互泄的工作水头为 $x+kx+\Delta H$,即:

$$H_{WSB}(i,j) = (k+1) \times \frac{h'_{up} - h'_{down} - 2\Delta H}{n[k(m+1)+1]} + \Delta H \tag{6.36}$$

省水运行时上游向第一级闸室充水和最后一级闸室向下游充泄水的工作水头为 $x+kx+2\Delta H$,即:

$$H_{up\_lock\_down}(i) = (k+1) \times \frac{h'_{up} - h'_{down} - 2\Delta H}{n[k(m+1)+1]} + 2\Delta H \tag{6.37}$$

当计算对象为单级船闸时,公式中 n 取值为 1。

多级船闸在省水运行过程中相邻两闸室之间的工作水头为省水运行时上游向第一级闸室充水和最后一级闸室向下游充泄水的工作水头的 2 倍,即:

$$H_{lock\_lock}(i_1, i_2) = 2 \times \left[(k+1) \times \frac{h'_{up} - h'_{down} - 2\Delta H}{n[k(m+1)+1]} + 2\Delta H \right] \tag{6.38}$$

6.2.1.3　船闸省水率公式

存在剩余水头 ΔH 时,充水或者泄水时闸室与省水池交换水体高度为 kmx,则此时省水率公式:

$$E_W = \frac{kmx}{H} \times 100\% \tag{6.39}$$

将式(6.37)代入,得省水率计算公式:

$$E_W = \frac{km(H - 2\Delta H)}{H[k(m+1)+1]} \times 100\% \tag{6.40}$$

式中,H 为闸室当前工况下的工作水头。

6.2.2　作用水头影响因素分析

本书以 60 m 单级船闸为研究对象,根据前文计算得出的省水运行时各级工作水头的计算公式,计算在不同省水池级数 m、不同省水池与闸室面积比值 k、不同上下游水位以及不同剩余水头 ΔH 下的工作水头大小,并分析不同变量对工作水头的影响规律和影响程度。

单级船闸的闸室与省水池之间的工作水头计算公式:

$$H_{WSB}(i,j) = (k+1) \times \frac{h'_{up} - h'_{down} - 2\Delta H}{k(m+1)+1} + \Delta H \tag{6.41}$$

单级船闸省水运行下闸室与上下游之间的工作水头计算公式:

$$H_{up\_lock\_down}(i) = (k+1) \times \frac{h'_{up} - h'_{down} - 2\Delta H}{k(m+1)+1} + 2\Delta H \qquad (6.42)$$

可以看出,闸室与上下游之间的工作水头比省水池与闸室之间的工作水头多出一个 ΔH,由于篇幅限制,接下来只对闸室与省水池之间的工作水头规律进行分析。

6.2.2.1　剩余水头 ΔH

设 H_{WSB} 为关于 ΔH 的函数,则:

$$H_{WSB}(\Delta H) = (k+1) \times \frac{h'_{up} - h'_{down}}{k(m+1)+1} + \frac{[k(m-1)-1]}{k(m+1)+1} \times \Delta H \qquad (6.43)$$

由上式可以看出,当省水池级数 m 与面积的比值 k 满足关系式 $k(m-1)>$ 1 时,此时闸室与省水池之间的作用水头 H_{WSB} 随剩余水头 ΔH 的增大而增大,反之 H_{WSB} 随 ΔH 的增大而减小。当 $k(m-1)=1$ 时,H_{WSB} 不受 ΔH 的影响。现取 $m=3$,k 取 $1 \sim 9$,ΔH 取 $0 \sim 1$ m,绘制 $60 \sim 0$ m 上下游水位组合下的省水池与闸室之间的工作水头曲线,如图 6.5 所示。当 $k(m-1)>1$ 时,由图可以看出闸室与省水池之间的作用水头 H_{WSB} 随剩余水头 ΔH 的增大而增大,且随着省水池面积与闸室面积的比值 k 的增大增幅越明显。当 $k=1$ 时,H_{WSB} 随 ΔH 取值 $0 \sim$ 1 m 的变幅为 0.2 m 左右;当 $k=9$ 时,H_{WSB} 变幅达到 0.4 m 左右。总体来说,ΔH 的取值对各级省水池与闸室之间的作用水头影响很小。

6.2.2.2　省水池级数 m 与面积比值 k

取剩余水头 $\Delta H=0$,k 取 $1 \sim 5$,m 取 $1 \sim 8$,绘制出 $60 \sim 0$ m 水位下的各级省水池与闸室充泄水工作水头关系曲线。由图 6.6 可以看出,随着省水池级数 m 和省水池面积与闸室面积的比值 k 的增加,省水作用水头 H_{WSB} 降低;当省水池级数 $m>3$ 时,省水作用水头 H_{WSB} 降幅变小;当面积比值 $k>1$ 时,省水作用水头 H_{WSB} 降幅不明显。

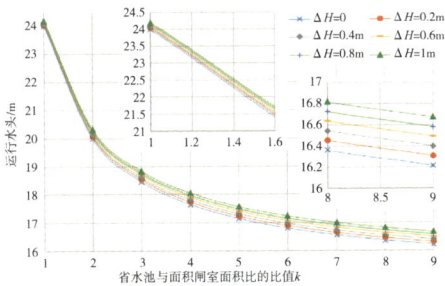

图 6.5　剩余水头 ΔH 的影响

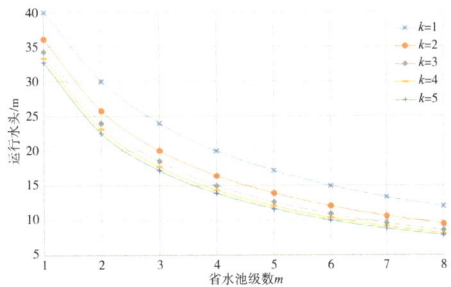

图 6.6　省水池级数 m 的影响

6.2.2.3　上下游水位变幅

当剩余水头 $\Delta H=0$,$k=1$,m 取 $1 \sim 9$,分别绘制出上游水位 $60 \sim 50$ m 与下

游 0 m 水位组合和上游水位 60 m 与下游 10～0 m 水位组合的各级省水池与闸室充泄水工作水头曲线。

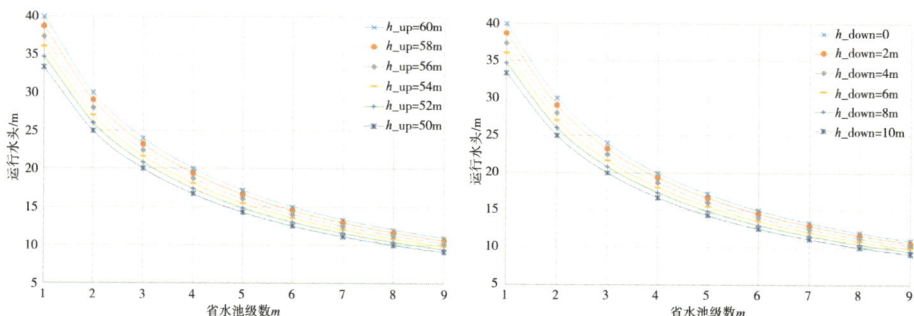

图 6.7　$k=1$，$\Delta H=0$ 时不同上下游水位与不同省水池级数 m 组合的省水作用水头

由公式和图 6.7 可知，各级省水池省水作用水头 H_{WSB} 只与闸室当前运行总水头有关，而与具体上下游水位组合无关。H_{WSB} 随着总水头的减小而减小，且基本呈线性关系；随着级数 m 的增加，H_{WSB} 降幅随着总水头的减小而减小。

取剩余水头 $\Delta H=0$，$m=3$，k 取 1～9，分别绘制出上游水位 60～50 m 与下游 0 m 水位组合和上游水位 60 m 与下游 10～0 m 水位组合的各级省水池与闸室充泄水工作水头曲线。

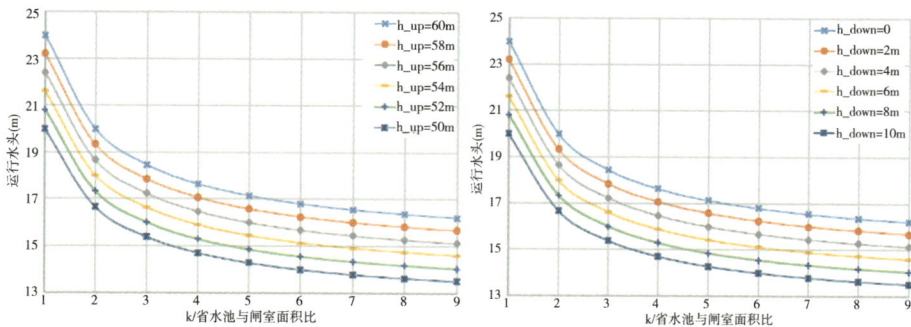

图 6.8　$m=3$，$\Delta H=0$ 时不同上下游水位与不同面积比值 k 组合的省水作用水头

由图 6.8 可知，每个曲线之间的间隔基本不随 k 值的变化而变化。也就是说，不同的 k 值基本不影响 H_{WSB} 随着总水头变化而变化的规律。

6.2.3　省水池高程影响因素分析

以 60 m 单级省水船闸为研究对象，分析上下游水位变幅 Δl、$\Delta l'$，省水池面积与闸室面积的比值 k，剩余水头 ΔH 对省水池水位变幅的影响程度，以设 3 级省水池为例。根据式(6.36)、(6.37)，取 $m=3$，将不同的 ΔH、k、Δl、$\Delta l'$ 值代入公式,计算得出不同工况下的各级省水池高程,并绘制关系曲线。

当下游水位恒定时,上游水位变幅为 10 m,即 $\Delta l=10$ m,$\Delta l'=0$。剩余水头 ΔH 取 0~1 m,k 取 1~6,得出不同组合工况下省水池水位高程。

6.2.3.1　省水池面积与闸室面积的比值 k

由图 6.9 可知,各级省水池的顶高程随着面积比值 k 的增加而降低,且随着 k 的增加,变化幅度越不明显;各级省水池工作时的底高程随着面积比值 k 的增加而增加,且随着 k 的增加,变化幅度越不明显。

6.2.3.2　剩余水头 ΔH

由图 6.9 可知,闸室与省水池之间的剩余水头 ΔH 对各级省水池水位影响很小,以 $\Delta l=\Delta l'=0$ 水位工况为例,当 ΔH 取值在 0~1 m 之间时,第一级省水池顶高程和底高程的最大变幅分别为 0.6 m 和 0.43 m,第二级省水池顶高程和底高程的最大变幅均为 0.2 m,第三级省水池顶高程和底高程的最大变幅分别为 0.43 m 和 0.6 m。

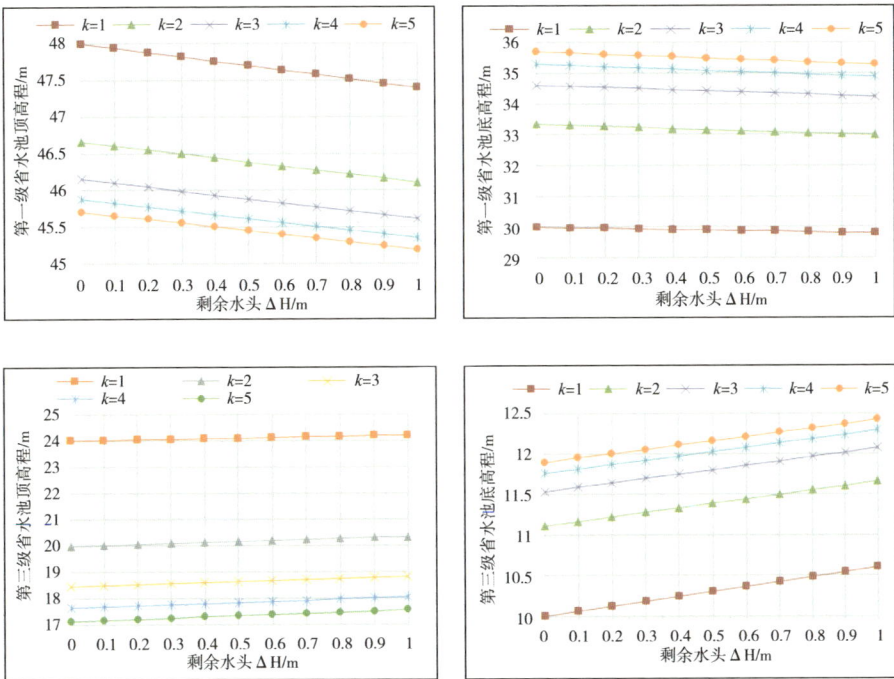

图 6.9　$\Delta l=10$ m,$\Delta l'=0$ 时各级省水池高程布置曲线

设式(6.36)、(6.37)为关于剩余水头 ΔH 的函数,令:

$$f(\Delta H) = h_{WSB\_min}(\Delta H) \tag{6.44}$$

$$g(\Delta H) = h_{WSB\_max}(\Delta H) \tag{6.45}$$

对式(6.44)、(6.45)求导,得:

$$f'(\Delta H) = (k \times j + 1) \times \frac{2}{k(m+1)+1} - 1 \tag{6.46}$$

$$g'(\Delta H) = k \times j \times \frac{2}{k(m+1)+1} - 1 \tag{6.47}$$

令 $f'(\Delta H) \geqslant 0$,得:

$$\frac{2(k \times j + 1) - [k(m+1)+1]}{k(m+1)+1} \geqslant 0 \tag{6.48}$$

化简,得:

$$j \geqslant \frac{m+1}{2} - \frac{1}{2k} \tag{6.49}$$

此时,省水池底高程随着剩余水头 ΔH 的增加而增加,反之则减小。

令 $g'(\Delta H) \geqslant 0$,得:

$$\frac{2kj - [k(m+1)+1]}{k(m+1)+1} \geqslant 0 \tag{6.50}$$

化简,得:

$$j \geqslant \frac{m+1}{2} + \frac{1}{2k} \tag{6.51}$$

此时,省水池顶高程随着剩余水头 ΔH 的增加而增加,反之则减小。以第三级省水池船闸为例,设省水池面积与闸室面积相等,即 $m=3$,$k=1$,代入式(6.46)、(6.37),得:

$$\begin{aligned} f'(2) \geqslant 0 \\ g'(3) \geqslant 0 \end{aligned} \tag{6.52}$$

第一级省水池底高程随 ΔH 的增加而减少,从第二级省水池开始,顶高程随着 ΔH 的增加而增加;而第一、二级省水池顶高程随 ΔH 的增加而减少,第三级省水池顶高程随着 ΔH 的增加而增加,与图 6.9 反映的规律一致。

6.2.3.3 上下游水位变幅 Δl、$\Delta l'$

由图 6.9 可知,当以上游最高水位和下游最低水位为初始条件时,上游水位变幅 Δl 只影响各级省水池底高程,下游水位变幅 $\Delta l'$ 只影响各级省水池顶高程。

随着各级省水池编号 j 的增加,上游水位变幅 Δl 对各级省水池底高程的影响越小,而下游水位变幅 $\Delta l'$ 对各级省水池顶高程的影响越大。

对于一体式结构的省水船闸,第 i 级最低水位应高于第 $(i+1)$ 级最高水位,并应满足结构及安全距离 H_r,即应满足下列条件:

$$Z_{wb\_min}(i) - Z_{wt\_max}(i+1) \geqslant H_r \tag{6.53}$$

可得对一体式结构省水船闸与闸室面积省水池面积的比值有如下要求：

$$k \geqslant \frac{(H_{lock} - 2\Delta H) + \Delta Z_{up\_max} + \Delta Z_{down\_max} + H_r}{(H_{lock} - 2\Delta H) - (i+1)\Delta Z_{up\_max} - i\Delta Z_{down\_max} - (n+1)H_r} \tag{6.54}$$

由公式(6.54)可见,省水池面积与闸室面积的比值 k 随上下游水位变幅幅值增大而增大,并且最末级省水池面积与闸室面积的比值 k 最大($i=n$)。

6.2.4　省水效率影响因素分析

根据省水船闸原理,省水船闸灌泄水过程的省水量受到省水池的级数和省水池的面积大小影响,设闸室面积为 A_1,省水池面积为 A_2,闸室工作水头为 H_1,闸室上游水位与省水池底高程之差为 H_2,省水效率可推导为：

$$E_W = \frac{mA_2}{A_1 + (m+1)A_2} \times 100\% \tag{6.55}$$

式中:E_W 为省水船闸的省水率;m 为省水池级数。

由式(6.55)可以看出,在省水池与闸室之间不存在剩余水头的情况下,理论省水率 E_w 与省水池级数以及省水池与闸室的面积比值密切相关。图 6.10 给出了其相关曲线,图中,m 为省水池级数;k 为省水池面积 A_2 与闸室面积 A_1 的比值。由图可见:(1)在省水池面积固定的情况下,省水池级数越多,省水率越高;(2)在省水池级数确定的情况下,省水池面积越大,省水率越高;(3)当 $m>3$ 时,随着省水池级数的增多,省水率的增幅明显下降。

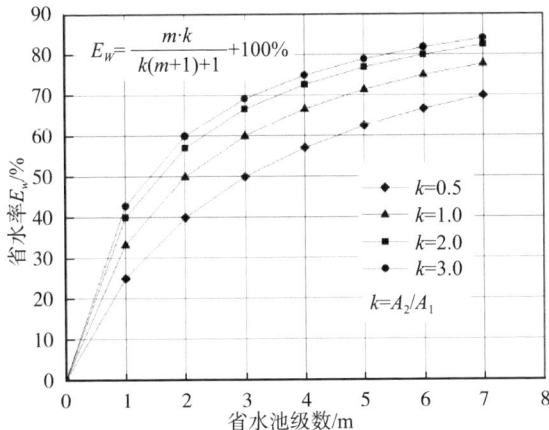

图 6.10　省水率与省水池数量和大小的关系

根据式(6.55),当 $m=\infty$ 时,理论省水率可达 100%,但在工程实例中出于经济条件和实际省水需求等原因,很少布置 5 级以上的省水池,省水池的数量一般为 2～3 级。与 $A_2=A_1$ 时的省水率相比,$A_2>A_1$ 时省水率增幅较小。例如在 $m=3$ 的条件下,$A_2=2A_1$ 时的省水率为 66.7%,$A_2=A_1$ 时的省水率为 60%;另外,在 $A_2=A_1$ 时,布置 3 级省水池,理论省水率可达 60%,但若采用 2 级省水池,要达到同样 60% 的省水率,省水池面积就得增大为闸室面积的 3 倍,即 $A_2=3A_1$。

省水池的建设成本主要是由省水池的级数和省水池的面积决定的,所以大多数省水船闸的省水池级数一般在 5 级以内,且省水池面积与闸室面积相等。

省水池与闸室之间有剩余水头时($\Delta H>0$),若 $A_2=A_1$,则:

$$E_w = \frac{m(H-2\Delta H)}{H(m+2)} \times 100\% \tag{6.56}$$

在省水池级数与省水池面积确定的情况下,省水率随着剩余水头 ΔH 的增大而减小,省水池与闸室水位完全齐平时($\Delta H=0$),省水率最大。

6.2.5　应用实例

某船闸,上游最高通航水位为 300.0 m,上游水位变幅为 10.0 m;下游最低通航水位为 240.0 m,下游水位变幅为 3.0 m,剩余水头小于 0.2 m,考虑设置 1～8 级省水池,面积比值 k 取 1.0～3.0。根据公式,省水池最大工作水头与上下游变化幅值无关,因此可计算出不同省水池水级划分方案(不同省水池级数以及省水池面积与闸室面积的比值)对应的省水池最大作用水头(图 6.11)。由图 6.11 可见,设置相同省水池级数,$k=1.0～3.0$,省水池最大工作水头变化不大,如设置 3 级省水池,k 由 1.0 增加到 3.0,省水池最大工作水头仅由 24.04 m 减小到 18.53 m。设置相同省水池面积与闸室面积的比值,省水池级数由 1 级增到 3 级,省水池工作水头由 39.93 m 迅速降低到 24.04 m,水头降低 15.89 m;由 3 级增加到 5 级,省水池作用水头降低幅值明显变缓慢,水头仅降低 6.81 m。综合船闸省水率及工程建设投资,应采用 3 级省水池方法。

假定剩余水头为零,可以计算出采用 3 级省水池布置、面积比值 $k=1.0$ 时,各级省水池的最低水位和最高水位,见图 6.12。k 取 1.0,第 2、3 级省水池的最高水位分别为 277.2 m 和 265.8 m,第 1、2 级的最低水位分别为 270.0 m 和 260.0 m。因此 k 取 1.0 时,省水池不能采用一体式布置,只能采用开敞式布置。

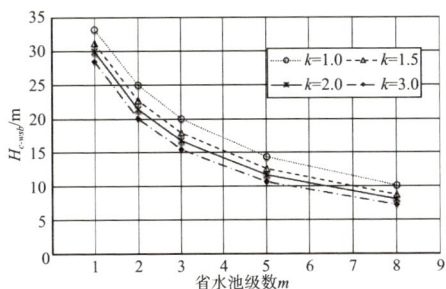

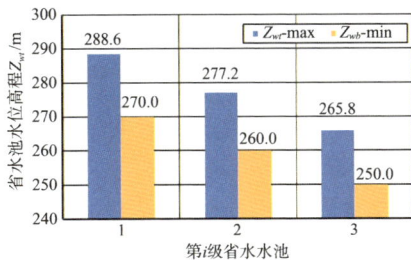

图 6.11　省水池作用水头与水级划分方案的关系　**图 6.12　省水池水面高程($k=1,n=3$)**

为分析采用一体式布置方案的可行性,计算了不同省水池面积与闸室面积的比值和上游水位变化幅值下的各级省水池水位高程,见表 6.1。由表 6.1 可见,要采用一体式省水池布置方案,在保持上游水位变化幅值 10 m 不变的条件下,安全距离 H_r 应按 1.1 m 考虑,则 k 应不小于 3.1,才能采用一体式布置。为降低面积比值,可以采用补水运行方式,降低上游水位变幅影响;采用溢流运行方式,降低下游水位变幅影响。本案例中,上游水位变化幅值为 10.0 m,下游水位变化幅值为 3.0 m,可采用补水运行方式降低上游水位变幅影响。将上游水位变化幅值降低至 3.0 m(即上游水位低于最高通航水位 3.0 m,采用补水运行方式),由表 6.1 可见,k 取值大于 1.5 时,省水池可采用一体式布置。

表 6.1　省水池面积与闸室面积的比值和上游水位变幅对各级省水池水位影响

上游水位变幅/m	省水池	$k=1.0$			$k=1.5$			$k=3.1$		
		Z_{ut}/m	Z_{ub}/m	安全距离/m	Z_{ut}/m	Z_{ub}/m	安全距离/m	Z_{ut}/m	Z_{ub}/m	安全距离/m
10.0	第1级	288.6	270.0	−7.2	287.8	272.1	−3.4	286.8	274.7	1.1
	第2级	277.2	260.0	−5.8	275.6	261.4	−1.9	273.6	263.1	2.7
	第3级	265.8	250.0	—	263.4	250.7	—	260.4	251.6	—
3.0	第1级	288.6	274.2	−3.0	287.8	276.6	1.1	286.8	279.6	5.9
	第2级	277.2	262.8	−3.0	275.6	264.4	1.1	273.6	266.4	5.9
	第3级	265.8	251.4	—	263.4	252.2	—	260.4	253.2	—

6.3　60 m 级省水船闸总体方案比选

6.3.1　省水船闸基本布置型式

省水船闸闸室充水时,先由布置于不同高程的省水池充入水体,而后再从上

133

游河段补充部分水体。闸室泄水时则将由上游充入的水体泄入下游引航道,其余水体泄入省水池。闸室与省水池之间的水体交换是通过设有阀门的输水廊道实现的,该廊道通向闸底的分流系统,通过分流系统将省水池的水体分配至闸底相应的出水区段。只有使出水区段分布于整个闸室,确保充入的水体在多处尽可能同时、均匀地抵达闸室,才能形成一个水力平衡系统。闸室的剩余充、泄水则通过与分流系统相连接的纵向廊道或底部廊道来实现。

图 6.13 给出了典型的 A、B、C 三种方案的输水系统布置,因为充入的水体至闸室进水口的路径长度基本相同,所以可确保水体同时、均匀地流入闸室,形成了水力平衡系统。

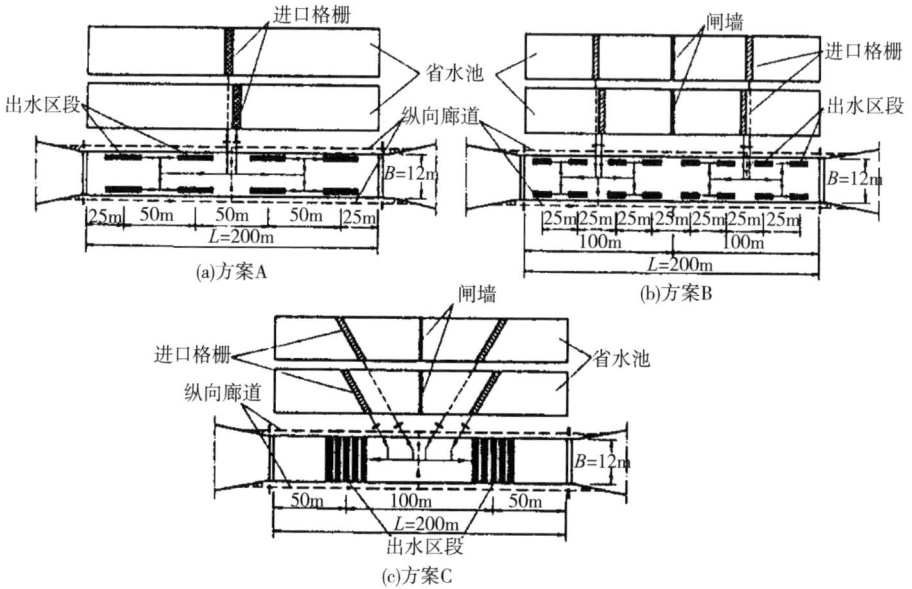

图 6.13 设有 2 级省水池的省水船闸输水系统

在方案 A 和 B 中,由省水池充入的水体通过分流系统分配至平行于闸墙的出水区段(闸底垂直支廊道组)。所选用的出水区段间距可确保一只过闸船舶(长度为 80 m 的欧洲标准船)在闸室中任意位置至少在两处(方案 A)或三处(方案 B)同时受到省水池充水时出现的"成对充水波前沿"的作用,这样可避免充水过程中船舶的纵向运动,此时产生的过闸船舶系缆力很小,可忽略不计。方案 A 和 B 将出水区段紧靠闸墙布置,这样当水体充入闸室时将过闸船舶挤离闸墙,从而取得置中的效果,因此闸室充水时作用于船舶的横向力几乎为零。

方案 A 和 B 的输水系统的差别在于,在方案 A 中每级省水池只有 1 条输水廊道,并且仅设置了一个可达整个闸室的分流系统;而在方案 B 中,每级省水池有 2 条输水廊道,并且在闸底之下共设置了 2 个分流系统。方案 A 的优点是不论从省水池充水还是从上游引航道进行剩余充水，水体都流入闸室中部，并由此均匀地分配至 2 个方向。闸室充水时出现的"成对充水波前沿"的作用间距为 50 m，在这种情况下，长度为 80 m 的欧洲船舶不会产生运动，但却会使小船队在过闸过程中产生运动，导致系缆力增大。而方案 B 出水区段的间距约为 25 m，较小的间距可确保小船队在过闸过程中亦不会产生运动。为此闸底之下的每个分流系统一分为二，分别与每级省水池的 1 条输水廊道相连接。方案 B 在正常工况下无懈可击，但在个别阀门故障情况下，无法确保水体均匀地进入闸室。在这种情况下可以通过模型试验研究制定相应的阀门运行方案和可行的解决办法。为此建议在闸室长度较小（≤130 m）的情况下，优先采用方案 A 所示的输水系统。方案 B 所示输水系统的设计原理是德国卡尔斯鲁厄大学针对美因河—多瑙河运河上的船闸设计通过模型试验提出的，实际应用情况令人满意。

方案 C 中，每级省水池各有 2 条输水廊道，它们与布置于闸底的分流室（底部廊道）相连，该分流室将水流分配至闸室长度前、后四分点上的 2 个出水区段。而闸室的剩余充、泄水则利用闸室中部与分流室相连的 2 条纵向廊道来完成。该方案的优点在于，即使省水池或纵向廊道阀门出现故障，也能确保充入的水体基本均匀地分配到 2 个出水区段。出水区段横贯船闸轴线的布置尤其适用于闸室宽度大的船闸。方案 C 所示输水系统的设计原理已应用在于尔岑省水船闸，效果良好。

于尔岑 1 号省水船闸（图 6.14）为单侧设有 3 级阶梯形省水池的井式船闸，水头为 23 m，闸室长度为 190 m，有效长度为 185 m，闸室净宽 12 m，船闸槛上水深为 4 m，省水率达 60%。

图 6.14　德国于尔岑 1 号省水船闸

船闸输水系统布置于 1 m 厚的闸底之下,该输水系统由 2 条与底部廊道相连的纵向输水廊道(2.00 m×3.25 m)和布置于闸室长度前、后四分点上的 2 个出水区段组成。底部廊道(4.00 m×3.00 m)在闸室中部设有一个压力室(8.00 m×3.50 m)。每个出水区段通过 5 个垂直支孔(2.20 m×1.60 m)与下面的底部廊道相连。充入的水体由垂直支孔流入横贯船闸轴线的水平横支廊道。每条横支廊道设有 12 个成对布置的出水短支孔,它们将水体导入沟状消力池。相邻横支廊道的出水短支孔交错布置,以便在水体流入闸室前取得最佳消能效果。

纵向廊道在上闸首处设有漏斗形进口,在下闸首处与一个设有 3.0 m 高尾槛的消力池相连。3 级省水池各有 2 条输水廊道(2.50 m×3.50 m)和 2 个进水口。每个进水口分别设置了一个由 6 根圆柱支承的防护板,由于其遮隔作用闸室省水池泄水时,水流接近水平地流入,省水池中不会产生较高的涌浪。于尔岑省水船闸输水水力特征值见表 6.2。

表 6.2　德国于尔岑 1 号省水船闸输水过程的水力特征值

水力特征值	充水(12.05 min)				泄水(10.70 min)			
	下池	中池	上池	剩余充水	下池	中池	上池	剩余泄水
h_0/m	8.70	8.70	8.70	—	8.70	8.70	8.70	—
h_B/m	3.60	3.60	3.60	—	3.60	3.60	3.60	—
z/m	4.60	4.60	4.60	—	4.60	4.60	4.60	—
Δh/m	0.50	0.50	0.50	—	0.50	0.50	0.50	—
$k=A_B/A$	1.278	1.278	1.278	—	1.278	1.278	1.278	—
a_1/m^2	17.5	17.5	17.5	13.0	17.5	17.5	17.5	13.0
c_0/(mm/s)	50.0	74.5	116.5	18.9	116.7	116.7	116.7	18.9
n/(m^2/s)	0.25	0.37	0.58	0.076	0.58	0.58	0.58	0.076
t_1/s	70.0	47.0	30.0	—	30.0	30.0	30.0	—
t_0/s	40.0	53.0	79.0	—	72.0	72.0	72.0	—
c_c/(mm/s)	100.0	152.0	350.0	—	350.0	350.0	350.0	—
t_c/s	35.0	23.0	10.0	—	10.0	10.0	10.0	—
T_s/min	2.42	2.05	1.98	—	1.87	1.87	1.87	—
μ_s	0.71	0.75	0.67	—	0.72	0.72	0.72	—
v_m/(m/min)	1.90	2.24	2.32	1.64*	2.45	2.45	2.45	1.80*

水力 特征值	充水(12.05 min)				泄水(10.70 min)			
	下池	中池	上池	剩余充水	下池	中池	上池	剩余泄水
H_R/m	—	—	—	9.20	—	—	—	9.20
T_R/min	—	—	—	5.60*	—	—	—	5.09*

注:(1) * 利用上、下游闸门进行剩余水位调整。(2) h_0 为初始头头; h_B 为省水池中交换水体的层高; z 为船闸中由一级省水池充入闸室的水体层高; Δh 为省水池与闸室之间的剩余水头; $k = A_B/A$ 为省水池面积与闸室面积的比值; a_1 为标准充水断面积; c_0 为阀门开启速度; n 为每秒开启的充水断面面积; t_1 为输水断面阀门断面完全开启的时间; t_0 为省水池廊道阀门断面完全开启的时间; c_c 为省水池廊道阀门关闭速度; t_c 为省水池阀门关闭时间; T_s 为 1 级省水池的输水时间; μ_s 为省水池充泄水的平均流量系数; v_m 为闸室水位的平均上升或下降速度; H_R 为剩余水头; T_R 为剩余输水时间。

　　埃克米伦省水船闸水头为 24.67 m,为单侧设有 3 级省水池($A_B = A$)的井式船闸,闸室总长度为 200.07 m,有效长度为 190 m,闸室宽度为 12 m。该船闸可谓新一代省水船闸的典范,因为它汲取了以往省水船闸实践中积累的经验。省水池阀门的控制室同省水池一样与闸室相分离,在闸室的静力方案中不再予以考虑,从而得到一个对称的闸室断面。

　　船闸的输水系统由 2 条纵向廊道(2.00 m×3.25 m)和 2 个对称布置于闸底下方的分流系统组成。2 个分流系统分别设有 1 个压力室和 8 个平行于闸墙的出水区段,每个出水区段各有 11 个槽口型支孔(0.40 m×1.60 m)。

　　与省水池的水体交换通过每级省水池布置于闸室长度前、后四分点上的 2 条输水廊道(2.50 m×3.50 m)来实现。在流入分流系统前,3 条并排的输水廊道分别合并为 1 条共用廊道(2.00 m×4.40 m)。2 条纵向廊道在上闸首处均设有漏斗形进口,在下闸首处设有扇形出口。每级省水池都有 2 个进口格栅,且中间设有胸墙,以减小省水池的震动。按照模型试验确定的阀门运行方式,省水池阀门输水断面开启的时间为 40 s,每秒开启的充水断面面积为 0.438 m²/s,当省水池与闸室之间剩余水头 $\Delta h = 0.15$ m 时关闭省水池阀门的时间为 14 s。为避免形成落水波,由上游充入的最大输水量不得超过 70 m³/s。闸室的充水时间为 15.2 min,闸室水位的平均上升速度为 1.62 m/min。从省水池充水的平均流量系数为 0.640,从上游充水的平均流量系数为 0.840。埃克米伦省水船闸的省水率为 59.3%。

　　分析以上两座典型省水船闸的输水系统布置可以发现,为了缩短充、泄水全过程的总时间,省水船闸与省水池相连的输水廊道的控制断面面积与普通船闸相比,约大 30%~40%。

6.3.2　缩短输水时间措施

　　在通常情况下,省水船闸闸室与省水池之间的水头远小于一般船闸的初始水头。另外,省水船闸阀门的开启时间比一般船闸阀门的开启时间(快速开启除外)短。为了达到缩短省水船闸输水时间的目的,可以采取以下措施:

(1)在有剩余水头 Δh 的情况下,关闭闸室与省水池之间的阀门。在输水快要结束前,由于水头和流量不断减小,要使省水池与闸室水位完全齐平,需要耗费较多的时间。这种对闸室输水时间不利的影响随着省水池级数的增多而加剧。若省水池与闸室水位完全齐平之前,即在保留一定剩余水头情况下关闭阀门,可有效地缩短输水时间。通常应通过模型试验确定阀门运行方式,剩余水头 Δh 一般控制在 0.15~0.5 m 范围内。

(2)扩大省水池面积。只有在省水池体积不因省水池面积变化而改变,即省水池体积保持恒定的情况下,扩大省水池面积($A_B > A$),才能达到缩短输水时间的目的。在上述前提条件下,扩大省水池面积会使初始水头减小,剩余水头增大,导致在阀门最初逐渐开启的阶段流入闸室的流量减小,而在随后阀门完全开启和关闭的两个阶段中流量增大(与 $A_B = A$ 的情况相比),最终可取得缩短输水时间的效果。但研究表明,在 $A_B / A \geqslant 1.5$ 的条件下,通过扩大省水池面积来缩短输水时间不符合经济合理的原则。

(3)在闸室尺度确定的条件下,可通过加大省水池与闸室之间输水廊道的充水断面面积和加快阀门启闭速度来缩短输水时间。阀门每秒开启的充水断面面积一般不得超过 0.6 m²/s。由于闸室充水波及其对过闸船舶系缆力的影响,阀门开启时间受到一定限制。但在输水末了可以选择较短的阀门关闭时间,因为此时剩余水头较小,闸室里不存在产生涌浪的危险。

(4)改善廊道进(出)口边界条件。通过进(出)口形式的优化以及增大廊道转弯时的曲率半径等措施,减小水流紊动对有效水头的影响。据利尔施泰滕省水船闸的试验结果,为了改变省水池廊道进口旋涡、带气、出口水面涌高及紊动的状况,采用了进口格栅,使省水池的充水和泄水分别取得 10% 和 16% 的时间效益。

6.3.3 水级划分及省水池高程

为分析研究 60 m 级船闸采用分级作用水头输水系统的可行性,采用下列参数进行输水系统总体方案设计。船闸有效尺度为 280.0 m×40.0 m,上游最高、最低通航水位分别为 60.0 m、54.0 m,上游水位变幅为 6.0 m;下游最低、最高通航水位分别为 0.0 m 和 10.0 m,下游水位变幅为 10.0 m。计算省水池水位变化和进行水级划分时:

(1)省水池最高水位控制条件:上游最高通航水位 60.0 m~下游最高通航水位 10.0 m;

（2）省水池最低水位控制条件：上游最低通航水位 54.0 m～下游最低通航水位 0.0 m；

（3）上下游闸首及省水池最大工作水头控制条件：上游最高通航水位 60.0 m～下游最高通航水位 0.0 m；

（4）上下游闸首及省水池最小工作水头控制条件：上游最高通航水位 54.0 m～下游最高通航水位 10.0 m；

图 6.15～图 6.16 为 60 m 单级船闸省水池级数与作用水头、省水率之间的关系（省水池面积与闸室面积的比值 $k=1.0$）。由图可见设 1 级省水池，将作用水头分为 2 级，单级水头达到 40 m，降低作用水头效果不明显；设 3 级省水池，作用水头分为 4 级，单级水头降低到 24 m，效果较为明显；设置 6～8 级省水池，作用水头分为 7～9 级，单级水头降低到 15～12 m，水头降低效果明显变缓，要将水头降低到国外常用的 5～6 m，则需要设置 18～22 级省水池，才能大幅降低船闸的运行效率。同时从省水效率上看，设 1 级省水池，船闸节水率仅为 33.3%；设 3 级省水池，船闸节水效率迅速提升到 60%；设 6～8 级省水池，节水效率为 75%～80%，节水效率变缓；设 18～22 级省水池，节水效率为 90%～91.6%，增加省水池数量，已很难提升节水效率。为此，对 60 m 级船闸作用水头分 4 级、7 级和 19 级等三种水级划分方案及输水系统形式进行分析研究。

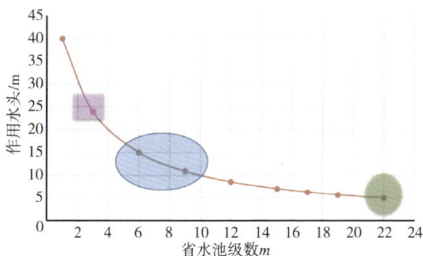

图 6.15　省水池级数与作用水头的
关系（$k=1.0$）

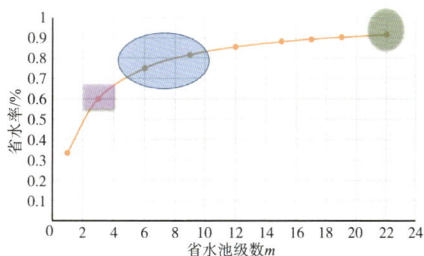

图 6.16　省水池级数与省水率的
关系（$k=1.0$）

6.3.3.1　作用水头分为 4 级、设 3 级省水池

根据不补水不溢水原则，省水池采用开敞式布置，设置 3 级省水池，且省水池与闸室之间不存在剩余水头。根据第 2 章结果，可以计算得省水池面积与闸室面积的比值为 $k=1.0$、$k=1.5$ 和 $k=3.0$，各级省水池的水位变化和工作水头变化情况，见表 6.3。由表可见，对于 60 m 级船闸，采用 3 级省水模式，k 比由 1.0 增加到 3.0，船闸节水率仅由 60% 提高到 69.2%，耗水量减小 9.2%，最大作用水头由 24.0 m 减小到 18.5 m，降低了 23%，但省水池面积增大了 3 倍，工程建设成本大幅提升，因此，省水池面积与闸室面积的比值宜选择 $k=1.0$。

表 6.3 设 3 级省水池各级水位及作用水头(作用水头分为 4 级)

面积比值 k	省水池编号	省水池水位/m		工作水头/m		省水率 E_w /%
		最高水位	最低水位	最大	最小	
1	第 1 级	50.0	32.4	24.0	17.6	60.0
	第 2 级	40.0	21.6			
	第 3 级	30.0	10.8			
1.5	第 1 级	49.3	34.7	21.4	15.7	64.3
	第 2 级	38.6	23.1			
	第 3 级	27.9	11.6			
3.0	第 1 级	48.5	37.4	18.5	13.5	69.2
	第 2 级	36.9	24.9			
	第 3 级	25.4	12.5			

当省水池面积与闸室面积的比值 $k=1.0$ 时,典型水位组合船闸充、泄水运行闸室及省水池的初末水位值见表 6.4 和图 6.17。最大工作水头为 24.0 m,控制水位为上游最高通航水位和下游最低通航水位;最小工作水头为 17.60 m,控制水位为上游最低通航水位和下游最高通航水位。上下游均为最低通航水位时,控制各级闸室和省水池内的最低水位;上下游均为最高水位时,控制各级闸室和省水池内的最高水位。

表 6.4 水位组合 60.0 m~0.0 m 正常省水运行过程(总水头为 60.0 m)

输水过程		初始水位/m				结束水位/m
		闸室	第 1 级 省水池	第 2 级 省水池	第 3 级 省水池	
充水过程	第 3 级向闸室充水	0.00	48.00	36.00	24.00	12.00
	第 2 级向闸室充水	12.00	48.00	36.00	12.00	24.00
	第 1 级向闸室充水	24.00	48.00	24.00	12.00	36.00
	上游引航道向闸室充水	36.00	36.00	24.00	12.00	60.00
泄水过程	闸室向第 1 级省水池泄水	60.00	36.00	24.00	12.00	48.00
	闸室向第 2 级省水池泄水	48.00	48.00	24.00	12.00	36.00
	闸室向第 3 级省水池泄水	36.00	48.00	36.00	12.00	24.00
	闸室向下游泄水	24.00	48.00	36.00	24.00	0.00

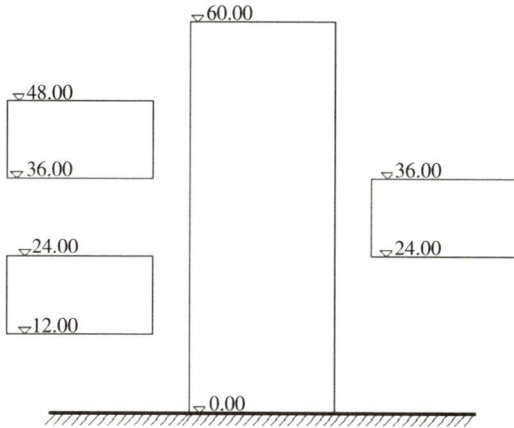

图 6.17　设 3 级省水池方案横断面图(作用水头分为 4 级)

6.3.3.2　作用水头分为 7 级、设 6 级省水池

图 6.18 显示的是分级作用水头分别为 12 m 和 15 m 时,省水池级数 m 与省水池面积与闸室面积的比值 k 之间的关系。由图 6.18 可见,分级作用水头按 12 m 控制,设 5 级省水池,省水池面积为闸室面积的 4 倍;设 6 级省水池,省水池面积为闸室面积的 2 倍;如省水池面积与闸室面积的比值 $k=1.0$,则需要设置 8 级省水池。分级作用水头按 15 m 控制,设 4 级省水池,省水池面积为闸室面积的 3 倍;省水池闸室面积的比值 $k=1.0$,需要设置 6 级省水池。由于,省水池面积偏大会造末期输水时间过长,且会使船闸占地面积过大,影响船闸运行效率,增大工程投资,国外一般控制在 $k=1.5$ 以内。

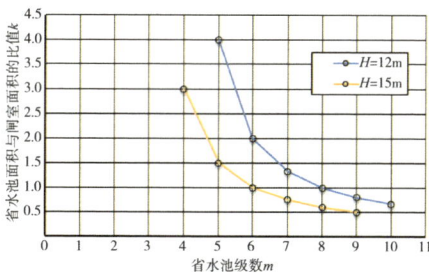

图 6.18　总水头为 60 m, $\Delta H=0$ 时省水池布置方案

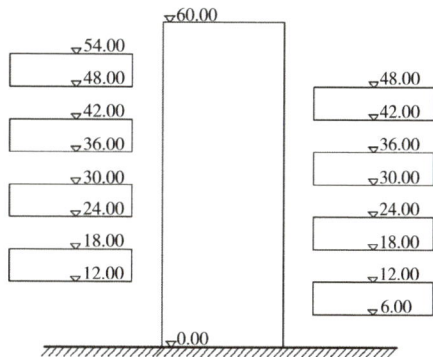

图 6.19　设六级省水池方案横断面图(作用水头分为 7 级)

由上述比较可知,省水池面积与闸室面积相等($k=1.0$)时,船闸分级作用水头由 12 m 提高到 15 m,省水池级数由 8 级减少到 6 级,因此分级作用水头在

12.0～15.0 m 左右,宜采用 6 级省水池布置方案。6 级省水池交替布置在闸室的两侧,如图 6.19 所示。每个省水池面积与闸室面积之比均为 1:1,输水过程共分 7 级,每级作用水头最大为 15 m。

表 6.5　设 6 级省水池各级水位及作用水头(作用水头分为 7 级)

省水池编号	省水池水位/m		工作水头/m		省水率 E_w/%
	最高水位	最低水位	最大	最小	
第 1 级	53.75	40.50			
第 2 级	47.50	33.75			
第 3 级	41.25	27.00	15.0	11.0	75.0
第 4 级	35.00	20.25			
第 5 级	28.75	13.50			
第 6 级	22.50	6.75			

表 6.6　水位组合 60.0～0.0 m 充水运行过程(总水头为 60.0 m)

输水过程	初始水位(m)							结束水位/m
	闸室	1 级省水池	2 级省水池	3 级省水池	4 级省水池	5 级省水池	6 级省水池	
第 6 级向闸室充水	0.00						15.00	7.50
第 5 级向闸室充水	7.50					22.50	7.50	15.00
第 4 级向闸室充水	15.00				30.00	15.00		22.50
第 3 级向闸室充水	22.50			37.50	22.50			30.00
第 2 级向闸室充水	30.00		45.00	30.00				37.50
第 1 级向闸室充水	37.50	52.50	37.50					45.00
上游引航道向闸室充水	45.00	45.00						60.00

表 6.7　水位组合 60.0～0.0 m 泄水运行过程(总水头为 60.0 m)

输水过程	初始水位/m							结束水位/m
	闸室	1 级省水池	2 级省水池	3 级省水池	4 级省水池	5 级省水池	6 级省水池	
闸室向第 1 级泄水	60.00	45.00						52.50
闸室向第 2 级泄水	52.50	52.50	37.50					45.00
闸室向第 3 级泄水	45.00		45.00	30.00				37.50
闸室向第 4 级泄水	37.50			37.50	22.50			30.00

输水过程	初始水位/m							结束水位/m
	闸室	1级省水池	2级省水池	3级省水池	4级省水池	5级省水池	6级省水池	
闸室向第5级泄水	30.00				30.00	15.00		22.50
闸室向第6级泄水	22.50					22.50	7.50	15.00
闸室向下游泄水	15.00						15.00	0.00

6.3.3.3　作用水头分为19级、设18级省水池

省水池作用水头为 6 m 时,若每级省水池面积与闸室面积相等,且省水池与闸室之间不存在剩余水头,则需要设置18级省水池,各级省水池高程布置见表6.8。该水级划分方式下,每级作用水头为 6 m,可能会降低船闸闸室消能难度,但由于需要分19级输水,阀门启闭38次,且在上下游不同水位条件下,还存在部分省水池不投入运行的情况,不仅运行十分复杂,而且还存在主输水廊道布置复杂的问题,因此一般不建议采用。通过省水率公式计算,此方案的理论省水率 $E_w = 90\%$ 。

表 6.8　作用水头为 6 m 时各级省水池布置高程表

	第1级	第2级	第3级	第4级	第5级	第6级	第7级	第8级	第9级
顶高程	57.0	54.0	51.0	48.0	45.0	42.0	39.0	36.0	33.0
底高程	54.0	51.0	48.0	45.0	42.0	39.0	36.0	33.0	30.0
	第10级	第11级	第12级	第13级	第14级	第15级	第16级	第17级	第18级
顶高程	30.0	27.0	24.0	21.0	18.0	15.0	12.0	9.0	6.0
底高程	27.0	24.0	21.0	18.0	15.0	12.0	9.0	6.0	3.0

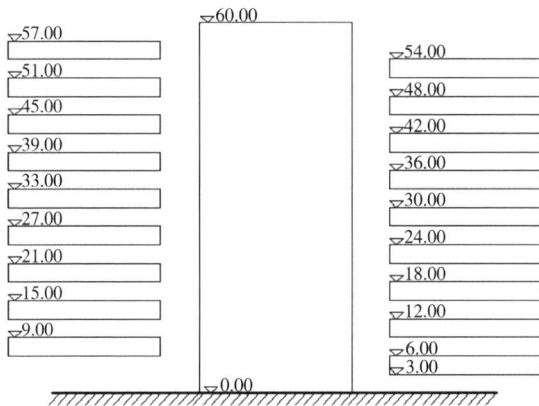

图 6.20　设 18 个省水池方案横断面图

6.3.4 闸室输水系统型式选择

根据我国输水系统设计规范,对三种作用水头分级方案的输水系统型式进行了计算分析,见表 6.9。由表 6.9 可见,作用水头分为 4 级,设 3 级省水池方案,船闸每级最大作用水头为 24.0 m,每级输水时间按 6.0 min 控制,输水系统 m 值仅为 1.22,需要采用最复杂的第三类分散输水系统,总输水时间约为 24 min。如要采用第二类分散输水系统,每级的输水时间需要达到 9.0 min,总输水时间将达到 36 min。

对于作用水头分为 7 级,设 6 级省水池方案,船闸每级最大作用水头为 15.0 m,当每级输水时间为 4.0 min 时,输水系统 m 值仅为 1.03,输水系统需要采用最大复杂的第三类分散输水系统,总输水时间仍达到了 28 min,且消能难度要比作用水头分为 4 级大。若采用输水系统相对简单的第一类分散输水系统,每级输水时间需要延长到 9.5 min,总输水时间将延长到 66.5 min。

对于作用水头分为 19 级,设 18 级省水池方案,船闸每级最大作用水头为 6.0 m,当每级输水时间 3.0 min 时,输水系统 m 值仍为 1.22,也需要采用最复杂的第三类分散输水系统,总输水时间则达到了 57 min。若采用输水系统集中输水系统,每级输水时间需要延长到 6.5 min,总输水时间将延长到 123.5 min。

表 6.9 不同分级方案输水系统选型值

水级划分方式	最大水头/m	每级输水时间/min	总输水时间/min	m	m_l	m_c
作用水头分为 4 级、设 3 级省水池	24.0	3.0	12.0	0.61	548.6	3 840
	24.0	4.0	16.0	0.82	411.4	2 880
	24.0	5.0	20.0	1.02	329.1	2 304
	24.0	6.0	24.0	1.22	274.3	1 920
	24.0	9.0	36.0	1.84	182.9	1 280
作用水头分为 7 级,设 6 级省水池	15.0	2.0	14.0	0.52	321.4	2 250
	15.0	3.0	21.0	0.77	214.3	1 500
	15.0	4.0	28.0	1.03	160.7	1 125
	15.0	9.5	66.5	2.45	67.7	474
作用水头分为 19 级,设 18 级省水池	6.0	2.0	38.0	0.82	51.4	360
	6.0	3.0	57.0	1.22	34.3	240
	6.0	4.0	76.0	1.63	25.7	180
	6.0	6.5	123.5	2.65	15.8	111

综合上述分析,采用目前输水系统规范推荐的输水系统选型公式,与实际偏差较大,为此根据本课题专题一研究成果,采用基于多因素的输水系统选型公式对不同方案的输水系统选型进行优化。

计算结果见表 6.10。由表可见,作用水头分为 4 级,设 3 级省水池方案,船闸每级最大作用水头为 24 m,每级输水时间按 5～6 min 控制,船闸输水系统采用第二类 a 型——闸底长廊道侧支孔输水系统,即可满足闸室消能要求,总输水时间为 20～24 min;将每级输水时间延长至 9 min,总输水时间为 36 min,输水系统仍需要选择第二类 a 型,采用第一类散输水系统仍有一定难度。

表 6.10　不同分级方案输水系统综合选型结果

水级划分方式	输水系统类型							输水时间/min	
	集中	局部分散	第一类	第二类 a	第二类 b	第二类 c	第三类	单级	总时间
作用水头分为 4 级,设 3 级省水池	0.07	0.12	0.21	0.50	0.74	0.76	0.86	3.0	12
	0.10	0.16	0.28	0.66	0.97	0.90	0.66	4.0	16
	0.12	0.20	0.35	0.83	0.81	0.80	0.52	5.0	20
	0.14	0.24	0.43	0.85	0.67	0.67	0.44	6.0	24
	0.22	0.37	0.64	0.69	0.45	0.44	0.29	9.0	36
作用水头分为 7 级,设 6 级省水池	0.12	0.21	0.36	0.85	0.79	0.78	0.51	2.0	14
	0.18	0.31	0.54	0.79	0.52	0.52	0.34	3.0	21
	0.24	0.42	0.73	0.61	0.39	0.39	0.26	4.0	28
	0.59	0.90	0.58	0.25	0.16	0.16	0.11	9.5	66.5
作用水头分为 19 级,设 18 级省水池	0.77	0.78	0.45	0.19	0.13	0.12	0.08	2.0	38
	0.80	0.51	0.29	0.13	0.08	0.08	0.05	3.0	57
	0.66	0.38	0.22	0.09	0.06	0.06	0.04	4.0	76
	0.39	0.22	0.13	0.06	0.04	0.04	0.02	6.5	123.5

对于作用水头分 7 级,设 6 级省水池方案,船闸每级最大作用水头为 15 m,当每级输水时间为 4 min 时,即可采用第一类分散输水系统,总输水时间为 28 min。如采用更为简单的局部分散输水系统,则每级输水时间需要延长到 9.5 min,总输水时间将达到 66.5 min。对于作用水头分为 19 级,设 18 级省水池方案,船闸每级最大作用水头为 6 m,当每级输水时间为 3 min 时,即可采用集中输水系统,但总输水时间则达到 57 min。

因此,综合船闸输水总时间、闸室消能效果、输水系统复杂性等因素,对于 60 m 级船闸选择设 3 级省水池,将作用水头分为 4 级,输水系统选择第二类

a 型——闸底长廊道侧支孔输水,每级输水时间按 5~6 min 控制,总输水时间为 20~24 min 较为合理。

6.3.5 输水系统关键尺度计算

在选择采用闸底长廊道侧支孔输水系统的基础上,对输水系统尺度进行计算,船闸输水阀门处廊道断面面积可按以下公式进行计算:

$$\omega = \frac{2C \cdot (\sqrt{H+d} - \sqrt{d})}{\mu T \sqrt{2g[1-(1-\alpha)k_v]}}$$

式中:ω 为输水阀门处廊道断面面积(m^2);C 为计算闸室水域面积(m^2);H 为设计水头(m),d 为惯性水头(m),μ 为阀门全开时输水系统的流量系数;T 为闸室输水时间(s);α 为系数(可查表);k_v 为阀门开启时间与闸室输水时间的比值;g 为重力加速度(m/s^2)。

计算船闸上、下闸首输水阀门处廊道断面面积时,根据三级省水池布置方案,设计水头 $H=24$ m。其他参数 $C=309 \times 40=12\,360$(m^2),$d=1.55$ m,充、泄水平均流量系数取 $\mu=0.7$。水头到达了 24 m,输水阀门采用反弧门,反弧门 $\alpha=0.46$。$T=360$ s,阀门按 90 s 快速启闭,取 $k_v=0.25$。则:

$$\omega = \frac{2 \times 12\,360 \times (\sqrt{24+1.55} - \sqrt{1.55})}{0.7 \times 360 \times \sqrt{2 \times 9.81[1-(1-0.46) \times 0.25]}} = 97.54 \, (m^2)$$

因此,确定上下闸首输水阀门尺寸(高×宽)及面积为:$4 \times 4.8 \times 5.5 = 105.6$($m^2$)。

计算省水池输水阀门尺寸时,C 为计算闸室水域面积,取整闸室水域面积的一半(m^2);作用水头仍为 $H=24.0$ m,惯性超高降取 $d=1.82$ m,充、泄水平均流量系数暂取 $\mu=0.70$,反弧门相应 $\alpha=0.46$,$T=210$ s,$k_v=0.43$。则:

$$\omega = \frac{2 \times 6\,180 \times (\sqrt{24+0.95} - \sqrt{0.95})}{0.70 \times 240 \times \sqrt{2 \times 9.81[1-(1-0.46) \times 0.38]}} = 84.02(m^2)$$

连接廊道输水阀门处廊道高度尺度与上下闸首阀门高度一致,即 $\omega=4 \times 4.8$ m $\times 4.8$ m(高×宽)$=92.16$(m^2)。连接廊道输水阀门段廊道采用平底平顶布置形式。每级省水池与船闸闸室之间通过布置在省水池底部的四根输水廊道相连接。在船闸省水分级运行时,省水池向闸室充水或闸室向省水池泄水均通过相应的连接廊道进行输水。输水阀门布置在闸室与省水池之间的水平廊道段。船闸各级输水最大水头为 24 m,考虑省水池输水和上下闸首输水需要,闸室内共设四区八支廊道,每支廊道断面尺度(宽×高)及面积为 $6.0 \times 5.0 =$

（30.0 m²），采用侧支孔出水明沟消能方式，每支闸底廊道出水段每侧设 11 个出水孔，孔口尺度（宽×高）分别为 0.5 m×1.60 m，每支廊道出水孔总面积为 17.6 m²，闸室内总出水支孔面积为 140.8 m²，出水支孔间距为 5.0 m，水孔段总长为 4×11×5.0＝220.0（m），占闸室有效长度的 78.5%。

闸墙两侧每侧布置两个输水阀门，共 4 扇充水阀门，每扇阀门尺度（宽×高）为 5.5 m×4.8 m，阀门顶最小淹没水深为 12.0 m，阀门后采用"顶渐扩＋底突扩"体型，以确保阀门运行安全。阀门后两支廊道合并成 11.0 m×5.0 m（宽×高）的闸墙输水主廊道，主廊道穿过上游侧省水池阀门段廊道后，廊道顶抬升到与闸室中部主廊道顶相同高程，并在闸室中心通过水平分流进入闸室，中心分流口段主廊道尺度（宽×高）扩大到 12.0 m×5.0 m，4 条 6.0 m×5.0 m（宽×高）的闸底主支廊道和中心分流口连接。泄水闸室主廊道与闸室中心分流口连接，在下游侧省水池阀门段廊道前泄水主廊道顶高程降低 5.5 m，穿过省水池阀门段廊道后，泄水主廊道分成水平两支 5.5 m×4.8 m（宽×高）的泄水廊道与泄水阀门连接。每扇泄水阀门尺度为（宽×高）5.5 m×4.8 m，阀门顶最小淹没水深为 12.0 m，阀门后采用"顶渐扩＋底突扩"体型，阀门后两支廊道合并成 11.0 m×5.0 m（宽×高）的闸墙输水主廊道和下游出水口连接。

在船闸两侧各布置三级 3 个省水池，每个省水池面积为闸室水域面积的 1/2。每个省水池设置 2 个输水阀门，输水阀门尺度（宽×高）均为 4.8 m×4.8 m。每侧 3 级省水池输水阀门的 6 支输水廊道在闸室纵向的 1/4 和 3/4 处分别汇合成一个主输水廊道，之后省水池输水廊道分别在船闸闸室 1/4 和 3/4 处闸室底通过水平分流口相接，廊道交会处均采用弧线修圆方式。每支充泄水廊道与三级省水池底部相连，连接部位进水口尺度（长×宽）均为 10.0 m× 4.5 m，与连接廊道连接处做修圆处理，修圆半径为 3.0 m。充水运行时，输水水流通过该水平分流口向闸室上游侧、下游侧分流，泄水过程则相反。

最终设计的 60 m 省水船闸输水系统主要特征尺度见表 6.11，输水系统平面布置见图 6.21。

表 6.11　60 m 省水船闸输水系统主要特征尺度汇总表

序号	部位	描述	面积 /m²	面积比
1	上闸首充水阀门段廊道	阀门段廊道顶最小淹没水深为 12.0 m，阀门段后采用"顶渐扩＋底突扩"体型	4×5.5×4.8＝105.6	1.0
2	下闸首泄水阀门段廊道	阀门段廊道顶最小淹没水深 14.5 m，阀门段后采用"顶渐扩＋底突扩"体型	4×5.5×4.8＝105.6	1.0

序号	部位	描述	面积 /m²	面积比
3	省水池廊道	阀门后采用平底平顶布置,廊道顶最小淹没水深为 9.0 m。每个省水池的底部连接两支输水廊道,通过垂向转弯与闸室底部输水主廊道相连接	4×4.8×4.8＝92.16	0.87
4	充水主廊道	两侧充水阀门后廊道在穿过上游省水池输水主廊道后抬升至与闸室内相同高程,在闸室中部由闸墙两侧汇入闸室,通过水平分流口分成 4 支与闸室出水廊道相连接	2×11.0×5.0＝110	1.4
5	闸室出水支孔	闸底布置 8 支廊道,每支廊道每侧设 11 个出水孔,孔口尺度(宽×高)为 0.5 m×1.6 m,总面积为 105.6 m²,出水支孔中心间距为 5.0 m,出水孔段总长为 220.0 m,占闸室有效长度的 78.5%	8×22×0.5×1.6＝140.8	1.33
6	消能明沟	闸室内出水段出水孔外侧设消能明沟,明沟宽 4.0 m,挡槛高度为 3.5 m	—	—
7	省水池进/出水口	三级省水池底部分别布置进(出)水口与连接廊道相连,进水口尺度(长×宽)均为 10.0 m×4.5 m,与连接廊道连接处做修圆处理,修圆半径为 3.0 m	4×10.0×4.8＝192	2.08(与省水池廊道阀门面积的比值)
8	泄水主廊道	两侧泄水主廊道与廊道在闸室中部与闸室内廊道及充水主廊道连接,在穿过下游侧省水池输水主廊道前降低至与泄水阀门相同底高程,与泄水阀门连接	2×11.0×5.0＝110	1.04

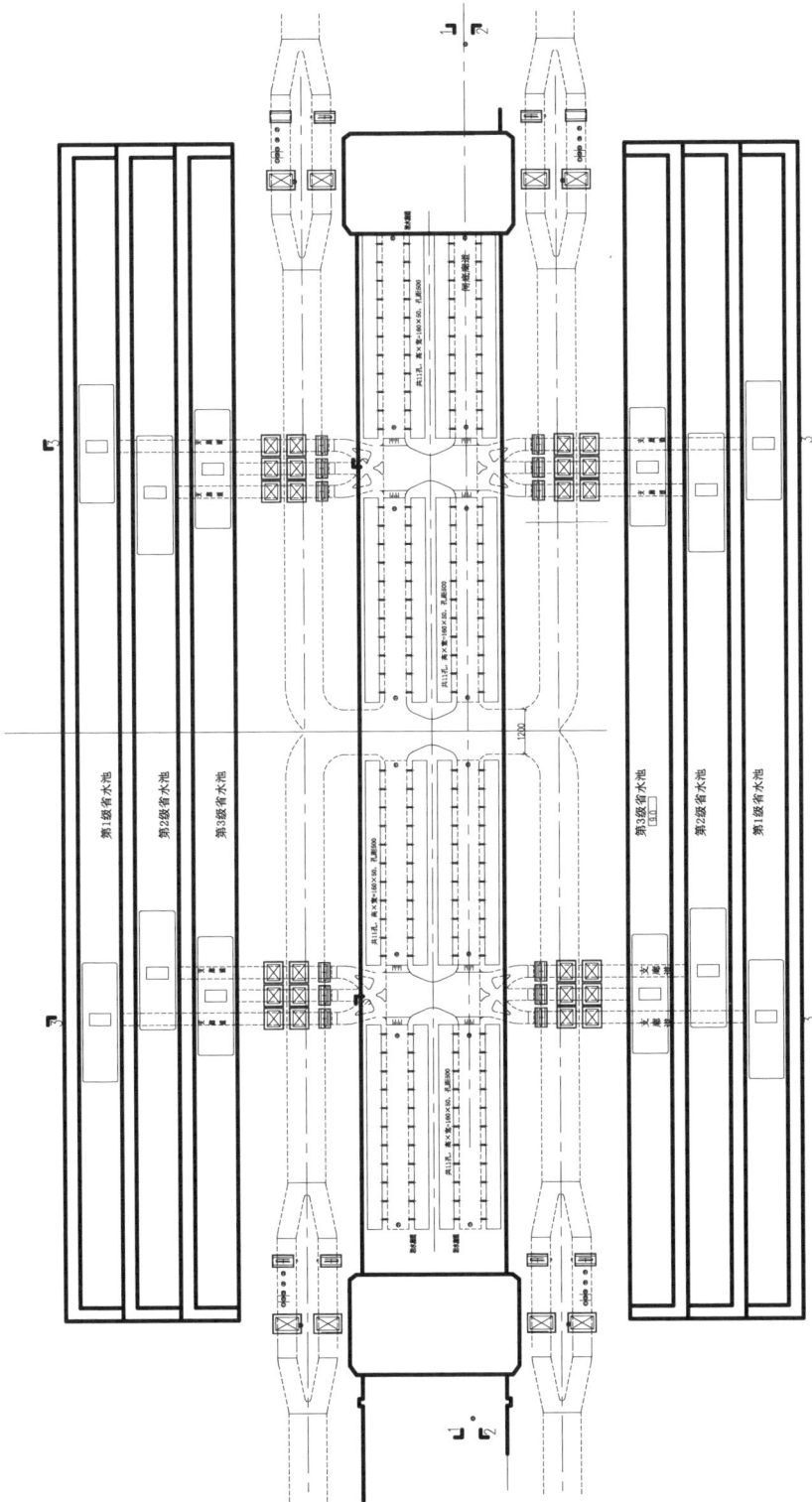

图 6.21　作用水头分为 4 级的船闸输水系统平面布置 (设 3 级省水池) (单位：长度 cm,高程 m)

6.4 省水船闸输水水力特性

6.4.1 省水船闸水力计算模型

1) 水力特性计算模型

图 6.22 为设省水池的多级船闸输水过程概化图,根据 Bernoulli 方程,可以写出描述船闸闸室输水过程的非恒定流方程组(船闸充水过程 i 取 1 至 2,泄水过程 i 取 0 至 1):

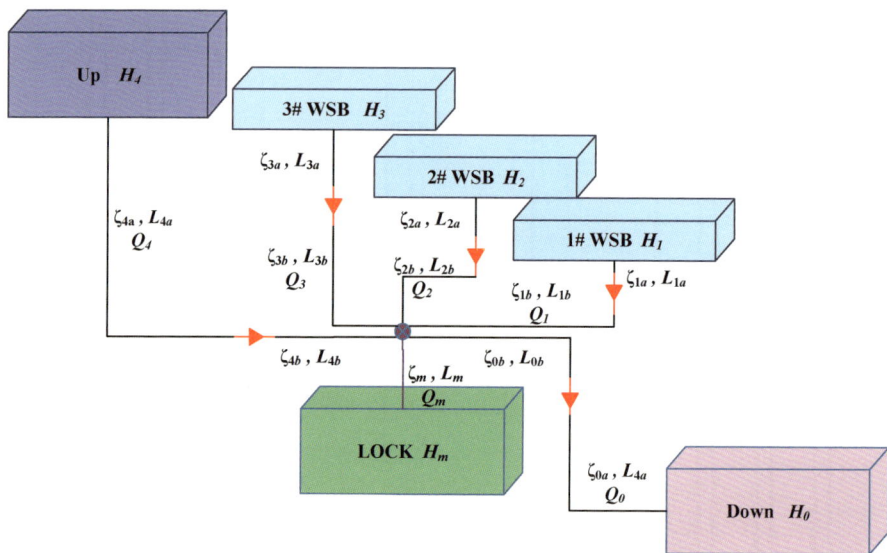

图 6.22 设省水池的多级船闸输水过程概化图

$$h_i - h_m = (\zeta_{ia} + \zeta_{iv} + \zeta_{ib}) \frac{Q_i^2}{2gA_i^2} + \zeta_m \frac{Q_m^2}{2gA_m^2} + \frac{L_{ia} + L_{ib}}{gA_i} \frac{\mathrm{d}Q_i}{\mathrm{d}t} + \frac{L_m}{gA_m} \frac{\mathrm{d}Q_m}{\mathrm{d}t}$$

$$(6.58)$$

$$Q_i(t) = -S_i \frac{\mathrm{d}[h_i(t)]}{\mathrm{d}t} \qquad (6.59)$$

$$Q_m(t) = S_m \frac{\mathrm{d}[h_m(t)]}{\mathrm{d}t} \qquad (6.60)$$

$$Q_m(t) = \sum Q_i(t) \qquad (6.61)$$

式中,h 为各闸室水位;A 为各廊道计算断面面积;S 为各闸室水域面积;Q 为各廊道段的流量;ζ为各廊道段阻力系数;ζ_v为各阀门阻力系数;L为廊道换算长度;g为重力加速度,m为每级船闸省水池数量。

方程(6.58)~(6.61)是描述设省水池的多级船闸输水过程的通用基本方程,对其进行适当的变化就可应用于单级和多级船闸的不同输水过程,如:(a)单级设省水池运行:令$S_4 \rightarrow \infty$,$S_0 \rightarrow \infty$;(b)设省水池的多级船闸首级充水运行:令$S_4 \rightarrow \infty$;(c)设省水池的多级船闸末级单级泄水运行:令$S_0 \rightarrow \infty$;(d)不设省水池,$\zeta_i \rightarrow \infty$,$i=1,2,\cdots,n$。

2）水位控制模型

各级水位可以根据以下公式计算:

$$h_{\text{lock\_min}}(i) = h_{\text{up}} - i \times \frac{(h_{\text{up}} - h_{\text{down}})}{n} \tag{6.62}$$

$$h_{\text{lock\_max}}(i) = h_{\text{up}} - (i-1) \times \frac{(h_{\text{up}} - h_{\text{down}})}{n} \tag{6.63}$$

$$h_{\text{WSB\_min}}(i,j) = h_{\text{lock\_min}}(i) + j \times \frac{(h_{\text{up}} - h_{\text{down}})}{n(m+2)} \tag{6.64}$$

$$h_{\text{WSB\_max}}(i,j) = h_{\text{lock\_min}}(i) + (j+1) \times \frac{(h_{\text{up}} - h_{\text{down}})}{n(m+2)} \tag{6.65}$$

$$H_{\text{WSB}}(i,j) = 2 \times \frac{(h_{\text{up}} - h_{\text{down}})}{n(m+2)} \tag{6.66}$$

$$H_{\text{lock\_lock}}(i,j) = 4 \times \frac{(h_{\text{up}} - h_{\text{down}})}{n(m+2)} \tag{6.67}$$

$$H_{\text{up\_lock\_down}}(i) = 2 \times \frac{(h_{\text{up}} - h_{\text{down}})}{n(m+2)} \tag{6.68}$$

式中,h_{up}为上游水位;h_{down}为下游水位;$h_{\text{lock\_min}}(i)$为第i级闸室低水位;$h_{\text{lock\_max}}(i)$为第i级闸室高水位;$h_{\text{WSB\_min}}(i,j)$为第i级闸室第j个蓄水池低水位;$h_{\text{WSB\_max}}(i,j)$为第i级闸室第j个蓄水池高水位;n为多级闸室级数,由上游向下游排序;j为每级设置省水池数量,由低向高排序;$H_{\text{WSB}}(i,j)$为闸室和省水池相互充、泄水的工作水头;$H_{\text{lock\_lock}}(i,j)$为闸室向闸室充、泄水时的工作水头;$H_{\text{up\_lock\_down}}(i)$为首级上游向闸室充水或末级向下游泄水的工作水头。

根据以上公式分析可知:(1)上下游均为最低通航水位时,控制各级闸室和省水池内的最低水位;(2)上下游均为最高水位时,控制各级闸室和省水池内的最高水位;(3)上游为最高和下游为最低通航水位时,控制各级阀门的最大工作水头。

3) 数学模型验证

为验证输水数学模型,建立了巴江口复线船闸 97.73 m～72.13 m 上下游水位组合下的闸室充水数学模型,与巴江口船闸物理模型试验进行验证,由表 6.12 可见,船闸输水数学模型计算的船闸输水时间与模型实测的最大误差仅为 0.89%。由图 6.23 可见,数学模型计算的水位过程线与物理模型实测的大致重合。故采用上述船闸输水数学模型进行船闸输水水力特性分析是准确、可靠的。

表 6.12　船闸输水水力特性数学模型计算值与模型实测值比较表

试验类型	$t_{v低}$/min	$t_{v高}$/min	$t_{v闸首}$/min	T/min	误差/%
数学模型	2	3	2	18.12	0.89
物理模型	2	3	2	17.96	

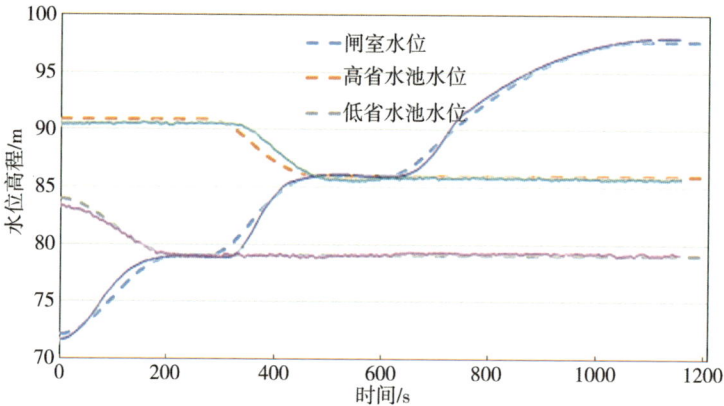

图 6.23　闸室水位变化曲线数学模型计算值与物理模型实测值比较
(虚线为数字模型计算结果,实线为物理模型试验实测值)

6.4.2　阻力系数与流量系数

利用船闸输水系统对称布置的特点,建立四分之一闸室输水系统物理模型,模型比尺 $L=32$,对分级作用水头的船闸输水系统水动力特性进行研究,见图 6.24。

通过模型试验,输水廊道各区段的阻力系数、廊道总阻力系数和流量系数结果见表 6.13～表 6.14,船闸输水系统双边开启充、泄水流量系数分别为 0.652 和 0.723,省水池向闸室充水时的流量系数约为 0.79,由闸室向省水池泄水时的流量系数约为 0.81。

图 6.24 分级作用水头船闸输水系统模型

表 6.13 充水输水廊道阻力系数及流量系数

廊道部位	进水口段	鹅颈管（竖井）段	阀门+分流段	闸室出水孔段	总阻力系数	流量系数
双边充水	0.187	0.573	0.339	1.253	2.352	0.652

表 6.14 泄水输水廊道阻力系数及流量系数

廊道部位	闸室出水孔段	分流段	阀门段	下游出水口段	总阻力系数	流量系数
双边泄水	0.983	0.395	0.234	0.303	1.915	0.723

6.4.3 水力特性计算结果

对四种典型水位组合工况进行计算，见表 6.15。输水系统双边开启充、泄水流量系数分别取 0.652 和 0.723，省水池向闸室充水时的流量系数取 0.79，由闸室向省水池泄水时的流量系数取 0.81。

表 6.15　船闸省水运行输水水力特性模拟工况表

工况编号	运行方式	上游水位/m	下游水位/m	阀门运行方式	说明
F1	充水	60.0	0.0	输水阀门运行方式：①所有输水阀门90 s 开阀，60 s 关阀；②输水结束时闸室与省水池水位齐平	上游最高通航水位为 60.0 m，上游最低通航水位为 54.0 m；下游最高通航水位为 10.0 m，下游最低通航水位为 0.0 m
F2	充水	60.0	10.0		
F3	充水	54.0	0.0		
F4	充水	54.0	10.0		
E1	泄水	60.0	0.0		
E2	泄水	60.0	10.0		
E3	泄水	54.0	0.0		
E4	泄水	54.0	10.0		

注:采用试算方法控制输水阀门启闭,控制水位齐平,最后根据结果提出详细输水阀门运行方式。

1)船闸充水省水运行水力特性

船闸充水省水运行水力特性值计算结果见表 6.16,典型水力特性曲线见图 6.25～图 6.28。由图表可见,船闸充水省水运行时,各工况下水力特性变化趋势基本一致。在 F1 工况下,船闸运行水头最大,其各项水力指标亦相对较大,船闸总输水时间 $T=21.05$ min;三级省水池向闸室充水的最大流量基本相同,Q_{w_max} 约为 992.8 m^3/s,船闸最大输水流量 $Q_{max}=1\ 432.2\ m^3/s$,发生在上闸首向闸室充水过程中,在该工况下省水池输水闸室水面最大上升速度 $V_{w\_max}=4.82$ m/min,上闸首输水最大上升速度 $V_{max}=6.95$ m/min;省水池输水阀门及上闸首阀门断面平均最大流速分别为 $V_{w\_max}=10.77$ m/s 和 $V_{max}\ 13.56$ m/s。在 F2～F4 工况下,随着船闸运行水头的降低,各项水力指标均有所下降。F4 工况下,船闸运行水头最小,总输水时间约为18.02 min。此外,根据计算,省水池与船闸水位差剩余 1.0 m 左右时关闭省水池阀门,能够保证阀门关闭时两侧水位基本齐平。

表 6.16　船闸充水省水运行水力特性值计算结果

工况	H/m	T/min	Q_{max}/(m^3/s)	Q_{w-max}/(m^3/s)	U_{max}/(m/s)	U_{w-max}/(m/min)	V_{max}/(m/min)	V_{w-max}/(m/min)
F1	60.0	21.05	1 432.2	992.8	6.95	4.82	13.56	10.77
F2	50.0	19.13	1 272.0	881.3	6.17	4.28	12.05	9.56
F3	54.0	20.06	1 347.0	933.4	6.54	4.53	12.76	10.13
F4	44.0	18.02	1 177.4	815.4	5.72	3.96	11.15	8.85

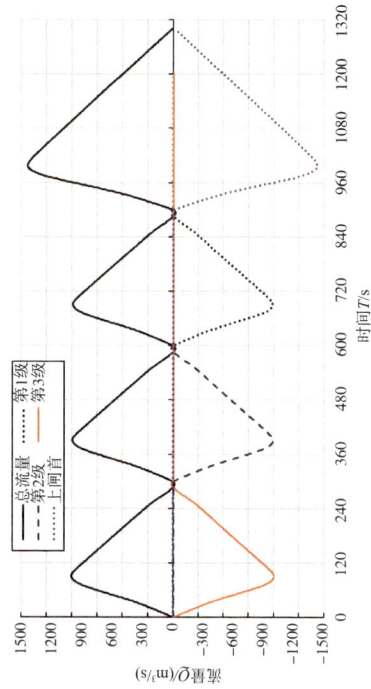

图 6.25　闸室及各级省水池水位变化对比（H=60.0 m，充水）

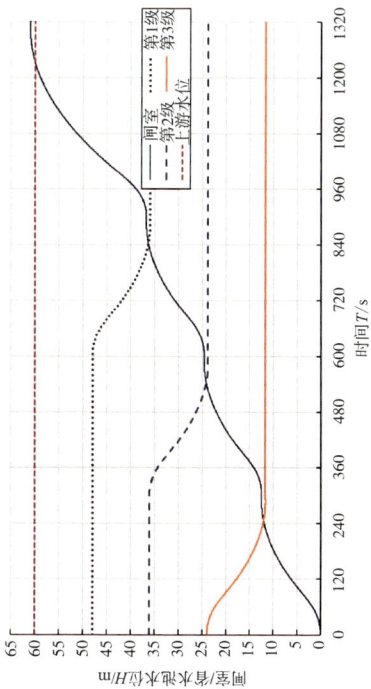

图 6.26　闸室及各级省水池输水流量变化曲线（H=60.0 m，充水）

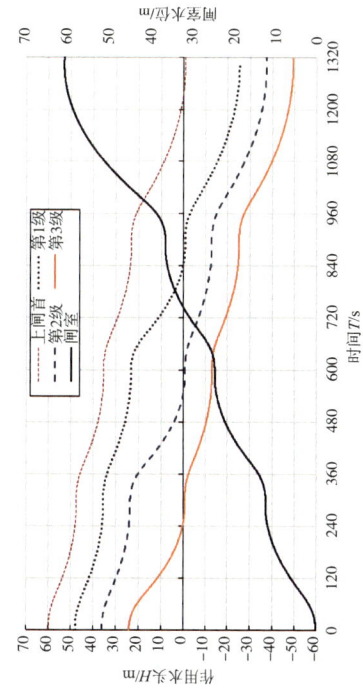

图 6.27　剩余水头及闸室水位变化过程（H=60.0 m，充水）

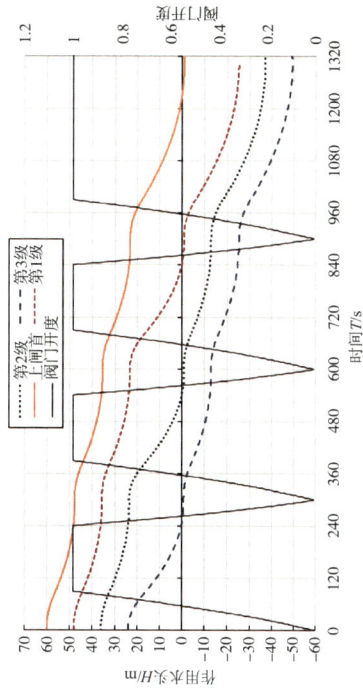

图 6.28　剩余水头及阀门开度变化（H=60.0 m，充水）

155

2)船闸泄水省水运行水力特性

船闸泄水省水运行水力特性值计算结果见表 6.17,典型水力特性曲线见图 6.29~图 6.32。由图表可见,船闸泄水运行时,各工况下水力特性变化趋势亦基本一致。在 F_1 工况下,船闸运行水头最大,其各项水力指标亦相对较大,船闸总输水时间为 19.67 min;闸室向三级省水池泄水的最大流量约为 1 022 m^3/s,船闸水面最大下降速度为 4.96 m/min;船闸最大输水流量为 1 510 m^3/s,发生在船闸下闸首向下游泄水过程中,在该工况下闸室水面最大下降速度为 7.33 m/s;船闸闸下首输水阀门以及省水池输水阀门断面平均最大流速分别为 14.30 m/s 和 11.09 m/s。在其他水位组合工况下,随着船闸运行水头的降低,各项水力指标均有所下降。F4 工况下,船闸运行水头最小,其总输水时间约为 16.83 min。根据计算,省水池与船闸水位差剩余 1.10 m 左右时关闭省水池阀门,能够保证阀门关闭时两侧水位基本齐平。

表 6.17　船闸泄水省水运行水力特性值计算结果

工况	$H/$ m	$T/$ min	$Q_{max}/$ (m^3/s)	$Q_{u\text{-}max}/$ (m^3/s)	$U_{max}/$ (m/s)	$U_{u\text{-}max}/$ (m/min)	$V_{max}/$ (m/min)	$V_{u\text{-}max}/$ (m/min)
F1	60.0	19.67	1 510.0	1 022	7.33	4.96	14.30	11.09
F2	50.0	17.89	1 341.2	906.7	6.51	4.40	12.70	9.84
F3	54.0	18.69	1 420.7	961.2	6.90	4.67	13.45	10.43
F4	44.0	16.83	1 241.6	838.9	6.03	4.07	11.76	9.10

6.4.4　闸室船舶停泊条件

目前国内尚没有 3 000 t 级以上内河船闸输水过程系缆力要求控制标准,因此对 3 000 t 级和 8 000 t 级船舶均进行了模拟,以满足 3 000 t 船舶系缆力运行方式为控制工况,对船舶停泊在闸室偏前、闸室居中和闸室偏后等三个位置处的船舶系缆力分别进行了测量,以全面反映闸室内船闸的停泊条件。

船舶在闸室不同位置最大系缆力值统计见表 6.18、表 6.19,典型系缆力过程线见图 6.33。由图表可知,在 60 m 级水头作用下船闸作用水头分级运行:

(1)3 000 t 级单船停泊在闸室偏前位置,阀门开启时间 $t_v=75\sim120$ s 时的最大纵向系缆力为 42.51 kN,最大横向力为 9.02 kN。3 000 t 级单船停泊在闸室居中位置,阀门开启时间 $t_v=75$ s 时的最大纵向系缆力为 46.74 kN,最大横向力为 9.82 kN,船舶所受纵向系缆力略超过规范要求;阀门开启时间 $t_v=90\sim120$ s 时的最大纵向系缆力为 38.81 kN,最大横向力为 8.77 kN。由图表可见,

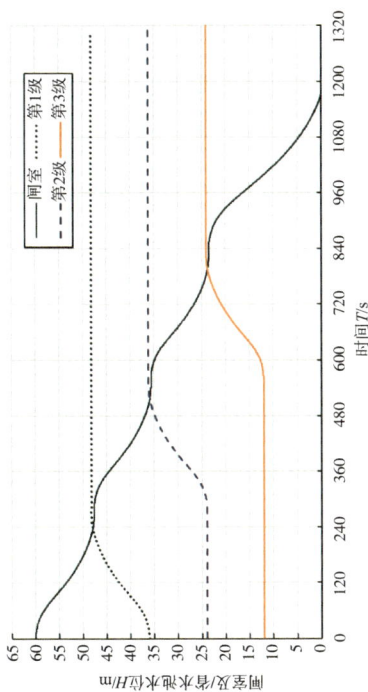

图 6.30 闸室及各级省水池输水流量变化曲线（$H=60.0$ m，泄水）

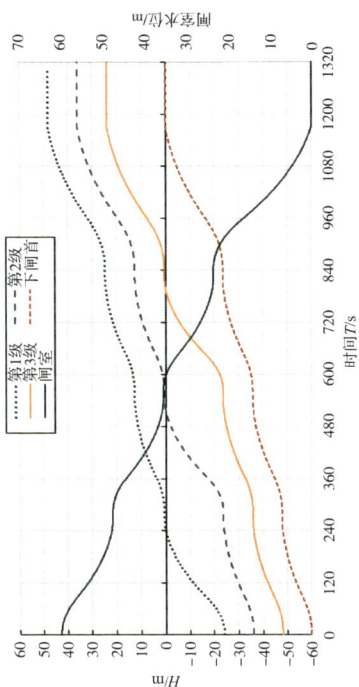

图 6.32 剩余水头与闸室水位变化关系（$H=60.0$ m，泄水）

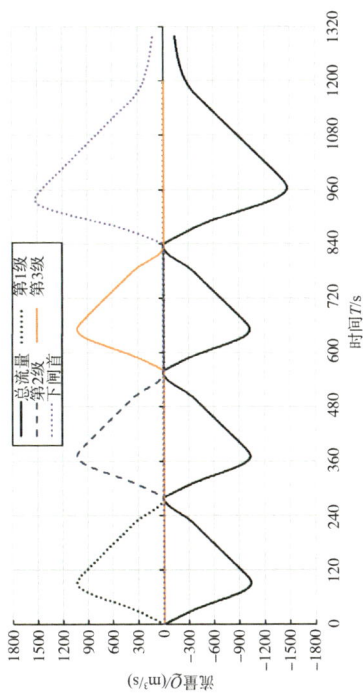

图 6.29 闸室及各级省水池水位变化对比（$H=60.0$ m，泄水）

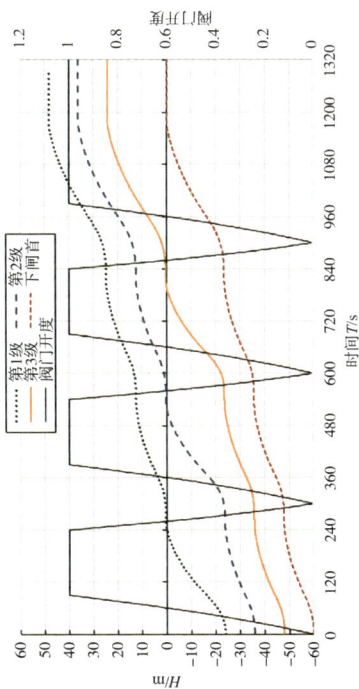

图 6.31 剩余水头及阀门开度变化（$H=60.0$ m，泄水）

3 000 t 级单船停泊在闸室中部时船舶系缆力大于闸室偏前位置,因此为满足船舶停泊条件,阀门开启时间需 $t_v \geqslant 90$ s。3 000 t 级单船停泊在闸室偏后位置,阀门开启时间 $t_v = 75 \sim 120$ s 时的最大纵向系缆力为 41.14 kN,最大横向力为 11.93 kN,上述系缆力值满足规范要求。

试验结果表明:船闸充水时,闸室内无明显纵、横向水流,闸室内水流紊动较小,水面平稳,当阀门开启时间 $t_v = 90 \sim 120$ s 时,3 000 t 级船舶的纵向和横向系缆力均能满足规范要求。

(2)以 3 000 t 级船舶系缆力标准确定的阀门双边运行方式 $t_v = 90 \sim 120$ s 为控制工况,8 000 t 级单船停泊在闸室偏前位置时的最大纵向系缆力为 78.98 kN,最大横向力为 25.35 kN;8 000 t 级单船停泊在闸室居中位置时的最大纵向系缆力为 68.56 kN,最大横向力为 21.29 kN;8 000 t 级单船停泊在闸室偏后位置时的最大纵向系缆力为 76.21 kN,最大横向力为 47.95 kN。

对比第 4 章分层消能输水系统,船闸采用作用水头分级运行,输水阀门开启时间为 90 ~ 120 s,关闭时间为 60 s 时,闸室内停泊船舶的系缆力与明沟+格栅分层消能输水系统系缆力基本一致,采用分级运行达到了改善闸室停泊条件的目的。

表 6.18　3 000 t 级船舶最大系缆力结果

船舶闸室位置	阀门开启时间 t_v/s	纵向系缆力/kN		船艏横向力/kN		船艉横向力/kN	
		向上游	向下游	向右	向左	向右	向左
偏前	75	40.27	−29.59	9.02	−5.16	3.12	−3.07
	90	34.49	−42.51	7.76	−5.55	3.03	−3.42
	120	32.86	−30.84	7.99	−6.21	2.45	−3.44
中部	75	46.74	−40.61	9.82	−6.74	5.72	−6.26
	90	38.81	−25.43	8.30	−7.29	6.10	−5.25
	120	36.82	−31.94	8.77	−7.35	5.04	−7.43
偏后	75	33.77	−41.14	3.74	−11.93	8.59	−3.87
	90	30.45	−28.97	6.10	−4.04	5.17	−4.30
	120	30.45	−28.97	6.10	−4.04	5.17	−4.30

注:3 000 t 级船舶的纵向系缆力允许值为 46 kN,横向力允许值为 23 kN。

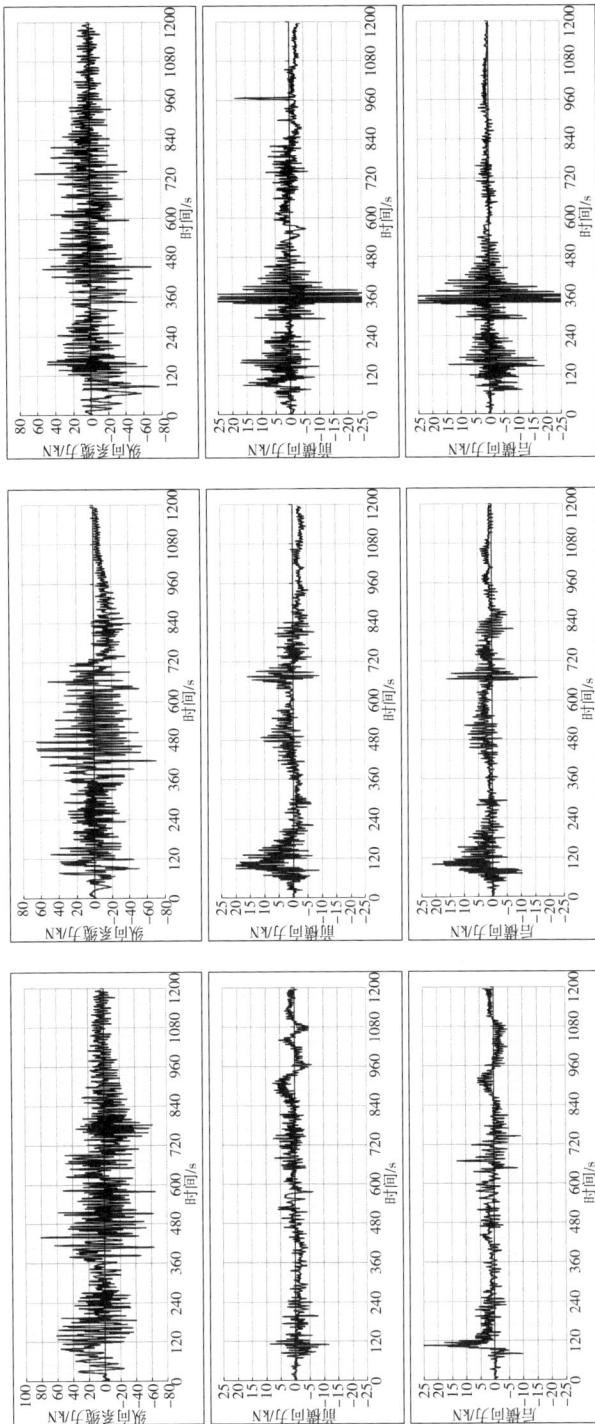

图 6.33 船闸省水运行状态 8 000 t 级船舶系缆力过程（$t_v = 90$ s）

(a) 停泊上半闸室

(b) 停泊中间闸室

(c) 停泊下半闸室

表 6.19　8 000 t 级船舶最大系缆力结果

船舶闸室位置	阀门开启时间 t_v/s	纵向系缆力/kN		船艏横向力/kN		船艉横向力/kN	
		向上游	向下游	向右	向左	向右	向左
偏前	75	73.13	−88.94	15.18	−9.29	17.48	−16.65
	90	78.98	−64.21	8.84	−11.35	25.35	−9.54
	120	60.07	−62.12	6.16	−10.30	10.03	−8.81
中部	75	56.64	−76.74	23.38	−6.99	27.29	−10.68
	90	64.64	−68.56	19.99	−9.02	21.29	−15.34
	120	70.15	−68.47	20.18	−14.37	15.55	−13.95
偏后	75	71.97	−88.92	28.65	−26.13	27.24	−36.90
	90	61.05	−76.21	41.03	−41.21	35.47	−47.95
	120	54.12	−70.32	38.06	−40.20	34.09	−32.75

6.5　阀门水动力特性研究

三级省水船闸输水系统共设置 4 组充水阀门、4 组泄水阀门、24 组联通阀门,共计 32 组输水阀门,见图 6.34。其中,充水阀门用于上游引航道向闸室充水;泄水阀门用于闸室向下游引航道泄水;第一、二、三级联通阀门(24 组)分别对应第一、二、三级省水池,用于省水池与闸室的互充互泄。船闸输水阀门采用

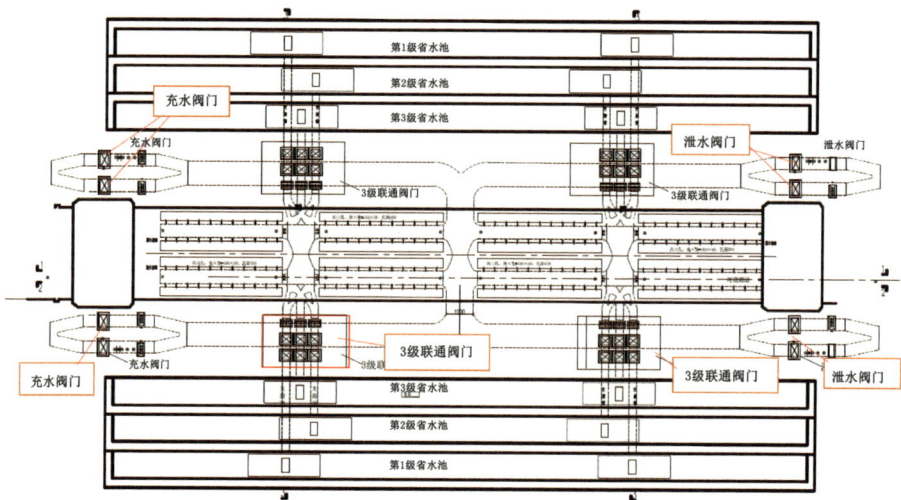

图 6.34　省水船闸输水系统阀门布置

反向弧形门,充、泄水阀后廊道采用"顶部突扩+底部突扩"布置形式,闸室与省水池间的联通阀门需要双向输水,阀后廊道采用普通的平顶、平底廊道形式。充、泄水阀门和联通阀门的运行条件见表 6.20、表 6.21;泄水阀门运行和第三级联通阀门充水运行时,工作条件最恶劣最大水头为 24.0 m,最小淹没水深为 12.0 m。

表 6.20　省水运行方式充水过程阀门工作条件

充水过程	工作阀门	上、下游水位组合							
		60.0~0.0 m (59.6 m)		54.0~0.0 m (54.0 m)		60.0~10.0 m (50.0 m)		54.0~10.0 m (44.0 m)	
		最大水头/m	淹没水深/m	最大水头/m	淹没水深/m	最大水头/m	淹没水深/m	最大水头/m	淹没水深/m
第3级省水池向闸室	第3级联通阀	24.00	12.00	21.60	12.00	20.00	22.00	17.60	22.00
第2级省水池向闸室	第2级联通阀	24.00	24.00	21.60	22.80	20.00	32.00	17.60	30.80
第1级省水池向闸室	第1级联通阀	24.00	36.00	21.60	33.60	20.00	42.00	17.60	39.60
引航道向闸室	充水阀	24.00	48.00	21.60	44.40	20.00	52.00	17.60	48.40

表 6.21　省水运行方式泄水过程阀门工作条件

泄水过程	工作阀门	上、下游水位组合							
		60.0~0.0 m (60.0 m)		54.0~0.0 m (54.0 m)		60.0~10.0 m (50.0 m)		54.0~10.0 m (44.0 m)	
		最大水头/m	淹没水深/m	最大水头/m	淹没水深/m	最大水头/m	淹没水深/m	最大水头/m	淹没水深/m
闸室向第1级省水池	第1级联通阀	24.0	48.0	21.60	44.4	20.0	52.0	17.6	48.40
闸室向第2级省水池	第2级联通阀	24.0	36.0	21.60	33.6	20.0	42.0	17.6	39.60
闸室向第3级省水池	第3级联通阀	24.0	24.0	21.60	22.8	20.0	32.0	17.6	30.80
闸室向下游	泄水阀	24.0	12.0	21.60	12.0	20.0	22.0	17.6	22.0

6.5.1 阀门段廊道水动力特性

图 6.35 为 $t_v = 90$ s 时,闸室充、泄水过程中各典型测点的压力过程线。在船闸充水运行初期,闸室内水位较低,当水流自第三级省水池进入闸室内部时,廊道淹没水深较小,此时阀门廊道段压力会相对较小;而当第一、二级省水池向闸室充水时,闸室内水位升高十余米,廊道淹没水深亦相应增加,此时阀门廊道段压力相对第一级输水会有所升高;而当上游引航道向闸室输水时,闸室内水深已较高,阀门段廊道淹没水深较大。船闸泄水运行初期,闸室内水位较高,水流自闸室首先进入第一级省水池,此时廊道淹没水深较大,阀门廊道段压力亦较大;随着闸室泄水至第二、三级省水池,闸室内水位下降,廊道淹没水深相应降低,此时阀门廊道段压力相对上一级输水会有所下降;而当闸室向下游进行泄水时,闸室与下游水头差仍较大,且由于下游水位较低,廊道淹没深度小,此时阀门廊道段压力指标相对最低。

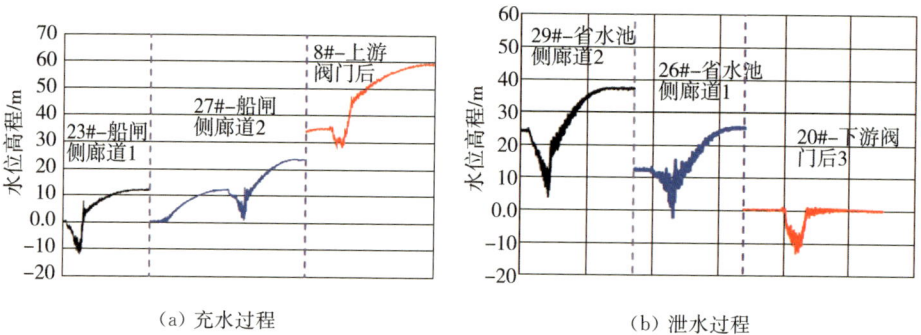

(a) 充水过程　　　　　　　　　(b) 泄水过程

图 6.35　典型测点压力过程线(阀门开启时间 $t_v = 90$ s)

在船闸充水过程中,阀门前后各部位基本均为正压,仅在第三级省水池充水运行时,第三级联通阀门后(23♯测点)出现负压,当阀门开启时间 $t_v = 75$ s、90 s、120 s 时,该测点最低压力分别为:-4.77 mN、-3.28 mN 和 -2.76 mN。

在船闸泄水过程中,省水池侧输水阀门廊道段各部位均为正压,而船闸向下游泄水主廊道的阀门门后会有非恒定负压出现。当阀门开启时间 $t_v = 75$ s 时,门后 18♯、19♯、20♯测点的最低压力高程分别为 -3.15 mN、-3.69 mN 和 -5.31 mN;$t_v = 90$ s 时,门后 18♯、19♯、20♯测点的最低压力分别为 -2.98 mN、-3.35 mN 和 -5.12 mN;$t_v = 120$ s 时,门后 18♯、19♯、20♯测点的最低压力分别为 -1.5 mN、-2.76 mN 和 -4.11 mN。

6.5.2　阀门段空化特性

减压模型试验表明,船闸第三级联通充水阀、以推荐开启方式运行,反弧门底缘发生空化的开度范围 $n=0.1\sim0.9$;下闸首泄水阀门存在底缘空化和升坎空化,在阀门开度为 $0.4\sim0.6$ 时,空化较强,阀门段空化范围超出突扩体,空泡溃灭轨迹最长可伸至 5-5 断面(阀后 5 倍廊道高度)。第三级联通充水阀、下闸值泄水阀门在典型开度 $n=0.4$ 开度时阀门段空化形态见图 6.36。

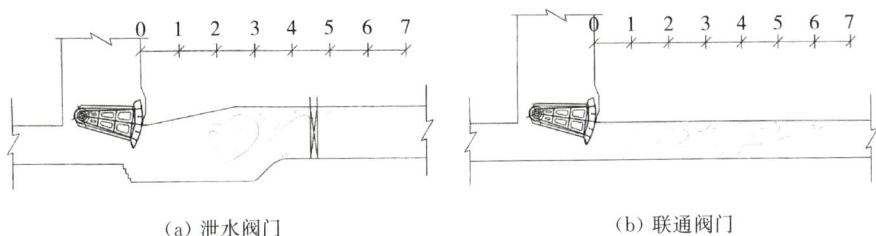

(a) 泄水阀门　　　　　　　　　　(b) 联通阀门

图 6.36　空泡运动溃灭轨迹

在减压试验中通过目测及仪器分析判断,测定并计算了各开度下阀门的相对空化数,见图 6.37、图 6.38。由图可知:

(1) 第三级联通充水阀门、下闸道泄水阀门、二级联通充水阀、第三级联通泄水阀的底缘相对空化数在部分开度区间小于 1,存在空化现象。其中,第三级联通充水阀门的空化最严重,最小相对空化数分别为 0.45、0.77、0.77。

(2) 泄水阀门底缘与升坎空化发生的开度范围较大,在阀门开度为 $0.4\sim0.5$ 左右最剧烈,泄水阀门在运行过程中底缘、升坎的最小相对空化数分别为 0.61、0.63。

(3) 在相同条件下,联通阀门的相对空化数比泄水阀门更低,空化更强烈,这表明采用阀后突扩体型有利于提高相对空化数,提高阀门抗空化性能。

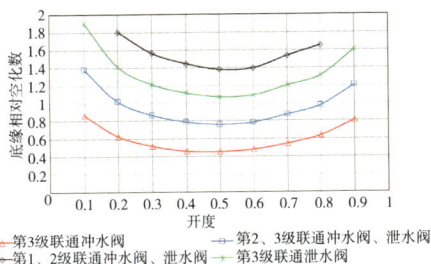

图 6.37　各级联通阀门底缘相对空化数

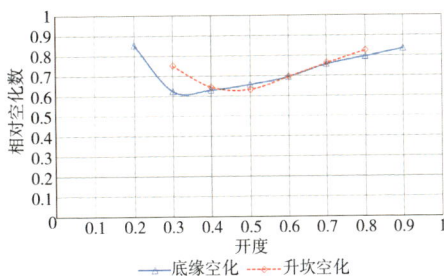

图 6.38　泄水阀门底缘与升坎相对空化数

163

6.5.3 空化解决措施

6.5.3.1 联通阀门

根据门楣体型系列研究成果和输水阀门的具体尺度,船闸阀门门楣体型见图 6.39。门楣与阀门面板的特征距离分别为 20 mm、25.5 mm、34.63 mm,门楣与廊道顶用 40 mm 半径的圆弧连接,沿廊道宽度方向布置一排通气支孔,通气支管连接通气横管(通气横管长度与廊道宽度相等),通气横管连接通气主管通向闸顶。

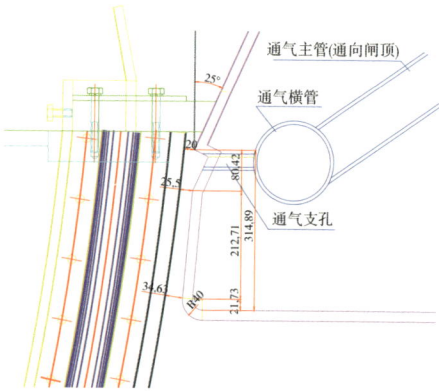

图 6.39 门楣体型设计及通气管尺度

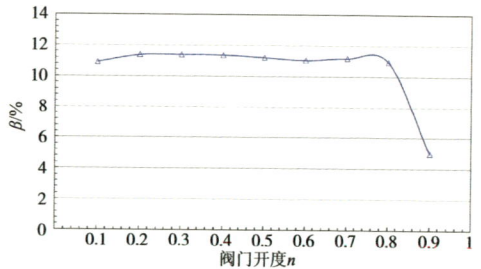

图 6.40 第 3 级联通阀门门楣缝隙段掺气浓度

上游最高水位(60.0 m)～下游最低水位(0.0 m)条件下,以推荐时间 t_v=90 s 开启,联通阀门各开度下门楣缝隙段掺气浓度如图 6.40 所示。阀门开启时,在 n=0.1～0.8 开度范围内,缝隙段掺气浓度均在 10% 以上,这表明门楣自然掺气效果较好。

为了考察门楣通气量对阀门底缘空化的抑制效果,项目以 n=0.6 为典型阀门开度进行了不同掺气量的减压试验。在 n=0.6 开度,门楣通气前、后空化噪声强度对比见图 6.41。通过试验观察,门楣不通气时,噪声强度脉冲大而密集;随着门楣通气量的增大,抑制底缘空化效果越明显。当门楣通气小于0.05 m³/s时,试验中能听到较大的混合空泡溃灭声;当门楣通气量为0.075 m³/s 时,混合空泡溃灭声显著降低;门楣通气量达到 0.1 m³/s 时,空化噪声强度过程线的脉冲信号基本消失。

6.5.3.2 泄水阀门

采用"门楣自然通气＋跌坎强迫通气"的综合通气措施解决泄水阀门空化问

题,门楣自然通气在主流上方形成掺气水流,抑制门楣与底缘空化空蚀,跌坎强迫通气在主流下方形成掺气水流,保护跌坎下游突扩体底板与升坎,抑制升坎空化空蚀,具体布置见图 6.42。

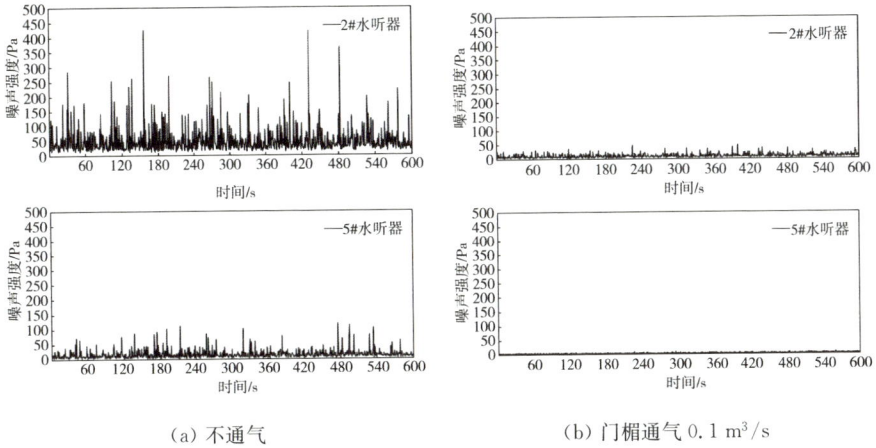

（a）不通气　　　　　　　　　（b）门楣通气 0.1 m³/s

图 6.41　联通阀门 $n=0.6$ 开度效果对比

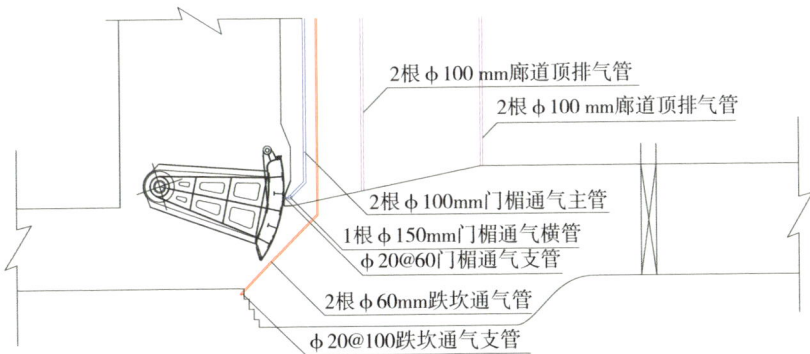

图 6.42　充、泄水阀门推荐廊道通气管布置

在最高水头作用下,泄水阀门以推荐时间 $t_v=90$ s 开启,各开度门楣缝隙段掺气浓度见图 6.43。如图所示,阀门开启时,在 $n=0.1\sim0.8$ 开度范围内,缝隙段掺气浓度均在 10% 以上。针对泄水阀门空化较强的 $n=0.4$ 开度进行了不同掺气量的减压试验。采用综合通气措施前、后空化噪声强度对比见图 6.44,门楣通气量达到 0.1 m³/s 时,混合空泡溃灭声明显减小,底缘空化被有效抑制。跌坎仅需极少通气量(0.03 m³/s),即可抑制升坎空化。

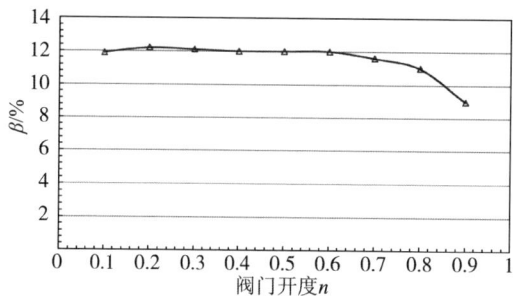

图 6.43　泄水阀门门楣掺气浓度

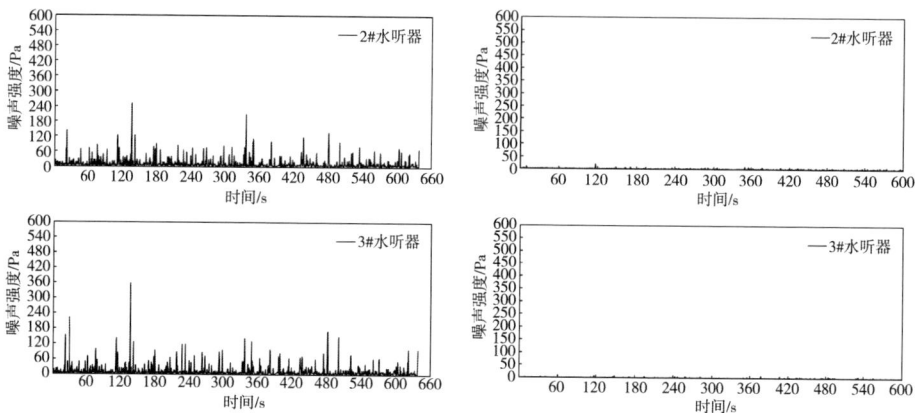

（a）无措施　　　　　　　　　　（b）门楣通气 0.1 m³/s　跌坎通气 0.03 m³/s

图 6.44　泄水阀门 n＝0.4 开度效果对比

第 7 章
高水头船闸输水阀门防空化措施

本章采用阀门非恒定流常压、减压模型试验、阀门模态试验、门楣切片试验及数值模拟等方法,利用大型非恒定流减压箱、高性能并行计算集群等先进测试设备和仪器,对 60 m 单级船闸输水阀门非定常空化数值模拟方法,阀门段廊道水动力荷载特性,阀门振动特性及启闭力特性,阀门段廊道空化特性以及综合防空化措施等开展了研究,结合三峡、大藤峡等多座高水头船闸防空化成功经验,探索研究了 60 m 单级船闸阀门防空化措施。

7.1 阀门防空化研究进展

船闸输水阀门不同于其他泄水建筑物的闸阀门,其运转频繁,充泄水阀门启闭过程中的水流运动属非恒定流范畴,阀门承受各种复杂的水动力荷载作用,并与水流相互影响,阀门及启闭系统的流激振动问题较为突出。以阀门后底部突扩廊道体型为例,其阀门段水流流态见图 7.1。在阀门开启过程中,门后存在多处较强的回流区及剪切面(涡面),随开度的变化,回流区及剪切面的强度、范围亦随之变化,复杂的流态导致门后廊道动水荷载及其脉动较大,较易发生空化和诱发门体振动。

高水头船闸阀门空化与声振现象最先在美国高水头船闸上发现,20 世纪美国多座 20 m 以上的高水头船闸在建成运行后均出现不同程度的空化问题。美国斯内克河上的冰港船闸(水头 31.4 m)在运转过程中,当阀门开启时,从充水阀门井中传出巨大爆破声,并引起阀门、闸墙和船闸上部结构的振动,船闸附属建筑物的玻璃也曾被振动损坏。美国哥伦比亚河上的花岗岩船闸(水头为 32.0 m)、霍尔特船闸(水头为 19.4 m),以及来勒斯弗莱船闸均有类似现象。约翰德船闸(水头为 34.5 m)的充水阀门发生强烈振动损坏,闸墙也发生显著振动,观测表明,空化与振动均发生在阀门开度 0.3~0.8 范围内。另外,艾森豪威尔、斯奈尔、德莫普列斯、杰克逊、瓦雷尔、马克纳里等船闸都曾因阀门振动导致支铰锚定部分的损坏。我国20世纪80年代建设的葛洲坝三座船闸及江西万安船闸建成运行后均发生了不同程度的声振,尤以葛洲坝一号船闸和万安船闸较为强烈。因此,对于高水头船闸,阀门段极易发生空化和声振现象,导致阀门及启闭杆剧烈振动、启闭机活塞杆攒动,直接影响阀门及启闭系统的安全平稳运行。长期持续的剧烈振动会导致阀门及启闭系统产生一系列问题,甚至造成严重的后果。输水阀门水力学问题是船闸设计的关键,阀门的工作条件是衡量船闸设计是否成功的重要标志。

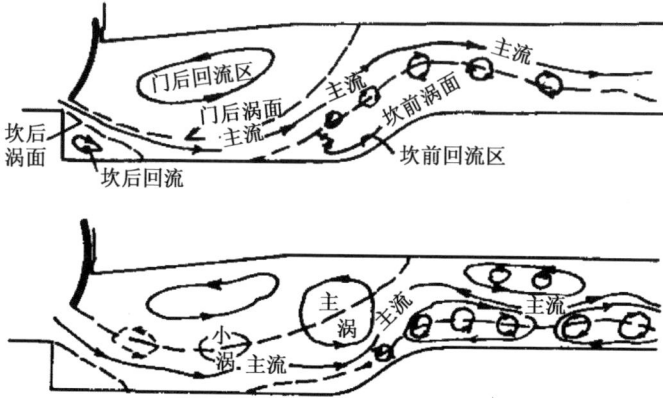

图 7.1   阀门后底部突扩廊道体型门后流态

在船闸早期建设阶段,常用的阀门有提升式阀门、蝶阀、圆筒门等。这些阀门多见于年代久远、尺寸较小、水头较低的船闸。目前大尺度高水头的船闸已经很少采用上述几种阀门,国内目前最常用的输水阀门有两种类型,即平面阀门和反向弧形门。根据船闸工作水头、船闸规模和地位、廊道布置形式等具体情况,输水阀门可采用不同的门型。通常情况下,平面阀门适用于20 m以下的低水头船闸,大于20 m的中高水头船闸普遍采用弧形门。

弧形阀门在20世纪30年代美国建设的船闸中开始使用,因其具有结构坚固、操作灵便等优点,几乎代替了所有其他形式的阀门。起初采用正弧门布置,如老邦纳维尔船闸,但随着船闸工作水头的不断增大,正弧门的门井水位因受门后高速射流及阀门引起的局部阻力损失作用而大幅跌落,甚至出现阀门开启过程中空气从门井卷入廊道及闸室的情况,从而恶化闸室船舶的停泊条件,危及船舶安全。后来正弧门逐渐发展为反弧门,但美国的船闸输水阀门水力设计手册中指出:"若淹没水深足以绝对保证空气不会从门井卷入廊道,正向弧形门布置值得考虑。"我国在三峡双线连续五级船闸输水阀门方案研究中,考虑到中间级阀门初始淹没水深较大,曾进行过正弧门方案的研究,尽管正弧门方案也是可行的,甚至还有一定的优势,但因缺乏实际的工程应用经验,最终还是采用技术成熟应用广泛的反弧门。关于反弧门结构布置形式,国内外均开展了大量的研究,主要集中于横梁式、竖梁式、横梁全包式三种形式的比较。我国从葛洲坝船闸率先对反弧门结构形式开始研究,"七五"至"九五"科技攻关时期,从阀门水动力荷载、启闭力特性、阀门振动特性及流激振动方面对三峡船闸反弧门门型进行了更深入系统的研究。横梁式反向弧形门支臂与梁系受到门井旋滚水流的剧烈冲击,易产生严重的振动,对安全运行极为不利;竖梁式反向弧形门的面板由竖梁支撑,梁系为叠层结构,门井部分水流可顺竖梁间的通道流向门底,从而减缓门体受到的水动力作用,但叠层结构整体刚度较弱,抗震能力较差。故横梁式和竖梁式反向弧形门在中高水头船闸中未得到采用。横梁全包式反向弧形门的梁系和支臂周边全用导水板衬护,使门体连成整体并形成圆滑平顺的导流曲面,从而减轻水流的冲击和避免启闭力过大的脉动,而且门体的刚度大,抗震性能好。尽管这种门型制造和维护难度较大,用钢量较多,但经综合比较后,仍是中高水头船闸输水廊道工作阀门的首选门型。尤其横梁全包式反向弧形门在三峡船闸成功应用后,后续建设的高水头船闸多采用该结构布置形式,典型的如大化船闸、乐滩船闸、草街船闸、东西关船闸、银盘船闸、安谷船闸、北本船闸、富春江改扩建船闸、大藤峡船闸等,因此,横梁全包式反向弧形门是目前的高水头阀门公认的主流门型。

　　美国是较早建设高水头船闸的国家,为抑制高水头船闸阀门空化,根据其渠化河流上下游水位变幅小的特点,一般采用快速开启阀门及门后廊道顶部通气的工程措施,廊道顶高程设计以最大负压 3.0 m 水柱为原则。我国河流水位变幅大,按照美国的设计原则,在枯水期水头为 30 m 时能实现廊道顶通气,可以抑制阀门空化,而在汛期由于下游水位上升廊道顶又不能通气,此时阀门仍存在较强空化,因此廊道顶自然通气技术不能解决我国通航船闸阀门空化问题。苏联建设有多座高水头船闸,由于运行后空化问题严重,不得不采用间歇开启或者慢速开启方式,通过延长输水时间达到降低阀门流速的目的,从而改善阀门空化条件。我国内河航运事业繁忙,为提高船闸通过能力,保障航运效益,船闸输水时间不能过长,因此苏联采用的"阀门间歇开启或慢速开启"的措施在我国也行不通。欧洲各国为防止阀门空化空蚀,在高水头船闸中普遍采用省水船闸方案,通过兴建省水池来降低船闸阀门工作水头,但工程造价昂贵,且需要足够的空间布置蓄水池。我国高水头船闸大多处于狭窄河谷,受地形条件限制,布置省水池极为困难,且工程投资过高,因此欧洲常用的措施在我国难以得到应用。

　　20 世纪 90 年代以来,针对国内高水头船闸运行特点,通过大量模型试验及原型观测,对高水头船闸阀门空化难题开展了研究,逐渐形成了以门楣自然通气技术为核心的阀门分级防空化技术:(1) 20 m 以下的中低水头船闸,门后廊道体型设计为结构简单、工程量省的平顶或者顶扩廊道体型,采用门楣自然通气措施解决阀门空化问题。(2) 30 m以上的超高水头船闸,推荐采用主动防护与被动防护相结合的"新型阀门段廊道体型＋综合通气措施"的新技术。(3) 20～30 m之间的高水头船闸,可根据船闸的重要性及规模,既可选择普通廊道体型及门楣自然通气技术,也可选择"新型阀门段廊道体型＋综合通气措施"这一更为可靠的新技术,这些技术已成功应用于三峡($H=45.2$ m,多级)、大藤峡($H=40.25$ m,单级)等30余座高水头船闸,且取得了显著效果。本章在此基础上进一步研究解决60 m单级船闸阀门运行关键技术。

7.2 阀门空化数值模拟方法

本节对比分析了不同紊流模型对阀门空化模拟效果的影响,探讨了阀门空化发生的机理,建立了模拟高水头船闸阀门底缘剪切区空化的数学模型和计算方法。在此基础上计算分析了廊道体型、淹没水深、工作水头、模型比尺等对空化特性的影响,并与物理模型中观测到的空泡形态和空化特性进行了对比验证,为船闸阀门空化机理研究提供了新的技术手段。

7.2.1 船闸阀门空化模型开发

船闸阀门开启过程中,门后存在多处较强的回流区及剪切面(涡面),随开度的变化,回流区及剪切面的强度、范围亦随之变化,复杂的流态导致门后廊道动水荷载及其脉动较大。空泡一般在固体边界的低压点、移动漩涡的核心或紊流剪切层中形成,然后随流往下游运动膨胀、收缩,至某一位置溃灭,空泡位置"游移"非恒定是这类空化的显著标志。此外,在紊流高剪切区漩涡核中心形成的空化也属于漩涡空化,同时它也可能是游移空化,高水头船闸阀门底缘和跌坎产生的空化就是这类空化的典型代表。这类空化发生区域流态一般均较为复杂,空化数值模拟时对紊流模型的要求较高,需要精细模拟出空化发生区域的瞬态流场和压力变化,同时对空化相变模型提出了较高的要求。

高水头船闸阀门在有限的区域内基本涉及了游移空化、固定空化和漩涡空化等三类典型的空化问题,各类空化发生的机理和现象各不相同,初生空化数是判断通航建筑物闸阀门是否会发生空化的重要指标,阀门空化初期空泡一般发生在阀门孔口下游高剪切区形成的漩涡核心处,一般表现为非定常的游移空化和漩涡空化,瞬时流场结构对阀门后非定常空泡的产生影响十分显著。

因此高水头船闸阀门空化是非常复杂的空化问题,研究阀门高速射流非定常空泡数值模拟方法对揭示阀门空化机理,研究阀门防空化措施具有重要的意义。

对空泡流现象的不同认识发展出两类主要的数值计算方法。一类认识从空泡面出发,认为空泡内是连续的气(汽)体,气相和液相之间存在清晰的界面,忽略泡内流动,只求解液体中的控制方程。这种认识发展出一类界面跟踪方法,其中应用最多、发展最完善的是边界元方法。第二类认识从全局出发,以整个流场域内 Euler 或 Navier-Stokes 方程为求解对象,气、汽、液之间没有明显的界面,空泡形状和大小由空隙率确定。这种方法称为多相流方法,每一相都由独立的一组偏微分方程控制,计算量是单相流的两倍,所以应用不广。基于第二类认识,另一种方法认为整个流场是由可变密度的单一流质组成的,仅建立一组偏微分方程控制流体运动和状态。此外,根据混合介质密度场的定义不同,单流体法空化模型又划分为两类:一类模型求解能量方程并根据恰当的状态方程确定混合物密度,密度为压力和温度的函数;另一类基于输运方程的模型,采用表征汽化和凝结过程的源项来模拟汽、液之间的质量传递,模型的不同主要体现在源项表达式的差异上。

目前,常用的可变密度的单一流质多相流模型主要有 Mixture 和 VOF 两种。它们将由气、汽、液组成的多相混合介质看成一种变密度单流体,各相共享同一压力、速度场。通过引入气、汽、液的体积分数——α_g、α_v、α_l,得到描述多相流动的 Mixture 或 VOF 模型的控制方程。

连续性方程:

$$\frac{\partial \rho_m}{\partial t} + \nabla \cdot (\rho_m \overline{\boldsymbol{u}}_m) = 0 \tag{7.1}$$

动量方程:

$$\frac{\partial}{\partial t}(\rho_m \overline{\boldsymbol{u}}_m) + \nabla \cdot (\rho_m \overline{\boldsymbol{u}}_m \overline{\boldsymbol{u}}_m) = -\nabla p + \rho_m \overline{\boldsymbol{g}} + \nabla \cdot \left[(\boldsymbol{\mu}_m + \boldsymbol{\mu}_t)(\nabla \overline{\boldsymbol{u}}_m + \nabla \overline{\boldsymbol{u}}_m^{\mathrm{T}})\right]$$
$$\tag{7.2}$$

能量方程:

$$\frac{\partial}{\partial t} \sum_{k=1}^{3}(\alpha_k \rho_k E_k) + \frac{\partial}{\partial x_i} \sum_{k=1}^{3}[\alpha_k u_i(\rho_k E_k + p)] = \frac{\partial}{\partial x_j}\left(k_{eff}\frac{\partial T}{\partial x_j}\right) \tag{7.3}$$

蒸汽相连续性方程:

$$\mathrm{Mixture}: \frac{\partial}{\partial t}(\rho_v \alpha_v) + \nabla \cdot (\rho_v \alpha_v \overline{\boldsymbol{u}}_m) = \dot{m}^- - \dot{m}^+ \tag{7.4}$$

$$\mathrm{VOF}: \frac{\partial \alpha_v}{\partial t} + \nabla \cdot (\alpha_v \overline{\boldsymbol{u}}_m) = \frac{1}{\rho_v}(\dot{m}^- - \dot{m}^+) \tag{7.5}$$

气相连续性方程：

$$\text{Mixture：} \frac{\partial}{\partial t}(\rho_g \alpha_g) + \nabla \cdot (\rho_g \alpha_g \, \overline{\boldsymbol{u}}_m) = 0 \qquad (7.6)$$

$$\text{VOF：} \frac{\partial \alpha_g}{\partial t} + \nabla \cdot (\alpha_g \, \overline{\boldsymbol{u}}_m) = 0 \qquad (7.7)$$

式中：ρ_m 为混合物密度；$\overline{u}_m$ 为流场速度向量；$\overline{g}$ 为重力加速度向量；E_k 为第 k 相流体总能；ρ_k 为第 k 相流体密度；k_{eff} 为混合物有效传热系数，且 $k_{eff} = \sum_{k=1}^{3} \alpha_k (k_k + k_{t,k})$，$k_k$ 为第 k 相流体传热系数，$k_{t,k}$ 为第 k 相流体湍流传热系数；下标 m、l、g、v 和 k 分别指代混合介质、液相、气相、蒸汽相和第 k 相，这里当 $k=1$ 时表示液相、$k=2$ 时表示蒸汽相、$k=3$ 时表示通气相；$\dot{m}^-$、$\dot{m}^+$ 分别为蒸汽相、液相之间的蒸发和凝结过程。

根据空泡流数值模拟方法文献调研的结果，输运方程型空化模型（Transport Equation-based Model，TEM）是现在的发展主流，它采用表征汽化和凝结过程的质量源项来模拟汽、水之间的质量传递，模型的不同主要体现在式（7.4）～（7.5）中源项表达式的差异上。本研究选取了较为流行的 Zwart-Gerber-Belamri 模型模拟非定常空化。Zwart-Gerber-Belamri 模型质量源项表达式为：

$$p \leqslant p_v, \ \dot{m}^- = F_{vap} \frac{3\alpha_{nuc}(1-\alpha_v)\rho_v}{R_B} \left(\frac{2}{3} \frac{p_v - p}{\rho_w} \right)^{\frac{1}{2}} \qquad (7.8)$$

$$p > p_v, \ \dot{m}^+ = F_{cond} \frac{3\alpha_v \rho_v}{R_B} \frac{2}{3} \left(\frac{p - p_v}{\rho_v} \right)^{\frac{1}{2}} \qquad (7.9)$$

式中：蒸汽泡半径 $R_B = 10^{-6}$ m；α_{nuc} 为汽核体积分数；蒸发系数 $F_{vap} = 50$；冷凝系数 $F_{cond} = 0.01$。

采用 OpenFOAM 开发了空化模型计算模块，空化模型概化如下：

```
fvVectorMatrix arfvEqn
{   fvm：：ddt( ρv , αv )
+fvm：：div( ρv um , αv )   };
if( p ≤ pv )
{ solve(arfvEqn==− fvm：：Sp( Fvap 3 αnuc (1−αv) ρv / RB αv ( 2/3 pv−p/ρw )^{1/2} , αv ))   };
if( p > pv )
{   solve(arfvEqn==− fvm：：Sp( Fcond 3 ρv / RB 2/3 ( p−pv/ρw )^{1/2} , αv ))   };
```

船闸空化问题的非定常数值模拟，不仅需要解决和 CFD 计算相关的流动模型问题,还需要掌握动网格技术。目前,国外所发展的大多数动网格方法主要有代数法、解析法和迭代法。代数法和解析法花费相对便宜,但仅限于振幅小的运动,对于大位移运动可能导致网格交叉或合并。迭代法能够处理这样大的运动,但要花费宝贵的计算时间。随着 CFD 技术和动网格技术的发展,动网格技术能够满足稳定性、精确性、易用性、效率性和可并行性要求。

结合某高水头船闸反弧门自然空化流动现象,进行了一系列工况的数值模拟,并从湍流模式、时间步长、网格依赖性、涡生成方法、几何外形、流动条件等方面加以对比分析,以确定适用的计算方法。考虑到阀门绕固定点的转动为一个自由度的运动,因而将整个计算域划分为两个区域,见图 7.2。一个如图中所示的灰色区域,即运动区域;另一个为剩余部分组成的静止区域,两者通过网格交界面实现数据交换。这样仅需修改运动区域的网格,就可实现不同开度工况的计算。同时,在运动区域采用动态铺层的动网格技术,也可实现阀门运动工况的数值模拟。

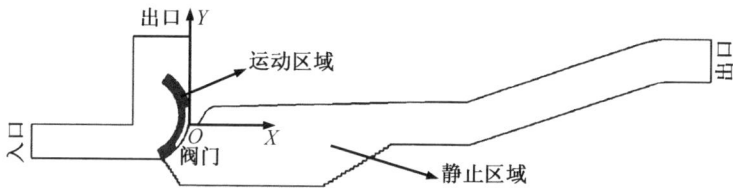

图 7.2　计算域及边界条件

计算域左侧为入口边界,给定流量;上侧为压力出口边界,给定常压;右侧为出口边界,给定静水压力分布。计算中,几何相似满足:$L_p = \lambda L_m$;压力相似满足:$p_p = \lambda p_m$;速度相似满足:$v_p = \lambda^{0.5} v_m$;时间相似满足:$t_p = \lambda^{0.5} t_m$。计算域简化为二维几何外形,网格总数约为 21 万个。

7.2.2　湍流模型对空化模拟的影响

本小节对比了 Spalart-Allmaras 一方程、SST k-ω 两方程、LES 以及 DES 几种湍流模式在模拟船闸阀门剪切流空化问题上的适用性。

图 7.3 给出不同湍流模式下,某时刻船闸廊道突扩部分典型的流场压力分布情况,四者均反映出了相似的、主要的流动特征。入口来流经过阀门时由于流道突然变窄压力明显下降,冲击至廊道底部产生滞止高压,而后继续向下游发展流经升坎区域,在升坎前段水流再一次产生滞止高压。此外,在阀门的阻挡下,阀门下游廊道腹部产生较大范围的回流低压区。

(a) Spalart-Allmaras, $t=9.5$ s

(b) SST k-ω, $t=11.1$ s

(c) LES, $t=3.5$ s

(d) DES, $t=10.8$ s

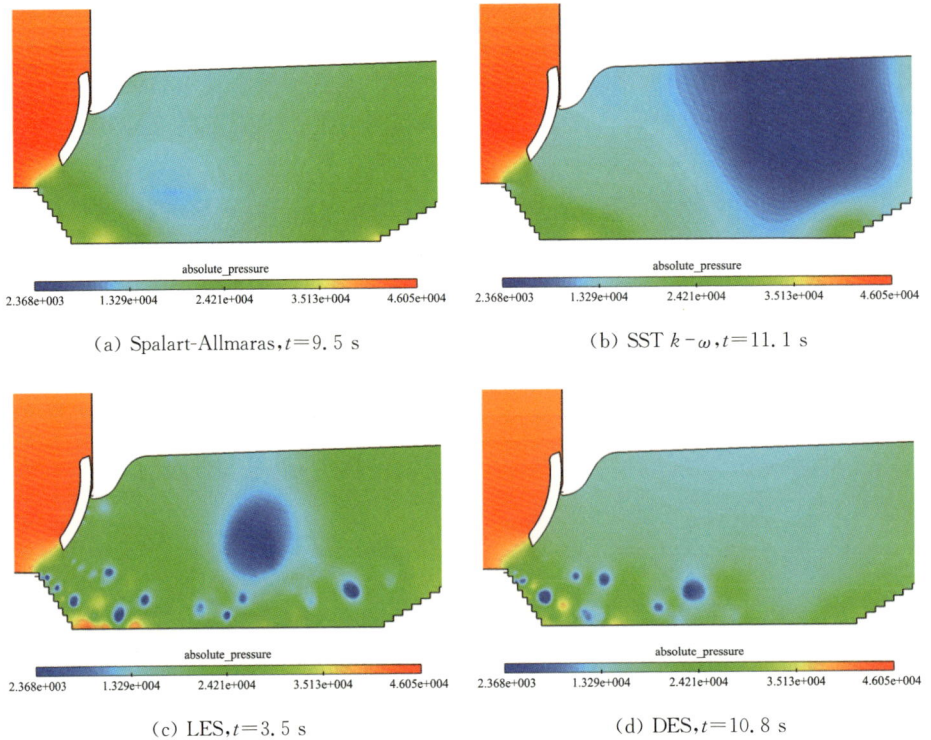

图 7.3　不同湍流模式下的压力分布云图

　　但是,从考察流场精细结构的角度来看,四种湍流模式则存在一定差异。基于 RANS 方法的 Spalart-Allmaras 和 SST k-ω 两种湍流模式下,流场压力分布较为均匀,没有明显的脉动特征,但回流区域的范围、位置和低压程度仍有较大不同。而 LES 和 DES 两种模拟方法则在剪切作用下从阀门底缘以及跌坎前端向下游拉出两条脉动压力带。图中显示 LES 法获得的脉动压力发生的范围似乎更大,且脉动的程度更加剧烈。

　　图 7.4 显示的是四种湍流模式下,给定时刻船闸廊道突扩部分典型的流场速度分布情况。主要特点为入口来流经过阀门时流速突然升高,在廊道底部形成一条高流速带。因此,在阀门下游与跌坎台阶附近形成两条速度差异较大的剪切层。

　　与压力场类似,Spalart-Allmaras 和 SST k-ω 两种湍流模式下速度分布较为均匀,无明显脉动。而 LES 和 DES 两种模拟方法则可在剪切层内观察到较小尺度的高、低速区域交错出现现象。同时在高流速带核心区域的速度分布也与前两种湍流模式不同,表现得非常不规则,特别是 LES 方法。

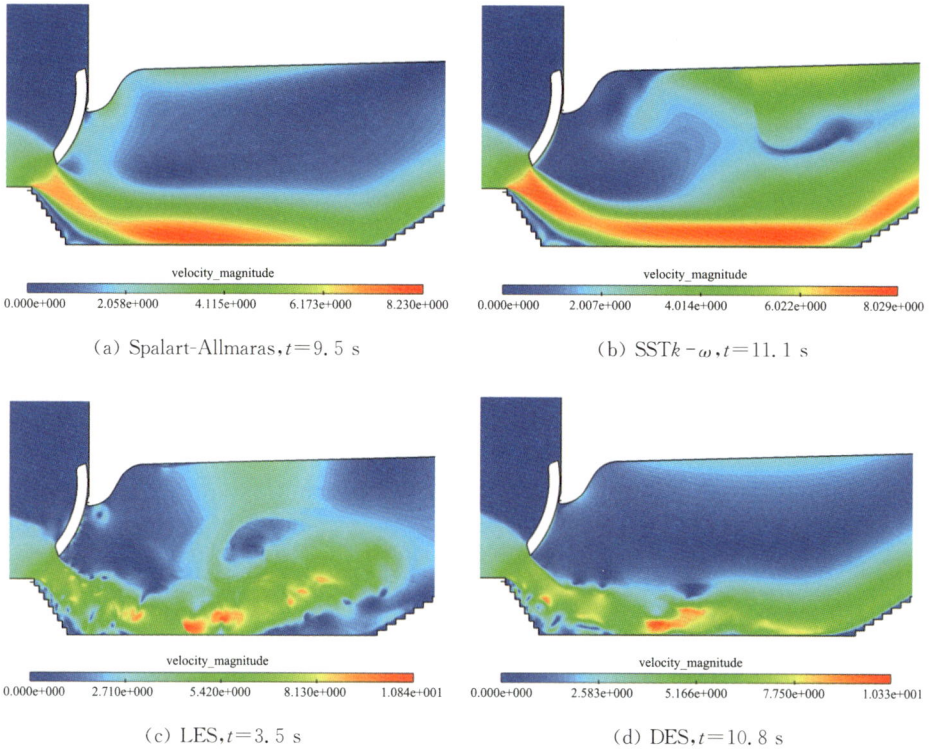

(a) Spalart-Allmaras, $t=9.5$ s

(b) SST$k-\omega$, $t=11.1$ s

(c) LES, $t=3.5$ s

(d) DES, $t=10.8$ s

图 7.4　不同湍流模式下的速度分布云图

图 7.5 显示的是不同湍流模式下,某时刻船闸廊道突扩部分典型的蒸汽体积分量分布情况。Spalart-Allmaras 一方程湍流模式下,未产生明显的自然空化现象;SST $k-\omega$ 两方程湍流模式则在突扩段腹部后侧出现较大范围的自然空泡,这与试验观测结果不符;LES 法在跌坎附近模拟出了剪切空化,但分布较为零散;DES 法可以同时体现出两条剪切层内发生的空化现象。但由于空化程度较弱,LES 和 DES 两种模拟方法得到的自然空化范围和强度并不太大。

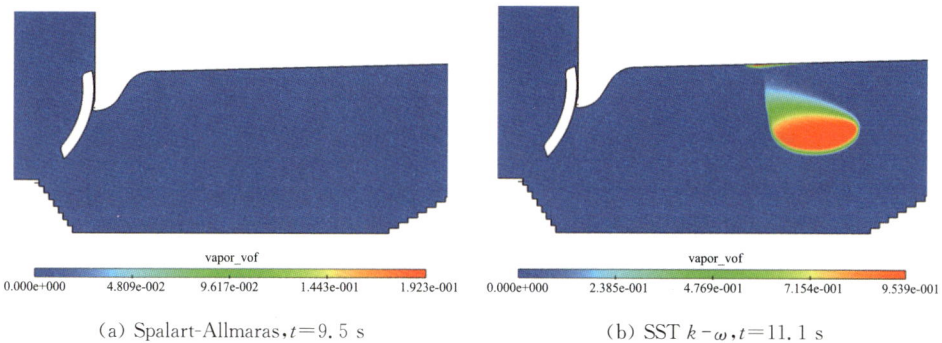

(a) Spalart-Allmaras, $t=9.5$ s

(b) SST $k-\omega$, $t=11.1$ s

(c) LES, $t=3.5$ s　　　　　　　　　(d) DES, $t=10.8$ s

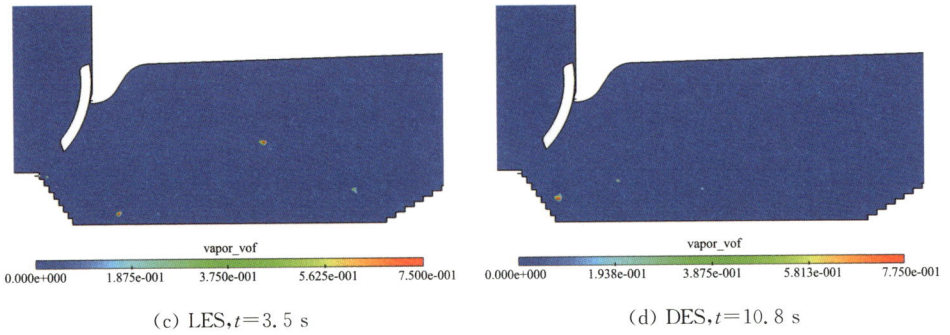

图 7.5　不同湍流模式下的蒸汽体积分量分布云图

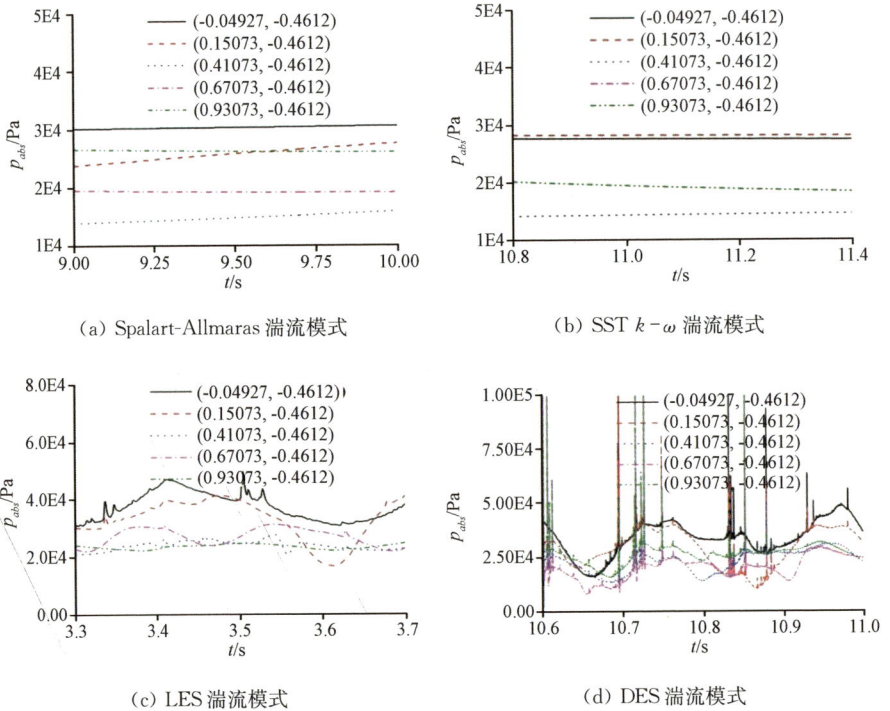

(a) Spalart-Allmaras 湍流模式　　　　　(b) SST k-ω 湍流模式

(c) LES 湍流模式　　　　　　　　　(d) DES 湍流模式

图 7.6　廊道底监测点压力随时间的变化情况

图 7.6 显示的是不同湍流模式下,廊道底面 5 个监测点压力随时间的变化情况。显然,前两种基于 RANS 方法的湍流模式,当流场基本达到稳定状态后,得到的压力也相对稳定,变化较小。而后两种湍流模拟方法则表现出很显著的非定常效应,脉动幅度较大。此外,与 DES 方法相比,LES 法的压力脉动频率和幅值都较低。DES 方法得到的压力脉动既有低频成分,也有高频成分;而且高频情况下的脉动幅值可达平均值的 2～4 倍。这些高频脉动压力发生的区域也

是自然空泡可能产生的区域。

总的来讲,高水头船闸输水阀门开启过程,阀门底缘高速射流引起的空化一般表现为非定常的游移型或漩涡型空化,瞬态流场结构和空化模型对阀门后非定常空泡的发生、发展和溃灭影响十分显著。研究表明:

(1)高水头船闸阀门底缘空化发生在阀门孔口下游高剪切区形成的漩涡核心处,空泡一般表现为非定常的游移空化和漩涡空化,瞬态流场结构对阀门后非定常空泡的产生影响十分显著,紊流模型对该类空化影响较为显著。

(2)雷诺时均紊流模型(RANS)对流场流速和压力进行了时均处理,过滤了压力和速度脉动的影响,较难模拟阀门后高速剪切流中形成的非定常空泡,空化发生的条件与物理模型差异较大。

(3)大涡模拟紊流模型(DES、LES)保留了流场计算域内瞬时压力和流场变化,计算的阀门孔口下游高剪切区空泡形态、初生空化数与物理模型试验结果基本一致。其中 DES 紊流模型在模拟流体内部剪切层或漩涡核心产生的游移空化和漩涡空化等非定常空泡方面要明显优于其他紊流模型,获得的流场信息、脉动特征、空化发生位置较为符合实际观测结果。

7.2.3 廊道体型影响

为分析廊道体型对空化特性的影响,通过数学模型对比计算了第一类标准廊道体型不同升坎及跌坎形式的影响。图 7.7 给出了两种情况下一组时间序列内船闸廊道突扩部分典型的流场压力分布情况。可以看出:两者之间存在一定的差异,有台阶的升跌坎附近出现的低压区域的尺度明显比无台阶的情况小,特别是在跌坎附近。

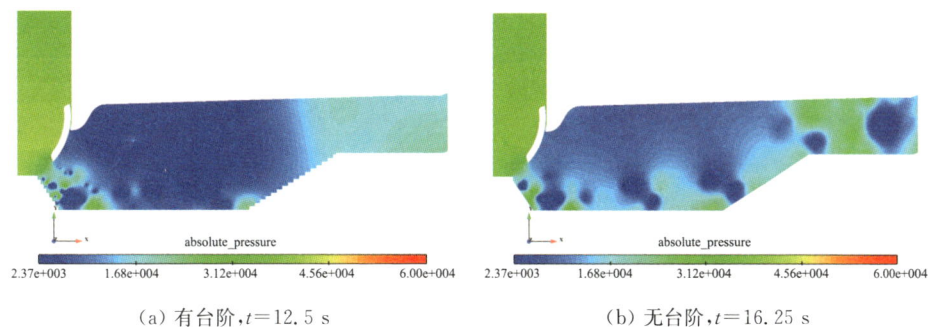

(a) 有台阶,$t=12.5$ s   (b) 无台阶,$t=16.25$ s

图 7.7 有无台阶时的压力分布云图

图 7.8 显示的是有无台阶情况下,两者的自然空化现象在发生的区域和形式上基本一致,且在廊道腹部均出现了大面积集中的空泡。但无台阶情况下的

空化强度比有台阶情况略强,流动后期在廊道腹部空泡发生的区域更大。

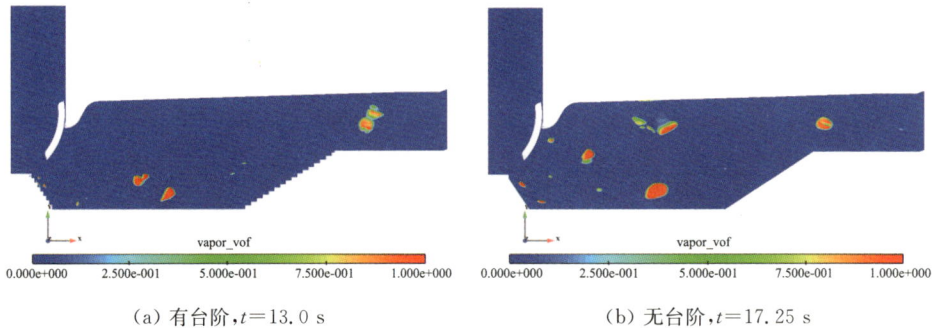

(a) 有台阶,$t=13.0$ s　　　　　　　　(b) 无台阶,$t=17.25$ s

图7.8　有无台阶时的蒸汽体积分量分布云图

7.2.4　淹没深度影响

为分析淹没深度对空化特性的影响,通过数学模型对比计算了第一类标准廊道体型两种不同淹没深度的影响:(1) 阀门淹没深度为 13 m;(2) 阀门廊道高度抬高 5 m,淹没深度为 8 m。图7.9 给出了在不同淹没深度条件下,一组时间序列内船闸廊道突扩部分典型的流场压力分布情况。可以明显地看出:减小淹没深度后,阀后突扩体低压区域和降压程度均有所增大。这表明流场中更易于发生自然空化现象。此外,廊道整体抬高 5 m 导致廊道出口压力相应减小,因此可以从云图上清楚地看到团状的低压区域向下游运动的现象。

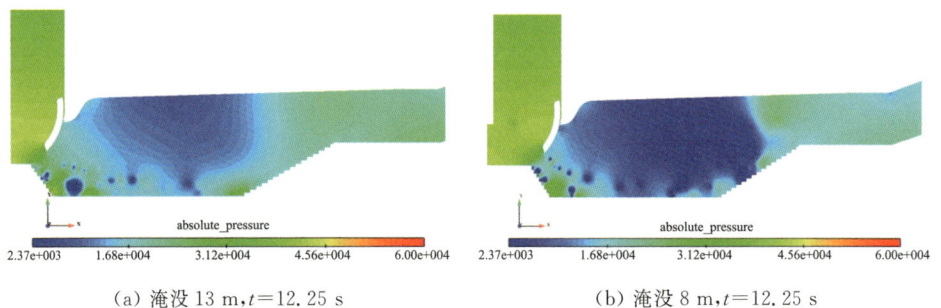

(a) 淹没 13 m,$t=12.25$ s　　　　　　(b) 淹没 8 m,$t=12.25$ s

图7.9　不同淹没深度时的压力分布云图

图7.10 给出了两种不同淹没深度条件下,一组时间序列内船闸廊道突扩部分典型的流场速度分布情况。可以看出:减小淹没深度后,廊道内流场速度幅值并未明显增大,但速度振荡的不稳定现象较常压条件更早地出现。虽然减压条件下廊道底侧升坎附近的流动分离略有延迟,但总的来看并未消除廊道腹部的

回流现象。

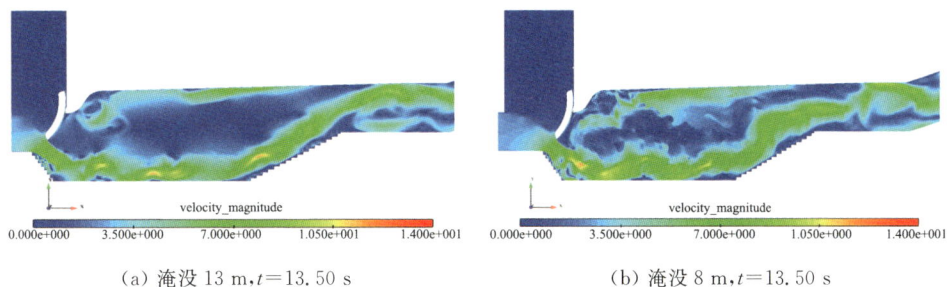

(a) 淹没 13 m,$t=13.50$ s   (b) 淹没 8 m,$t=13.50$ s

图 7.10   不同淹没深度速度分布云图

图 7.11 给出了不同淹没条件下,一组时间序列内船闸廊道突扩部分典型的蒸汽体积分量分布情况。可以发现:减小淹没深度后,由于流场压力明显低于常压条件,因此更易于产生空泡,空化发生的区域和程度均明显增大。同时,廊道腹部的自然空泡仍大范围存在。图 7.12 显示的是淹没深度改变前、后,廊道底面 5 个监测点压力随时间的变化情况。大体上,两种淹没深度条件下,压力脉动的频率和形式类似,但由于淹没深度减小,脉动幅值有所增加。

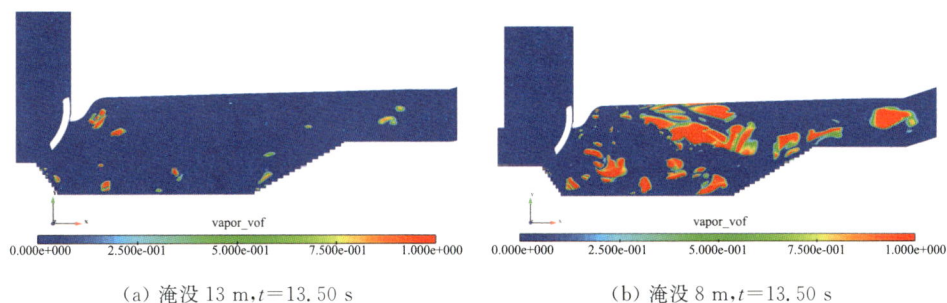

(a) 淹没 13 m,$t=13.50$ s   (b) 淹没 8 m,$t=13.50$ s

图 7.11   不同淹没深度蒸汽体积分量分布云图

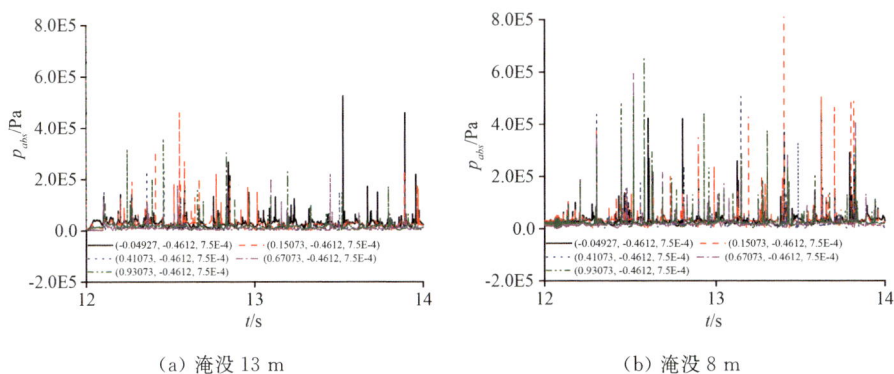

(a) 淹没 13 m   (b) 淹没 8 m

图 7.12   廊道底监测点压力随时间的变化情况

7.2.5　工作水头影响

工作水头通过调整入口流量来实现,计算工况条件定义如下:(1)闸门固定开度为 0.3,入口基准流量为 64.47 m³/s,出口顶面水头为 8.228 m;(2)入口基准流量降低 50%,其他条件保持不变。采用涡方法生成涡,计算域为准三维几何外形,网格总数约为 29 万个。

图 7.13 给出了常速和减速条件下,一组时间序列内船闸廊道突扩部分典型的流场压力分布情况。对比可见,流场中的低压区域和范围略有减小。

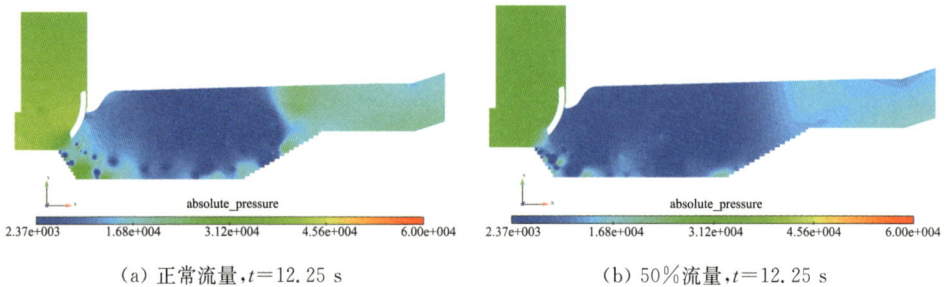

(a) 正常流量,t=12.25 s　　　　　　(b) 50%流量,t=12.25 s

图 7.13　不同工作水头的压力分布云图

图 7.14 给出了常速和减速条件下,一组时间序列内船闸廊道突扩部分典型的蒸汽体积分量分布情况。可以看到:流场初期,减速条件下确实可以减小自然空化发生的范围和强度。但流场后期,回流区的存在仍使得廊道腹部产生了大面积的自然空泡。

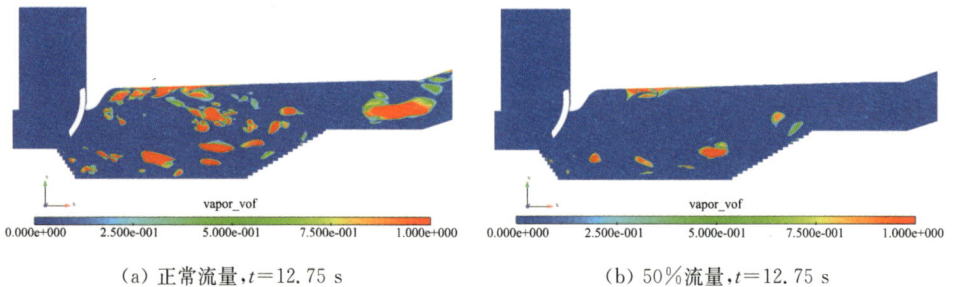

(a) 正常流量,t=12.75 s　　　　　　(b) 50%流量,t=12.75 s

图 7.14　不同工作水头蒸汽体积分量分布云图

图 7.15 显示的是常速和减速条件下,廊道底面 5 个监测点压力随时间的变化情况。可以看出:在计算的两个速度条件下,压力脉动的频率和幅值大致相当。

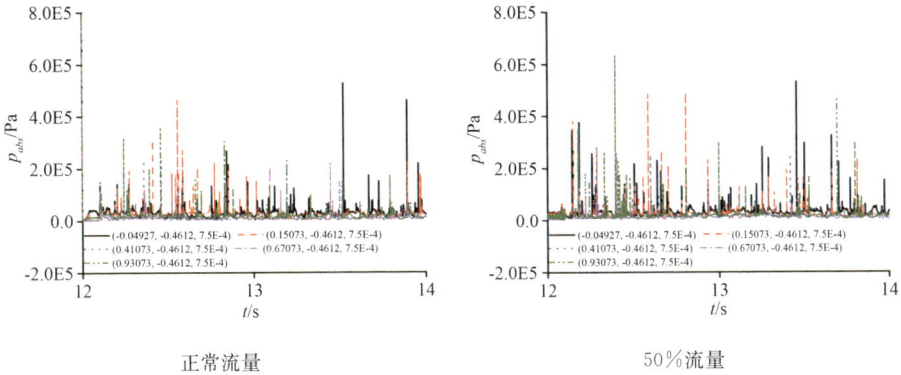

正常流量　　　　　　　　　　　　50%流量

图 7.15　廊道底监测点压力随时间的变化情况

7.3　阀门段廊道非恒定流水动力荷载特性

本节在总结国内高水头船闸阀门段廊道体型研究成果的基础上，提出了 60 m 单级船闸输水阀门段廊道的基本布置形式和尺寸，进行了 60 m 单级船闸输水阀门非恒定流常压及减压模型的设计和率定。通过非恒定流常压试验，系统研究了不同开门速度、作用水头条件下，60 m 单级船闸"顶扩＋底扩"廊道体型非恒定流水动力变化特性，获得了合理的水动力荷载系数值，试验结果表明"顶扩＋底扩"廊道体型增压及改善阀门底缘流态效果明显。

7.3.1　阀门段廊道体型

船闸输水阀门廊道体型是影响阀门空化性能的重要影响因素，优化阀门段廊道体型，如采用底部突扩、顶部突扩及三维突扩等体型，可以降低阀门底缘的初生空化数，即在阀门工作空化数相同的条件下，底缘空化强度更弱，其是一种重要的主动防空化措施。在我国高水头船闸建设中，水口、五强溪、东西关等船闸采用了廊道顶部突扩结合侧面突扩的形式，沙溪口船闸采用了底部突扩结合侧面突扩的廊道形式。国内外对阀门后廊道体型的研究始于 20 世纪 70 年代，苏联通过试验研究，提出了门后廊道突扩方案，但未付诸应用。

自 1980 年以来，我国针对水口船闸、沙溪口船闸及五强溪船闸等进行了大量减压模型试验研究，研究结果指出，若采用顶扩廊道体型且在满足输水时间前提下，这些船闸均将发生较强空化，为此，提出了不同形式的突扩方案，并得到应用（见图 7.16）。采用突扩体型，一方面可显著增加阀门后廊道水流压力，减小门后廊道壁面水流压力脉动，降低阀门临界空化数等，从而避免发生空化或减弱空化

181

强度;另一方面,即使阀门底缘发生空化,而突扩体可形成超空化结构,将空化区限制在突扩体水流内部,减弱空泡溃灭时的冲击压力,对廊道边壁起到保护作用。

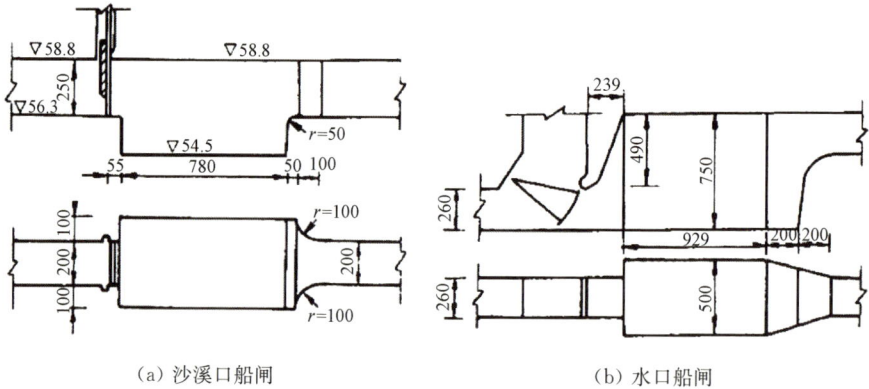

(a) 沙溪口船闸　　　　　　　　　　　(b) 水口船闸

图 7.16　阀门段突扩廊道体型(单位:cm)

三峡船闸中间级阀门作用水头高达 45.2 m,空化问题非常突出,最终采用了"快速开启(t_v=2 min)+大淹没水深(26.0 m)+底扩廊道体型+门楣自然通气+跌坎强迫通气(原型中虽预埋了跌坎强迫通气管,经有水调试,发现跌坎空化持续时间不长,且强度可以接受,未设置空压机)"的综合措施。其门后廊道体型为底部突扩 3 m,顶部为 1∶10 的渐扩形式,侧面不扩大,如图 7.17 所示。

沙溪口、水口、五强溪船闸原型观测结果表明,突扩廊道体型对于抑制阀门底缘空化起到了相当重要的作用,阀门运行平稳,无声振现象发生,但是突扩廊道体型的出口段存在空化现象,可能导致出口附近廊道的空蚀破坏。

三峡船闸原型观测表明,阀门启闭过程中,运行非常平稳,振动较小,底缘无空化发生,综合措施较好地解决了阀门空化这一关键性技术难题,但在跌坎处存在短暂空化。三峡船闸底扩体型主要是由于水流流态的改变而提高了其抗空化能力,水口及五强溪船闸所采用的顶部突扩的升压作用(主要提高工作空化数)占的比重较小。

嘉陵江东西关船闸采取了类似水口、五强溪船闸的门后廊道突然扩大的措施来解决阀门空化问题,并通过减压模型试验进行了体型优化研究,如图 7.18 所示。

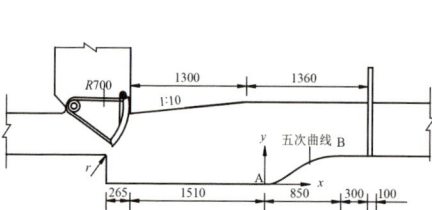

图 7.17　三峡船闸阀门段廊道体型(单位:cm)　图 7.18　东西关船闸阀门段廊道体型(单位:m)

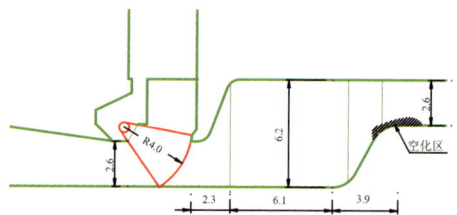

该船闸原型观测结果表明,在设计工作水头为 24.5 m 条件下,阀门全开时间约为 280 s,整个充水过程,闸首未闻异常声响,无声振现象发生。双边灌水在 120~420 s 时段有空化,单边灌水在 120~520 s 时段有空化,且单边灌水噪声强度大于双边。两种工况,均在 180~300 s 时段,即 $t/t_v=0.7~1.0$ 和全开后一定时段空化相对较强。在工作水头降至 16 m、阀门处廊道初始淹没水深增加 8 m 的条件下,空化现象减弱。根据突扩廊道布置,判断空化发生部位在突扩廊道出口边界附近,系升坎尾部分离流所致。

根据我国前期高水头船闸阀门研究成果,60 m 单级船闸阀门试验廊道体型采用"顶部突扩+底部突扩"形式,充泄水阀门埋深 30 m。阀门后廊道突扩体长度为 34.0 m、最大高度为 12.5 m,其中顶部突扩 2.5 m,为避免顶突扩廊道顶部"集气",廊道顶部采用渐扩,从阀门井后 2.5 m 起坡,坡比为 1∶50,止坡于下检修门井前 8.5 m;底部突扩 4.0 m,为了便于维护和检修,底扩段的跌坎采用台阶形式,每一级台阶高 0.4 m、宽 0.2 m;升坎为"高次曲线"形式,长度为 14.7 m,高度为 5.0 m;升坎台阶末端距下检修门井的水平距离为 6.25 m,如图 7.19 所示。

阀门采用高水头动水启闭、抗震性能良好的双面板全包反向弧形门,阀门处廊道孔口尺度为 6.0×6.4 m(宽×高),反弧外面板半径为 9.5 m,内面板半径为 8.5 m。阀门采用专门研制的水弹性材料制作,其容重为 7.78×10^4 N/m³、弹模为 1.5×10^4 MPa。将水弹性材料辊轧成不同规格板材用于制作阀门水弹模型。为保证阀门外形几何相似,通过配重满足重心基本相似,阀门底缘与底板初始夹角为 90°。

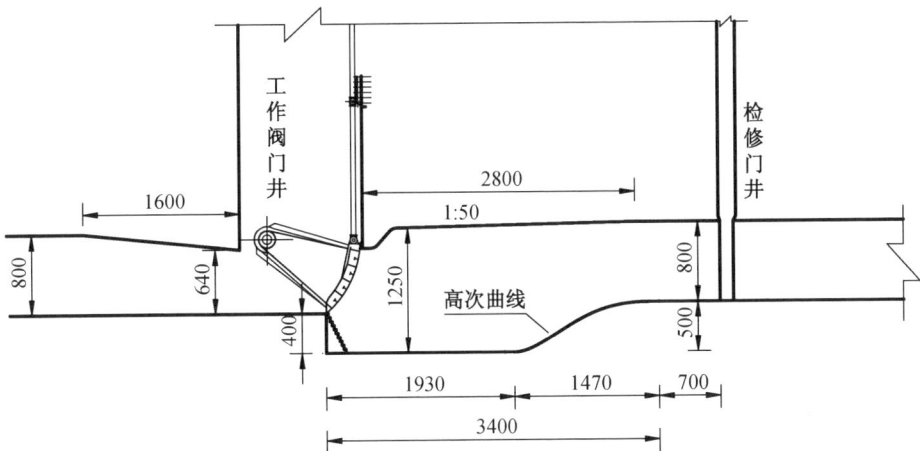

图 7.19　阀门段廊道体型及布置(单位:cm)

阀门启闭系统采用较成熟的竖缸液压启闭机方案,液压启闭机对阀门吊杆体系脉动的适应性较好,可在一定程度上抑制阀门的振动。阀门启闭杆摆杆的长度为 18.0 m,其余吊杆长度均为 15.0 m。

根据第 4 章分层消能输水系统研究结果,从闸室停泊条件和输水时间考虑,充水阀门推荐开启时间为 $t_v = 7 \sim 8$ min,阀门水力学试验重点对该条件下的阀门段廊道水动力荷载特性开展研究。

7.3.2 阀门段廊道压力特性

7.3.2.1 廊道顶部压力特性

$t_v = 7$ min 开启时,门后廊道顶部测点压力高程过程线见图 7.20。在开门瞬间,由于水流惯性的作用,突扩体内廊道顶 1# ~ 12# 测点,压力均有抬升,根据测点位置的不同,抬升压力为 0.3 ~ 0.9 m 水柱不等,距离阀门越远,水流惯性越弱。随着阀门逐步开启,门后旋滚开始形成和发展,位于突扩体内的廊道顶各测点压力随之下降,在 $n = 0.2 \sim 0.5$ 开度形成一压力低谷区,此后,随开度增大各点压力逐渐回升。突扩体出口 12# 测点由于受升坎出口水流的"顶托"作用,在 $n = 0.1 \sim 0.9$ 开度范围压力明显高于突扩体内测点。由图 7.20 可见,在 13# (距离阀门 42 m,距离突扩廊道 8.0 m)以后测点压力变化平稳,说明该点后廊道流态基本恢复,下检修门井布置合适在 13# 点以后,即大于突扩体后 1 倍廊道高度的位置。

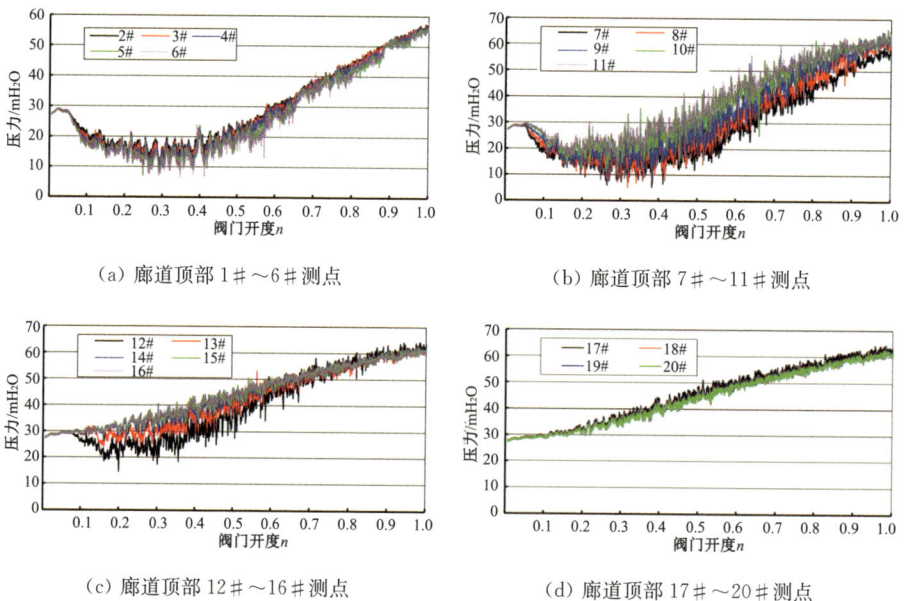

(a) 廊道顶部 1# ~ 6# 测点　　　　(b) 廊道顶部 7# ~ 11# 测点

(c) 廊道顶部 12# ~ 16# 测点　　　　(d) 廊道顶部 17# ~ 20# 测点

图 7.20　廊道顶部测点压力过程线

非恒定流条件下各开度门后廊道顶部时均压力分布见图 7.21。廊道顶各

184

测点压力受门后主回旋区影响较大,各开度压力分布反映了门后旋滚区的变化范围。在 $n=0.2\sim0.7$ 开度,旋滚较强,旋滚中心压力梯度较大,压力也较低。此后,随开度的增大,旋滚逐渐减弱,旋滚中心压力也增大,压力梯度变小。距离阀门约 20.0 m(约 3 倍廊道高度)处为主旋滚区中心,此处的廊道顶压力最低。整个开门过程廊道顶最低时均压力约为 12.41 m 水柱,发生在 $n=0.3$ 开度。在突扩廊道收缩段的末端,廊道顶时均压力最大,反映了主流对顶板的"顶托"作用。

由于船闸输水的非恒定流特性,输水过程中动水压力脉动的统计特征具有明显的时变特性,相应的信号属非平稳随机过程,通常需对非恒定流压力信号的分析进行预处理,消除直流分量,即可求得其统计特征。$t_v=7$ min 开启时,门后廊道顶部压力脉动均方根分布见图 7.22。结合压力过程线分析可知,在阀门开启后,门后主回旋区不断扩大和加强,至 $n=0.5$ 开度左右,门后主回旋区最强,脉动强度最大,最大压力脉动均方根值约为 4.78 m 水柱,位于阀门井下游 25.5 m(9♯)处。阀门井下游 12 m 范围内,压力脉动均方根值在 3.6 m 水柱以下。阀门井下游 6.0 m 范围内,压力脉动均方根值在 3.0 m 水柱以下。阀门井下游5.0 m 范围内,压力脉动均方根值在 0.7～2.0 m 水柱左右。与国内已建高水头船闸(三峡、乐滩、草街等)相比,船闸阀门后廊道顶水流脉动较大,廊道结构设计应充分考虑水流脉动压力影响。

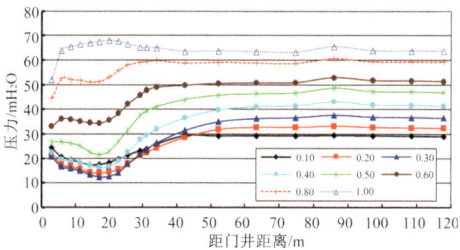

图 7.21　廊道顶时均压力分布

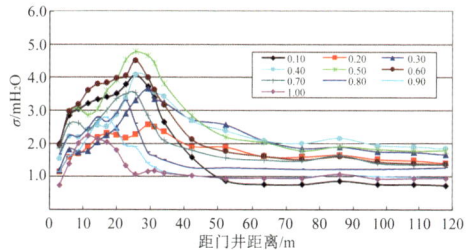

图 7.22　廊道顶压力脉动均方根值分布

7.3.2.2　廊道底板压力特性

阀门段突扩廊道的台阶跌坎、平底段、高次曲线升坎、下检修门井前/后廊道以及主廊道底板各测点的压力过程线见图 7.23。非恒定流条件下,典型开度下门后廊道底板时均压力分布见图 7.24。

与廊道顶部压力受主回旋区控制不同,底部各测点压力主要受孔口主流、跌坎回流区和升坎水流分离的影响,其变化规律有较大差异。

开门初期,受孔口射流冲击作用,台阶跌坎上的 21♯测点压力变幅极大,阀门开启到 $n=0.04$ 开度附近,压力迅速增加 45.2 m 水柱,达到 70 m 水柱;随后压力迅速下降,$n=0.08$ 开度时,压力降到最低值,最小压力约 3.58 m 水柱;阀

门开启到 $n=0.1$ 开度左右,压力迅速回升到 21.0 m 水柱左右,随后该点压力随着阀门开度增加,逐渐缓慢上升。受非恒定流惯性及孔口射流共同作用,在阀门开启至 $n=0.04$ 开度,跌坎上的 22♯测点压力最大达 48.78 m 水柱左右,阀门开启至 $n=0.08$ 开度,压力降低到 6.34 m 水柱,阀门开度大于 $n=0.1$ 开度后,该点压力高程与 21♯测点压力基本一致。由图 7.23 的压力变化过程线可见,22♯~25♯测点在 $n=0.1$ 开度范围内均有类似 21♯测点的压力迅速上升、下降、再迅速上升的变化过程,小开度范围压力快速变化影响范围大约为门后 6.0 m 左右的范围(门后 0.9~1.0 倍高度),且距离阀门越近,影响变化幅值越大。

突扩体平底段底板靠近台阶跌坎的 25♯~29♯测点的压力主要受次回旋区及孔口主流影响。各开度沿程压力分布的峰值反映了跌坎射流末端对底板的冲击,随着开度的增大,冲击点峰值所对应的位置亦向下游延伸,表明跌坎射流冲击点向下游移动。$n=0.08$ 开度,射流冲击点位于距离跌坎 2.9 m 的 23♯测点附近;$n=0.12$ 开度,射流冲击点位于距离跌坎 4.8 m 的 24♯测点附近;$n=0.24$ 开度,射流冲击点位于距离跌坎 5.8 m 的 25♯测点附近;$n=0.60$ 开度,射流冲击点位于距离跌坎 8.6 m 的 26♯测点附近;$n=0.80$ 开度,射流冲击点位于距离跌坎 11.4 m 的 27♯测点附近。当阀门开度 $n>0.80$ 时,射流冲击作用不明显。冲击点前后,时均压力相对较低,冲击点前的低压区是由跌坎形成的次回流区引起的,冲击点后的低压区是由主流流速较大引起的。

突扩体平底段底板上远离台阶跌坎的 28♯测点和 29♯测点的压力主要受孔口主流及主廊道后压力共同影响,在开门初期 $n=0.04$,由于水流惯性作用,压力上升 0.7 m 水柱左右,此后压力下降,在 $n=0.3$ 时压力最低,随阀门开度的增大,压力呈单调上升趋势。

高次曲线升坎上的 31♯、32♯测点,在 $n=0.3\sim0.4$ 时压力最低,此后,随阀门开度的增大,压力呈上升趋势。此外,此处压力脉动幅值相对较大,达 ±8 m 水柱左右。由于受高次升坎过流断面"缩窄"影响,大开度时,31♯测点压力上升幅度明显低于其前后测点。

高次曲线升坎出口后的主廊道底板压力变化趋势相近,说明突扩体基本合适。主廊道斜坡段,测点压力趋势基本一致,说明斜坡段流态恢复均匀。主廊道平底段水流平稳,此段的 44♯、45♯测点压力也均匀一致。

典型开度下廊道底板各点压力脉动均方根对比见图 7.25。开门初期,由于孔口射流作用,台阶跌坎上的 21♯测点、22♯测点及底板上靠近跌坎的 23♯~25♯测点的压力脉动较大。

各开度沿程压力脉动存在两个峰值区,其一对应着跌坎射流冲击区,当 $n=0.4\sim0.6$ 开度时较大,最大脉动强度约为 8.74 m 水柱,发生在台阶跌坎下游 2.9 m 的 23♯测点处;其二位于升坎中后部偏突扩体出口,当 $n=0.1$ 开度时较大,最大脉动强度约为 6.35 m 水柱,发生在 31♯ 测点处。

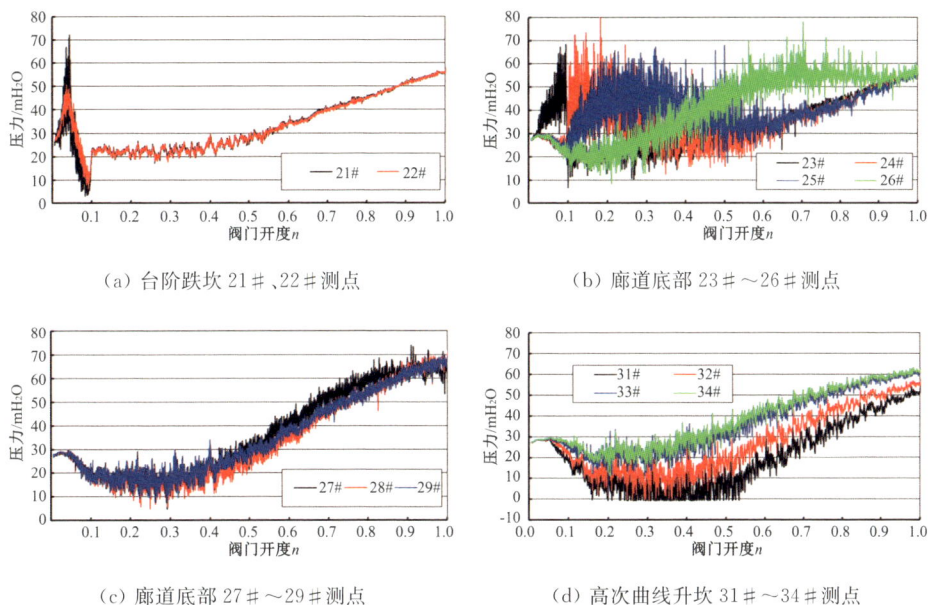

(a) 台阶跌坎 21♯、22♯ 测点

(b) 廊道底部 23♯～26♯ 测点

(c) 廊道底部 27♯～29♯ 测点

(d) 高次曲线升坎 31♯～34♯ 测点

图 7.23　廊道底测点压力过程线

高次曲线升坎后的主廊道下检修门井附近测点的压力均方根值明显下降,34♯ 测点均方根值最大值约为 3.8 m 水柱,发生于 $n=0.5$ 开度。36♯ 测点均方根最大值为 2.98 m 水柱,均发生在 $n=0.5$ 开度(距离阀门约 42 m,距离突扩体出口约 8 m)。36♯ 测点后流态更为均匀,均方根值变化均较为平稳且呈缓慢下降趋势,压力脉动均方根值均在阀门开度 $n=0.5$ 附近达到最大,最大值均小于 2.98 m 水柱,阀门全开后,均方根值最大仅约为 1.0 m 水柱。

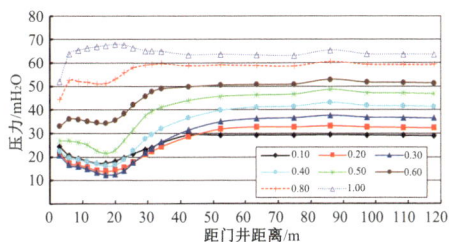

图 7.24　廊道底板时均压力分布

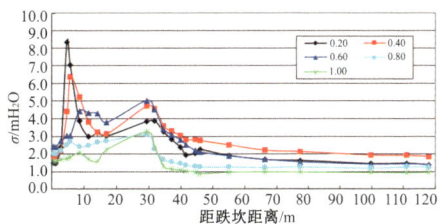

图 7.25　廊道底板脉动压力均方根值分布

7.3.3　阀门段廊道流态

阀门段廊道水流流态示意见图 7.26。该廊道体型门后水流流动形态在立面上可分为以下区域:(1)门后底缘水流收缩和扩大形成的主回旋区;(2)主流区;(3)主流上边界次回旋区;(4)跌坎射流引起的次回流区;(5)水流在升坎分离形成的小回旋区。由于门后廊道无侧向突扩,水流在水平面上无分离。

该体型布置特点:底部向下突扩 4.0 m,顶部向上突扩 2.5 m,并以 1:50 的坡比渐扩,突扩出口处主廊道底高程比阀门处廊道底高程高 1.0 m。观察流态发现,采用底部突扩后,阀门孔口出流后主流向下倾斜,流动较为顺畅,阀门底缘的绕流流态得到改善。大量研究表明,底扩不但可减弱阀门底缘空化,还可减小底缘处水流压力脉动,对抑制门体振动也较为有利。阀门后廊道顶部突扩和底部突扩使门后廊道垂向空间增大,主流能够较快地沿程扩散,降低了主流流速。突扩廊道收缩升坎的约束,提高了主流在突扩空腔以及下游廊道内走向的稳定性和漩涡空间排列结构的稳定性,对门后主流区长度的发展也有限制。突扩体出口廊道高于阀门处进口廊道 1.0 m(约为阀门孔口高度的 1/6),进一步稳定了门后旋滚区,增加了消能效果。收缩升坎采用高次曲线型,主流在升坎处没有明显分离。

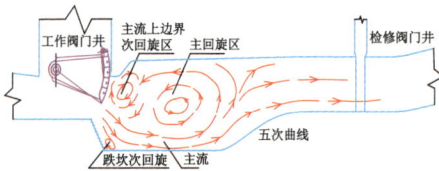

图 7.26   阀门段廊道水流流态示意图

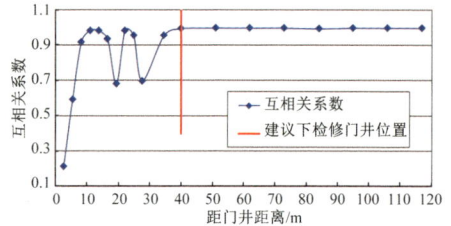

图 7.27   廊道顶、廊道底压力互相关系数

阀门后廊道顶、廊道底压力互相关系数见图 7.27,阀门开启过程中廊道顶 1# 测点主要受门后主流上边界次回旋区影响,25# 测点主要受跌坎孔口射流及跌坎小尺度次回旋区的控制,两者互相关系数为 $C_0=0.56$,相关性差。廊道顶 2# 测点处于门后主流上边界次回旋区及主回旋区交界处,26# 测点主要受跌坎孔口射流控制,两者互相关系数为 $C_0=0.81$,相关性也较差。与上述两断面相比,突扩体平底廊道其他断面顶、断面底主要受主流影响,压力变化趋势基本相同,相关性稍好。廊道顶 9# 测点、10# 测点位于升坎主流上方,受升坎出口水力"顶托"作用,对应的升坎 31#、32# 位于升坎水流分离区,两者互相关系数分别为 $C_0=0.94$、$C_0=0.96$,相关性趋好。廊道顶 11# 测点与底板 33# 测点互相关系数为 0.99,说明此处以后流态已经恢复稳定。下检修门井后廊道顶 13# 测点与同断面廊道底 38# 测点相关性较好,互相关系数为 0.99 左右。距阀门井距离大于 42 m(突扩体出口 8 m,突扩体出口 1 倍廊道高度)的主廊道断面廊道顶、底测点压力互相关系数都在 $C_0=0.99$ 以上,相关性良好,说明此时主

廊道流态较为均匀,阀门下检修门井宜布置在该位置下游,即下检修门井宜布置在突扩体出口 1 倍廊道高度以上的距离。

7.3.4　开启时间对廊道压力特性的影响

60 m 级船闸充水阀门以不同速率开启时,廊道测点时均压力见图 7.28。开启时间 $t_v = 5 \sim 10$ min 时,在 $n = 0.2 \sim 0.4$ 附近廊道顶、廊道底压力相对较低,随开启速率的减慢,在大开度时,廊道顶、廊道底压力有增大的趋势。而慢速开启,输水时间增大,影响通航效率,从阀门水力学角度出发,输水系统整体模型推荐的阀门开启时间 $t_v = 7$ min 是合适的。

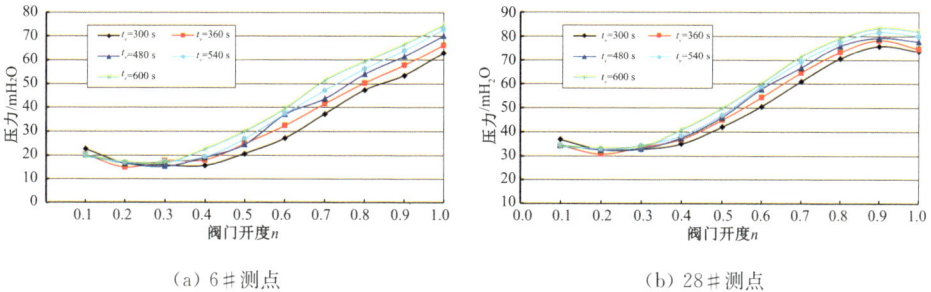

(a) 6♯测点　　　　　　　　　　　(b) 28♯测点

图 7.28　开启时间对廊道顶时均压力的影响

7.3.5　作用水头对阀门段水动力荷载的影响

不同初始作用水头下(47.5 m、52 m、56.0 m、60.0 m、64.0 m),阀门开启时间 $t_v = 8$ min 时,阀门段廊道顶典型开度($n = 0.3$)时均压力分布见图 7.29。可见,不同初始作用水头下,阀门段廊道顶时均压力分布规律相近。位于廊道顶部各测点压力受门后主回旋区影响较大,压力分布反映了门后旋滚区的变化范围。旋滚中心(对应着压力最低点位置)约位于工作门井下游 13.74 $\sim$ 19.24 m 区域,约为 2.5 $\sim$ 3.5 倍阀门处廊道高度。门后旋滚对水流的影响范围可达工作门井下游 28 $\sim$ 33 m 范围内,约为 5.4 $\sim$ 6.3 倍阀门处廊道高度;水流在位于工作门井后 33.19 m 的 12♯测点更趋稳定,廊道顶最低压力随初始作用水头的增大呈减小趋势。

不同初始作用水头下,阀门开启时间 $t_v = 7$ min 时,阀门段廊道顶典型开度($n = 0.3$)压力脉动强度分布见图 7.30。可见,不同初始作用水头下,阀门段廊道顶时均压力分布规律相近。廊道顶压力脉动强度随着作用水头的增加而逐渐增加。受升坎出口水流"顶托"和旋滚末端的共同影响,廊道顶最大压力脉动出现在升坎出口附近的下检修门槽前的 9♯、10♯、11♯、12♯测点处。

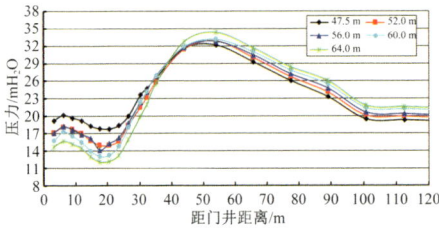

图 7.29　不同作用水头廊道顶时均压力分布
$(t_v=7\ \text{min},n=0.3)$

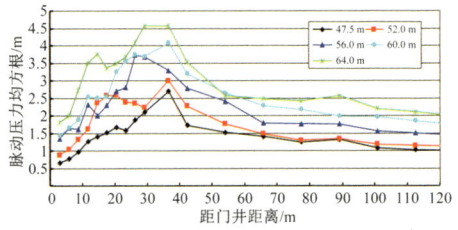

图 7.30　不同作用水头廊道顶压力脉动强度
$(t_v=7\ \text{min},n=0.3)$

图 7.31 是阀门开启时间 $t_v=7$ min 时,不同初始作用水头下典型开度阀门段廊道底时均压力分布,由图可知随着水头的增加,廊道底沿程压力分布规律相似。但不同区域压力的变化规律不尽相同,处于主流冲击区域的测点,压力随着初始作用水头的增加而增加。处于水流分离区的测点,其压力随着初始作用水头的增加而减小。另外,在升坎存在明显的低压区,低压区位于台阶升坎中上段 31♯测点附近。整个开门过程中廊道底板压力以 $n=0.2\sim0.5$ 开度为最低。

阀门开启时间 $t_v=7$ min 时,不同作用水头下,$n=0.3$ 开度阀门段廊道底压力脉动强度分布见图 7.32,虽然作用水头不同,但沿程压力脉动分布相似。廊道底压力脉动强度随着作用水头的增加而逐渐增加。

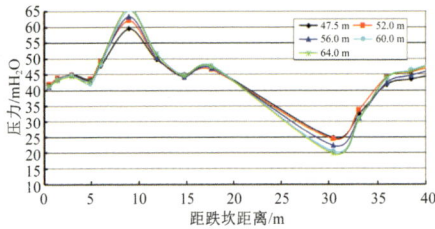

图 7.31　不同作用水头廊道底时均压力分布

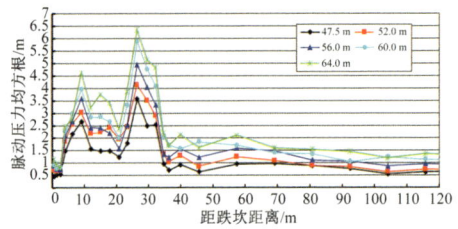

图 7.32　不同作用水头廊道底脉动强度

7.3.6　动水关闭阀门段廊道水动力荷载特性

从提高船闸运行的可靠性出发,输水阀门应能在任意开度事故停机和紧急动水关闭,这类工况下阀门及阀门段廊道所承受的水动力荷载是设计人员极为关注的技术参数。阀门井水位和门后压力的计算式如下:

$$\begin{cases} H_w = H_1 - \xi_1 \dfrac{V^2}{2g} - \dfrac{L'}{g}\dfrac{\mathrm{d}V}{\mathrm{d}t} \\ P_c/\gamma = H_T' + \mu_n^2 H_n\left[\xi_2 - \alpha(2\sqrt{\xi_{vn}}+\alpha)\right] + \dfrac{L''}{g}\dfrac{\mathrm{d}V}{\mathrm{d}t} \end{cases} \tag{7.10}$$

式中：H_w 为门井水位；ξ_1、ξ_2 分别为阀门前和阀门后输水系统阻力系数；μ_n、H_n、ξ_{in}' 分别为开度为 n 时的流量系数、上下闸室水位差、阀门阻力系数；L'、L'' 分别为阀门前和阀门后廊道惯性换算长度；α 为阀门处前后廊道扩大比；V 为阀门处廊道断面平均流速。

阀门承受的作用水头为：

$$\Delta H = H_\omega - \frac{P_c}{\gamma} \tag{7.11}$$

由式(7.10)分析可知，在高水头、大流量条件下，阀门动水关闭时，水流惯性作用 $\mathrm{d}V/\mathrm{d}t$ 发生骤变，廊道水流呈现负水击波特性，导致阀门上游廊道压力迅速上升，而门后廊道压力下降，阀门承受的作用水头增大，阀门工作条件趋于恶化。阀门前后压力的升降程度取决于阀门开启和关闭时间 t_{v1}、t_{v2}，阀门启闭间隔时段 Δt、阀门关闭开度 n。

定义 $K_f = \dfrac{\Delta H}{H_0}$ 为阀门水动力荷载系数，其中 ΔH 为阀门承受的作用水头，H_0 为阀门初始作用水头。

为减小阀门水动力荷载系数，关门采用下滑位关门技术，即关闭速率不是恒定的，关闭阀门的时间为 $t_v' = 3.5$ min，当闭门至 $n=0.03$(底缘距离廊道底板约 20 cm)时，关闭速率减慢。采用下滑位一方面可减小阀门对底板的冲击，另一方面降低了快速动水关闭造成的门井水位超高值，减小了阀门承受的水动力荷载系数。$t_v = 450$ s、开至不同开度、紧急动水关闭阀门(关闭阀门的时间为 $t_v' = 3.5$ min)时，门井水位、阀门门后廊道顶压力、水动力荷载系数随闭门开度的变化过程见图 7.33～图 7.35。

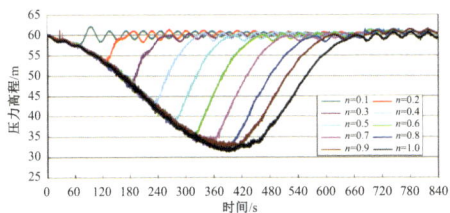

图 7.33　阀门井水位随闭门开度的变化过程

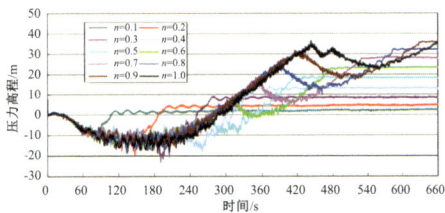

图 7.34　阀门后压力随闭门开度的变化过程

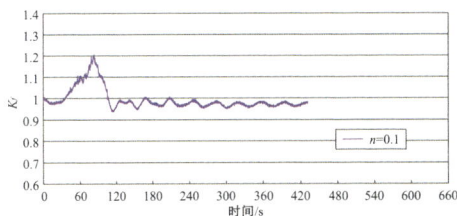

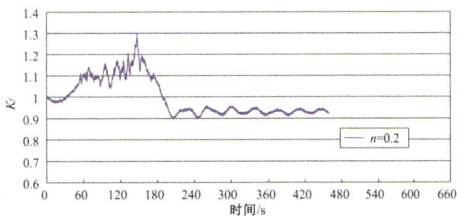

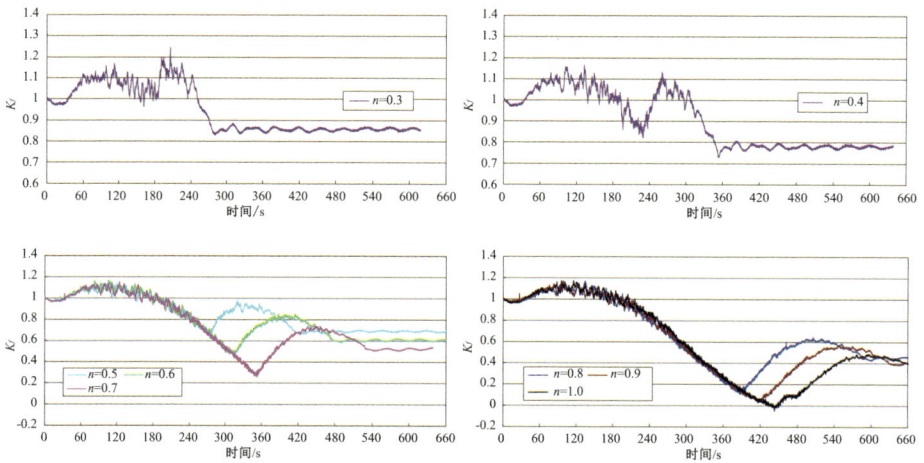

图7.35 水动力荷载系数随闭门开度的变化过程

由图7.35可见,动水荷载存在两个明显变化峰值,第一个峰值为阀门开启过程,第二个峰值为动水关门过程。阀门开度小于0.4开度时,动水关闭的动水荷载峰值大于开门时的动水荷载,关门动水荷载系数是控制条件;阀门开度大于0.4开度时,动水关闭的动水荷载系数小于开门时的动水荷载,开门动水荷载系数是控制条件。开门过程,最大水动力荷载系数最大约为$1.17 \sim 1.20$。阀门关闭过程中,最大动水荷载系数在1.29左右,出现在$n=0.2 \sim 0.3$开度,即在该开度范围动水关闭时,阀门承受的水动力荷载最大,超过开门过程中的最大水动力荷载系数1.20。$n > 0.3$的工况下动水关门,水动力荷载系数随闭门开度的增大而减小。阀门结构设计时,水动力荷载系数可按规范提出的1.8考虑。

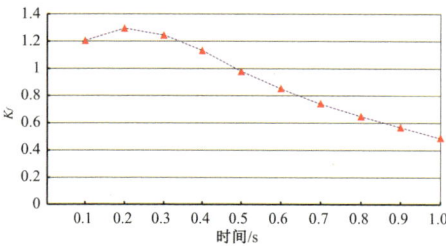

图7.36 水动力荷载系数与闭门开度的变化关系

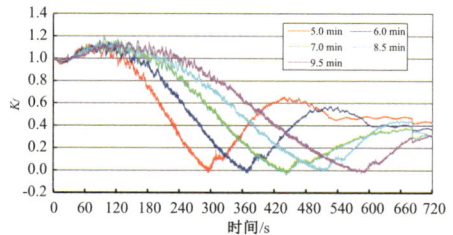

图7.37 开启时间对阀门水动力荷载系数的影响

水动力荷载系数随开启时间的变化过程见图7.37。阀门开启过程中,开启时间对水动力荷载系数影响不明显。阀门全开后立即以$t'_v = 3.5$ min动水关闭,关门过程中的水动力荷载系数随阀门开启时间的增大而增大。

本节在总结国内高水头船闸阀门段廊道体型研究成果的基础上,提出了

60 m 单级船闸输水阀门段廊道的基本布置形式和尺寸,并通过非恒定流常压模型,系统研究 "顶扩＋底扩" 廊道体型非恒定流水动力荷载特性,试验结果表明:

(1) 推荐 60 m 单级船闸阀门段廊道采用 "顶扩＋底扩" 综合体型(突扩体长度为 34.0 m、顶部突扩 2.0 m、底部突扩 4.0 m、最大高度为 12.5 m、跌坎为台阶形式、升坎为 "高次曲线" 形式),试验表明该廊道体型增压及改善阀门底缘流态效果明显。

(2) 试验系统研究了阀门段廊道压力特性和压力分布规律,得到了廊道阀门段顶、阀门廊道门段底、跌坎、升坎等关键部位的非恒定流时均压力和脉动压力分布。下检修门井宜布置在突扩体出口 1 倍廊道高度以上的距离。

(3) 获得了合理的水动力荷载系数值。试验表明,动水荷载存在阀门开启和关闭两个明显变化峰值,其中阀门开度小于 0.4 开度时,关门动水荷载系数是控制条件。60 m 单级船闸充水阀门以 $t_v = 7$ min 开启至不同开度,再以 $t'_v = 3.5$ min 动水关闭,试验表明,阀门承受的最大水动力荷载系数为 1.29。阀门结构设计时,水动力荷载系数建议按规范要求的 1.8 考虑。

7.4　阀门振动及动水启闭力特性研究

本节通过阀门模态试验、三维有限元数值计算和非恒定流常压模型相结合的方法,对 60 m 级船闸输水阀门及启闭吊杆系统的自振特性、门体水动力荷载特性以及净动水启闭力特性等进行了研究,初步探讨了 60 m 船闸输水阀门结构的可行性。

7.4.1　阀门模态分析方法

阀门的流激振动是水流与结构相互耦合作用的结果,研究结构的流激振动,需要从 "水流" 及 "结构" 两方面入手。水流引起的压力脉动是阀门振动的外因,而阀门的自振特性是其固有属性,是结构刚度和质量的综合体现,是振动的内因。当阀门的自振频率处于水流脉动的高能区或与脉动主频接近时,可能会引起阀门强烈振动甚至共振,需要对船闸输水阀门的结构及振动特性进行研究。

目前结构自振特性分析多采用模态试验和数值模拟两种方法,其中自振特性数值分析理论已十分成熟。通过多次研究对比,两种方法得到的自振特性吻合较好,而且数值方法在复杂结构模拟和结构优化方面具有一定优势,因此,采用模态试验和有限元计算相结合的方法对船闸阀门自振特性开展研究。

水流激起的阀门振动问题涉及水流、结构及其相互耦合作用,属水弹性范畴。一般情况下,动水作用力是随机的,因而,阀门流激振动通常为随机振动。

根据随机振动理论,水动力作用下阀门结构振动响应能谱由下式确定:

$$G(\omega) = \sum_{r=1}^{N} \sum_{s=1}^{N} H_r^*(\omega) H_s(\omega) S_{rs}(\omega) \tag{7.12}$$

式中:$H_s(\omega)$ 或 $H_r(\omega)$ 为响应点与激励点 s(或 r)之间的传递函数;$H_r^*(\omega)$ 为传递函数 $H_r(\omega)$ 的共轭函数;S_{rs} 为 r、s 两点输入力之间的互功率谱密度。

结构的传递函数包含了结构动态特性的全部参数,式(7.12)表明,阀门流激振动响应大小与结构的动态特性和激励力能谱密度密切相关。改善阀门结构的动态特性,使之避开水流激励力高能区是减少结构振动的重要途径。换言之,如果阀门结构动态特性不在水流激励力的高能区,结构不致产生危害流激振动。

结构的动态特性通常用结构的模态频率及相应的模态阻尼与模态振型来描述,它是结构自身的固有特性,当结构的构造形式、外形尺寸及材质等确定后,即结构的质量、刚度、阻尼等结构特性参数确定后,其动特性也就确定了。简单结构可以通过数理解析方法求解其动态特性,而像水工阀门这类复杂的空间结构,通常采用试验模态分析方法。

试验模态分析是研究复杂结构动态特性的先进技术,是一种数学模型与物理模型优势互补,相互结合的方法。其原理是通过物理模型试验获取结构在给定外力激励下的振动响应,将力及响应代入数学模型,通过数学运算,求解结构的动特性。

7.4.1.1　数学模型

具有无限自由度的阀门结构在外力激励下的振动可以用 N 个有限自由度线弹性方程来描述:

$$M\ddot{X} + C\dot{X} + KX = P \tag{7.13}$$

式中:M、C、K 分别为阀门结构的质量、阻尼、刚度矩阵;P 为作用于阀门的激励力列阵;$\ddot{X}$、$\dot{X}$、X 分别为阀门结构振动的加速度、速度、位移矢量,它们均包含阀门结构三维空间各方向上的振动。

对式(7.13)进行 Laplace 变换,可得振动系统传递函数:

$$H(j\omega) = \sum_{r=1}^{N} \left(\frac{A_r}{j\omega - \lambda_r} + \frac{A_r^*}{j\omega - \lambda_r^*} \right) \tag{7.14}$$

式中:A_r、A_r^* 为 r 阶模态的留数矩阵及其共轭,且 $A_r = \{a_r\}\{a_r\}^T / \rho_r$,$\{a_r\}$ 为结构 r 阶振型,ρ_r 为 r 阶标量因子;λ_r、λ_r^* 为 r 阶模态特征值及其共轭,它们与结构 r 阶模态频率 ω_r 和阻尼比 ξ_r 有如下关系:

$$\begin{cases} \lambda_r = (-\xi_r + \mathrm{j}\sqrt{1-\xi_r^2})\omega_r \\ \lambda_r^* = (-\xi_r - \mathrm{j}\sqrt{1-\xi_r^2})\omega_r \end{cases} \tag{7.15}$$

显然,结构传递函数包含结构的全部模态参数,因此,获取结构传递函数并经参数识别后就可得到结构的动态特性。

7.4.1.2　物理模型

物理模型应满足几何、动力、运动及荷载方面的相似条件,具体包括:

(1)几何相似,物理模型应首先满足结构几何尺寸相似。在几何相似条件下,若结构长度比为 L_r,则结构受力产生的变位和应变比尺为:

$$\begin{aligned} x_r &= \varepsilon_r L_r = \theta_r L_r \\ \varepsilon_r &= \theta_r \end{aligned} \tag{7.16}$$

式中: θ_r 为角应变比尺。

(2)动力相似,由动力平衡方程可得:

$$应变比尺:\varepsilon_r = \gamma_r L_r / E_r \tag{7.17}$$

式中: γ_r、E_r 分别为结构材料的密度比尺、弹性模量比尺。

$$时间比尺:t_r = L_r(\gamma_r/E_r)^{-1/2} \tag{7.18}$$

对各向同性材料,在线弹性范围内:

$$\begin{aligned} 正应力比尺:&\sigma_r = E_r\varepsilon_r \\ 切应力比尺:&\tau_r = G_r\theta_r \\ 泊松系数比尺:&\mu_r = 1 \end{aligned} \tag{7.19}$$

式中: G_r 为剪切模量比尺。

(3)运动相似,由结构运动方程可得出,结构运动相似条件下,振动速度 $\dot{x}$,加速度 $\ddot{x}$ 比尺满足下列关系:

$$\begin{aligned} 速度:&\dot{x}_r = x_r t_r^{-1} \\ 加速度:&\ddot{x}_r = x_r t_r^{-2} \end{aligned} \tag{7.20}$$

(4)荷载相似,不同的荷载应满足如下关系:

$$\begin{aligned} 面力:&P_r = E_r\varepsilon_r \\ 集中力:&F_r = P_r L_r^2 = E_r\varepsilon_r L_r^2 \\ 力矩:&M_r = F_r L_r = E_r\varepsilon_r L_r^3 \end{aligned} \tag{7.21}$$

若结构振动模型同时满足几何相似、动力相似、运动相似和荷载相似,则有:

$$加速度比尺：\ddot{x}_r = 1$$
$$频率比尺：f_r = (\gamma_r / E_r)^{-1/2} L_r^{-1} \tag{7.22}$$
$$力比尺：F_r = \gamma_r L_r^3$$

如前所述，式（7.14）所表示的传递函数 $H(j\omega)$ 包含了结构的全部模态参数。物理试验的目的就是利用可靠的力信号与响应信号，获取传递函数所需的可靠信息。

试验时采用逐（节）点激励单（节）点响应的方法取得有关信息，即对逐节点施加任意大小的力进行激励，同时记录激励力与固定节点的三个方向的振动响应信号，传感器信号经电荷放大器滤波放大后，再进行抗混滤波，然后送入计算机，通过时域复指数拟合求出传递函数，进而取得阀门结构的模态频率、相应的阻尼与振型。激励使用激振锤，力的大小通过装于锤头的力传感器测量，振动响应则用三向微型加速度传感器测量，试验框图如图 7.38 所示。

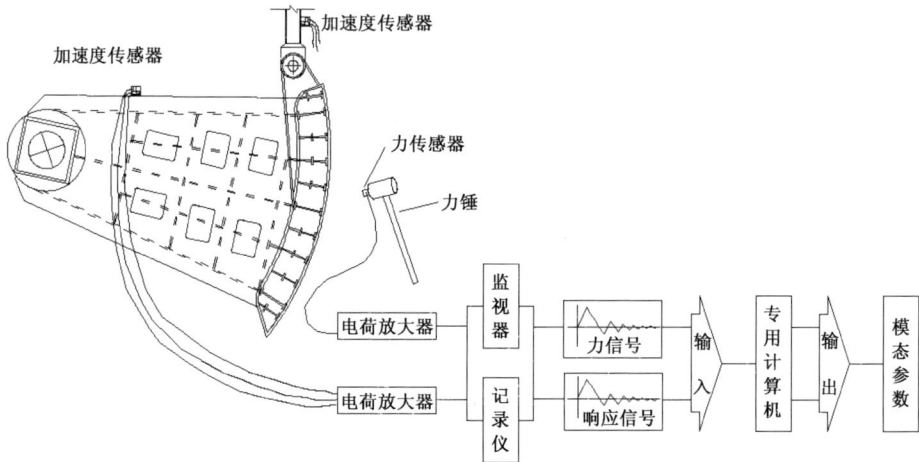

图 7.38　阀门动态特性试验框图

对式（7.14）进行 Laplace 逆变换，可得结构的单位脉冲响应函数 $h(t)$：

$$h(t) = \sum_{r=1}^{N} (A_r e^{\lambda_r t} + A_r^* e^{\lambda_r^* t}) \tag{7.23}$$

以 Δt 为采样时间间隔，同时对力及振动响应进行离散采样，得离散脉冲响应函数为：

$$h(m\Delta t) = \sum_{r=1}^{N} (A_r e^{\lambda_r m\Delta t} + A_r^* e^{\lambda_r^* m\Delta t}) \quad (m = 0, 1, 2, \cdots, M-1) \tag{7.24}$$

已知采样间隔为 Δt，则采样频率 $f = 1/\Delta t$，采集周期 $T = M\Delta t$，频率分辨

率 $\Delta f = 1/T$,分析上限频率 $f_{\max} = 1/2\Delta t$。

将试验所取得力信号与振动响应信号与式(7.25)进行复指数拟合,得出结构模态参数式(7.26),则称该方法为试验模态分析时域法。

$$\begin{cases} R = e^{\lambda\Delta t} \\ R^* = e^{\lambda^*\Delta t} \end{cases}$$ (7.25)

$$\begin{cases} \omega_r = \dfrac{1}{\Delta t}\sqrt{\ln R_r \ln R_r^*} \\ \xi_r = \dfrac{\ln(R_r R_r^*)}{2\sqrt{\ln R_r \ln R_r^*}} \end{cases}$$ (7.26)

7.4.2 阀门自振特性研究

7.4.2.1 计算及试验模型

通常阀门结构体系中,门叶刚度＞支臂刚度＞吊杆刚度,可以看出吊杆是阀门结构中的薄弱构件,由于薄弱构件决定了系统的低阶自振频率,因此,阀门自振特性分析应当包括门体和吊杆。

建立阀门门体与吊杆(摆杆)三维有限元模型,各部分结构均按设计精确模拟。坐标系:阀门径向为 X 轴,下游面板外法向为正;侧向为 Y 轴,向左侧为正;切向为 Z 轴,向上为正。模型采用八节点六面体实体等参单元离散,单元总数为 572 280 个,节点总数为 794 548 个,其中,阀门门体单元数为 556 720 个,吊杆单元数为 15 560 个。阀门有限元模型见图 7.39。本书采用以反幂法为基础的直接滤频法来计算闸门的自振频率和振型,这个算法在求解少数几个最低频率和振型时具有收敛速度快、存贮小的优点。

阀门动态特性模型按弹性相似设计,用有机玻璃精加工而成,根据阀门主要结构尺寸及有机玻璃一般厚度型号,综合确定模型几何比尺 $L_r = 10.5$,模型如图 7.40 所示。根据阀门构造特征,将阀门离散 85 个节点,其中两支铰节点(65,80)为不动点,每个节点考虑径向 ρ、切向 θ 和侧向 z 三个方向,共 255 个自由度。

阀门自振特性按两种情况考虑,一种是不考虑吊杆作用、单独门体结构的自振特性,另一种是考虑门体与吊杆耦合作用的自振特性。在单独门体结构分析时,根据吊耳是否受约束来反映吊杆对门体的影响:当吊耳不受约束时,即忽略了吊杆对门体的约束作用,单独从门体来说,其自振频率偏低;当吊耳受固定约束,且约束作用强于吊杆对其实际的约束作用时,其自振频率偏高。因此,吊杆影响下门体的自振频率介于两种约束条件之间。

图 7.39　阀门有限元模型　　　图 7.40　阀门门杆耦合弹性模型

7.4.2.2　阀门门体自振特性

（1）吊耳自由

首先不考虑吊杆参与,计算阀门门体的自振特性。当阀门支铰受三个方向的位移约束,吊耳呈自由状态时,计算得到的阀门前 10 阶自振特性参数见表7.1,前六阶振型见图 7.41。

表 7.1　阀门自振特性

阶数	频率/Hz	模态
1	13.46	阀门结构沿侧向摆振
2	16.97	阀门结构沿切向振动
3	24.17	阀门结构沿侧向扭振
4	61.95	支臂沿侧向对称弯曲振动
5	70.83	支臂沿侧向同向弯曲振动
6	86.47	支臂沿侧向对称扭振
7	91.83	支臂沿侧向同向扭振,吊耳沿侧向振动
8	94.79	上游面板径向振动
9	96.65	吊耳沿侧向同向振动
10	98.97	吊耳沿侧向对称振动

（a）第一阶振型（f=13.46 Hz）　（b）第二阶振型（f=16.97 Hz）　（c）第三阶振型（f=24.17 Hz）

（d）第四阶振型（f=61.95 Hz）　（e）第五阶振型（f=70.83 Hz）　（f）第六阶振型（f=86.47 Hz）

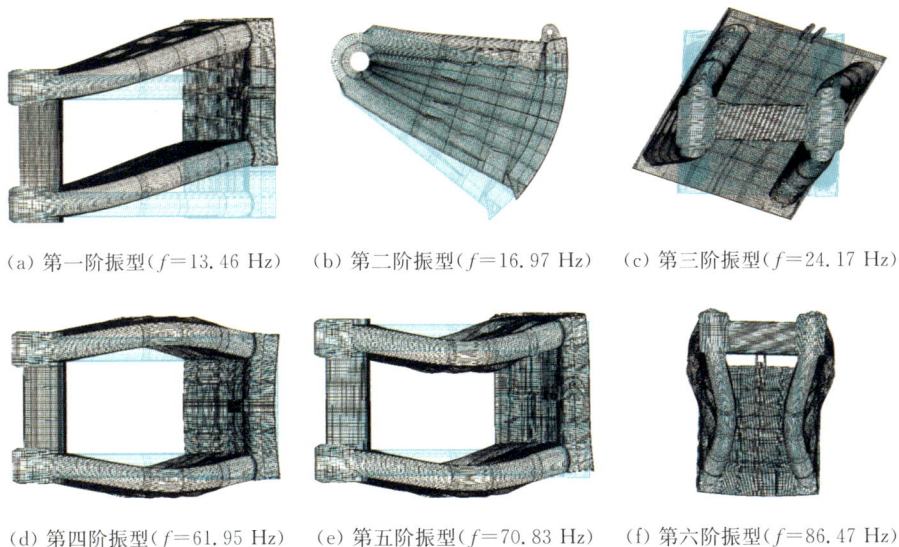

图 7.41　阀门前六阶振型

可以看出，在不考虑吊杆、阀门止水等约束的情况下，阀门门体第一阶自振频率为 13.46 Hz，表现为门体沿侧向的振动，与模态试验值较接近，门体基频较高，已脱离水流脉动压力的高能区，不会发生共振或剧烈振动；门体第二阶自振频率为 16.97 Hz，表现为阀门沿切向的振动；门体第三阶自振频率为 24.17 Hz，表现为阀门沿侧向的扭振；第四阶自振频率为 61.95 Hz，表现为阀门支臂对称的弯曲振动；第五阶自振频率为 70.83 Hz，表现为阀门支臂同向弯曲振动；第六阶自振频率为 86.47 Hz，表现为阀门支臂对称的弯曲扭振。

（2）吊耳固定约束

在吊杆不参与计算的情况下考虑吊杆对阀门的影响时，计算阀门门体的自振特性。当阀门支铰受三个方向的位移约束，吊耳受固定约束时，计算得到的阀门前 10 阶自振特性参数见表 7.2，前五阶振型见图 7.42。

可以看出，在考虑吊耳固定约束的情况下，阀门门体自振频率相对吊耳自由状态时均有所提高，低阶振型发生一定变化，对高阶振型影响不大。阀门门体第一阶自振频率为 17.04 Hz，基频提高约 3.58 Hz，表现为门体沿侧向的摆振，但受吊耳约束影响，阀门振动略偏斜；门体第二阶自振频率为 33.18 Hz，提高非常显著，表现为阀门沿侧向的扭振；门体第三阶自振频率为 55.35 Hz，表现为阀门沿切向的振动。可见，受约束影响，吊耳自由状态时的二阶和三阶频率发生交换，原第二阶沿切向振动受到的影响最大，由 16.97 Hz 提升至 55.35 Hz；第四阶自振频率为 62.73 Hz，表现为阀门支臂对称的弯曲振动；第五阶自振频率为 71.13 Hz，表现为阀门支臂同向弯曲振动，可见高阶频率及振型变化不大。从两种吊耳约束情况的计算结果可以看出,考虑吊杆影响时,阀门门体基频介于13.46~17.04 Hz之间。

表7.2 阀门自振特性

阶数	频率/Hz	模态
1	17.04	阀门结构沿侧向摆振
2	33.18	阀门结构沿侧向扭振
3	55.35	阀门结构沿切向振动
4	62.73	支臂沿侧向对称弯曲振动
5	71.13	支臂沿侧向同向弯曲振动
6	87.00	支臂沿侧向对称弯曲扭振
7	92.12	支臂沿侧向对称同向扭振
8	101.60	上游面板径向振动
9	117.20	支臂沿侧向对称振动
10	189.70	吊耳沿侧向对称振动

(a) 第一阶振型($f=17.04$ Hz)　(b) 第二阶振型($f=33.18$ Hz)　(c) 第三阶振型($f=55.35$ Hz)

(d) 第四阶振型($f=62.73$ Hz)　　(e) 第五阶振型($f=71.13$ Hz)

图7.42 阀门前五阶振型

7.4.2.3 阀门-吊杆耦合自振特性

若吊杆参与计算,分析阀门与吊杆系统的自振特性,正如前文所述,吊杆一般刚度偏低,是系统的薄弱构件,其参与计算可能会导致系统的自振频率降低。计算分析时,阀门支铰受三个方向的位移约束,摆杆顶受滑槽水平约束、受上节吊杆竖向约束,因此摆杆顶端受固定约束,材料参数同前。

计算得到的阀门-吊杆系统前 10 阶自振特性参数见表 7.3,前六阶振型见图 7.43。可以看出,在吊杆参与后,系统的自振特性与单独门体的自振特性相比有明显改变。吊杆自身的振动首先被反映出来,如系统第一阶自振频率为 11.59 Hz,表现为吊杆自身沿侧向的弯曲振动;第二阶自振频率为 12.38 Hz,表现为吊杆自身沿径向的弯曲振动。随后阀门的振动才体现出来,如第三阶自振频率为 13.04 Hz,表现为吊杆-阀门系统沿侧向的弯曲振动,此时吊杆振动仍然占优,导致该阶自振频率略低于阀门自身第一阶自振频率。同样,系统第四阶自振频率为 19.16 Hz,表现为吊杆-阀门系统沿切向的上下振动;第五阶自振频率为 22.36 Hz,表现为吊杆-阀门系统沿侧向的扭转振动,这两阶自振频率均略低于相同振型的阀门门体自振频率,因此吊杆的参与造成系统的频率略偏低。高阶模态中,吊杆自身的高阶弯曲振动又得到体现,如第六阶和第七阶,第八阶表现为支臂的对称弯曲振动。

总体上看,阀门-吊杆系统的自振频率低于阀门门体的自振频率,吊杆刚度对系统频率起控制作用,但吊杆的基频高于 11.59 Hz,已脱离水流脉动的高能区,正常情况下不会发生强烈振动。吊杆的参与计算,使阀门的相同振型的自振频率略微降低。阀门-吊杆系统结构设计总体合理。

表 7.3 门杆耦合自振特性

阶数	频率/Hz	模态
1	11.59	吊杆沿侧向弯曲振动
2	12.38	吊杆沿径向弯曲振动
3	13.04	吊杆及阀门沿侧向弯曲振动
4	19.16	吊杆及阀门沿切向上下振动
5	22.36	吊杆及阀门沿侧向扭振
6	34.03	吊杆沿径向二阶弯曲振动
7	34.31	吊杆沿侧向二阶弯曲振动
8	59.47	支臂沿侧向对称弯曲振动
9	65.51	吊杆沿径向高阶弯曲振动
10	65.98	吊杆沿侧向高阶弯曲振动

(a) 第一阶振型(f=11.59 Hz)　(b) 第二阶振型(f=12.38 Hz)　(c) 第三阶振型(f=13.04 Hz)

(d) 第四阶振型(f=19.16 Hz)　(e) 第五阶振型(f=22.36 Hz)　(f) 第六阶振型(f=34.03 Hz)

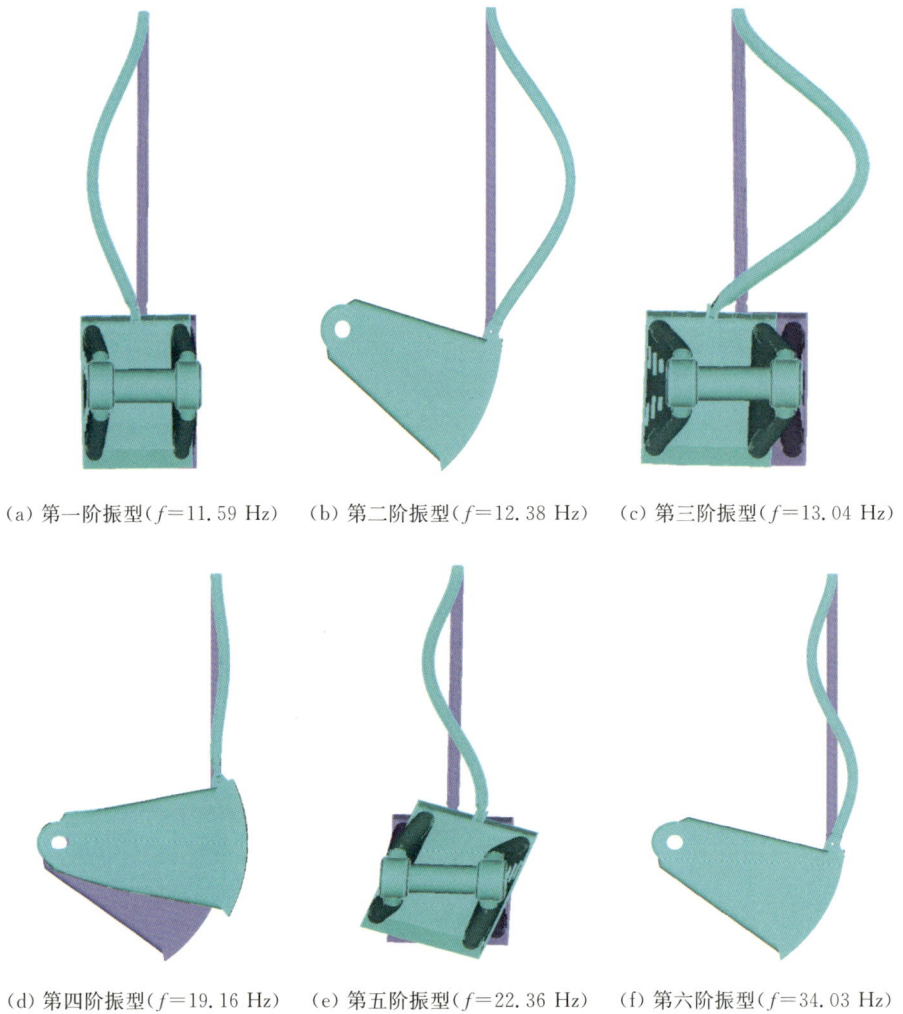

图 7.43　阀门-吊杆系统前六阶振型

7.4.2.4　摆杆长度敏感性分析

摆杆长度的变化对摆杆变形应力影响不大,但对门杆系统自振特性会有明显的影响。当摆杆长度分别为 12.9 m、14.9 m、16.9 m 时,门体-摆杆系统前六阶自振频率对比见表 7.4。

可以看出,摆杆长度对系统自振频率影响较明显,尤其是以摆杆振动为主的振型,摆杆长度越长,自振频率越低,摆杆增长至 16.9 m 时,一阶、二阶自振频率已经低于 10 Hz;而摆杆长度缩短至 12.9 m 时,一阶自振频率增大不显著,如图 7.44 所示。另外,三种摆杆长度的门杆系统振型是一致的,由于摆杆是门杆系统中刚度最弱的结构,因此一阶振型主要表现为摆杆自身的弯曲振动。从门杆系统自振特性看,吊杆目前的设计长度是合适的。

表7.4 摆杆长度影响

阶数	自振频率/Hz		
	杆长 12.9 m	杆长 14.9 m	杆长 16.9 m
1	12.45	11.59	9.37
2	15.86	12.38	9.74
3	16.27	13.04	12.70
4	19.84	19.16	18.62
5	22.70	22.36	21.97
6	44.53	34.03	26.82

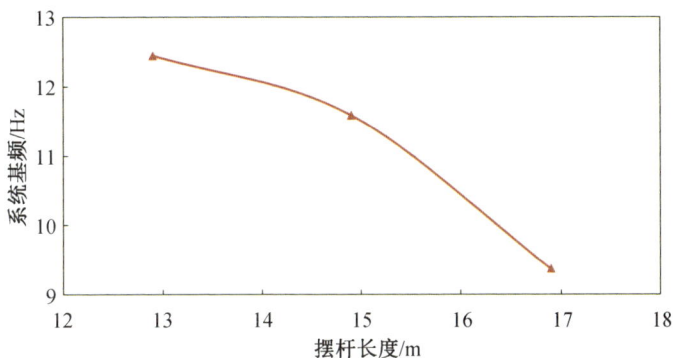

图7.44 摆杆长度与系统基频

7.4.2.5 阀门模态试验分析

阀门结构动态特性试验信号采样频率为 2 560 Hz,相应理论分析的最高频率为 1 000 Hz,本书采用分析带宽 0～1 250 Hz,数据块尺寸 4 096 点,采用时域识别的复指数拟合算法,识别结构模态参数。结构的模态参数有多阶,真正对工程有实际意义的通常为前几阶模态参数。现将表征结构动特性的前七阶平均模态参数列于表7.5,前四阶振型见图7.45。

表7.5 阀门结构平均模态参数

模态阶数	频率/Hz	阻尼比/%	振型描述
1	15.72	2.94	阀门沿垂直水流方向的左右振动
2	31.08	3.75	阀门沿垂直水流平面内的扭振
3	45.50	2.61	阀门沿竖直方向的振动

模态阶数	频率/Hz	阻尼比/%	振型描述
4	57.51	4.11	支臂沿垂直水流方向的左右振动
5	88.86	4.54	支臂沿垂直水流方向的左右振动
6	167.42	3.36	支臂沿垂直水流平面内的扭振
7	196.85	4.77	支臂沿垂直水流平面内的扭振

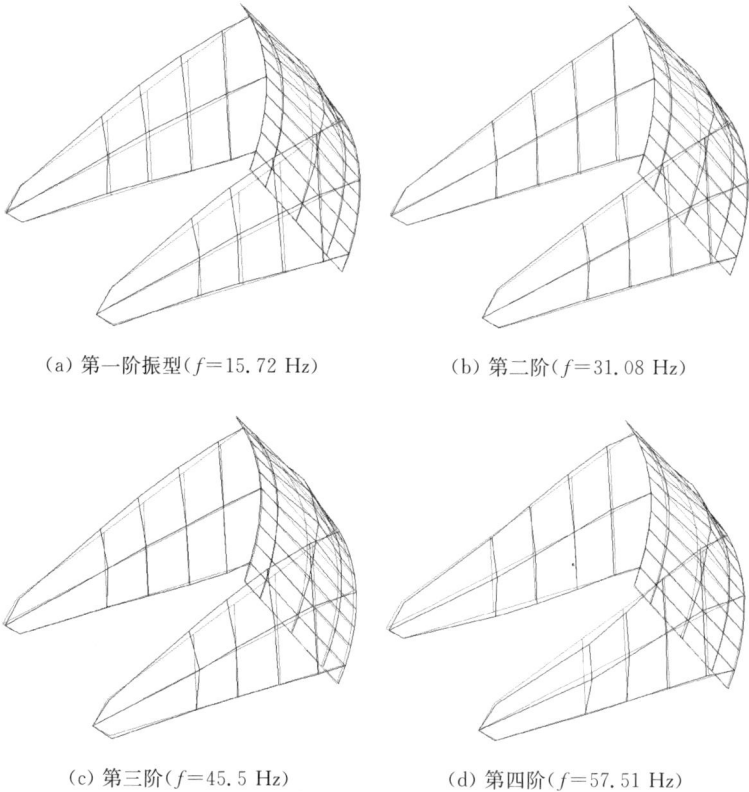

(a) 第一阶振型($f=15.72$ Hz)   (b) 第二阶($f=31.08$ Hz)

(c) 第三阶($f=45.5$ Hz)   (d) 第四阶($f=57.51$ Hz)

图 7.45　阀门前四阶振型

　　由表 7.5 看出,阀门在无约束状态下,第一阶模态频率为 15.72 Hz,可见阀门基频较高,基本脱离水流激励高能区,有利于结构抗振。从图 7.45 阀门的前四阶振型图可以看出,第一阶振型表现为阀门沿垂直水流方向的左右摆振,频率为 15.72 Hz;第二阶振型表现为阀门沿垂直水流平面内的扭振,频率为 31.08 Hz;第三阶振型表现为阀门沿竖直方向的振动,频率为 45.5 Hz。

　　阀门结构的自振特性除了受结构形式、外形尺寸、材质等因素影响外,还与阀门的运行介质——动水,边界约束——止水以及悬吊构件等有关,它们以附加质量、附加阻尼及附加刚度的方式施加于结构,影响结构的自振特性。

大量研究结果表明,仅在动水作用下阀门自振频率较空气中降低 20%～30%,仅在边界约束作用下阀门低阶模态频率有较大提高,在动水和边界约束联合作用下,阀门低阶模态频率稍低于空气中无约束自由状态。

7.4.2.6　综合分析

结构模态分析主要是为了考察整体结构设计,找出薄弱环节进行优化,使结构的基频能够尽量远离水流脉动的高能区,以免发生共振或强烈振动。从结构动态特性研究的角度,无论是模型试验还是数值计算,与实际情况相比均偏于安全保守。众所周知,结构的自振特性受实际的约束条件影响比较大,如阀门的侧止水、顶止水、底止水等,这些在试验或计算中是不予考虑的,实际工程中止水约束会使自振频率提高,当然,阀门的自振频率还会受到水体的影响,水体会以附加质量的形式使工作阀门的自振频率降低。大量研究表明,水体的耦合作用一般会导致自振频率降低 20%～30%,这在研究中也是没有考虑的。

表 7.6　阀门自振特性

工程	工况	模态频率/Hz				
		1 阶	2 阶	3 阶	4 阶	5 阶
五强溪船闸阀门（反弧门）	1：15 模型	17.83	60.99	83.21	141.46	171.91
	原型	75.69	96.83	118.31	150.01	182.37
水口船闸阀门（反弧门）	1：15 模型	9.35	30.22	66.75	70.33	109.79
	原型	44.37	50.61	55.56	72.59	91.66
三峡船闸阀门（反弧门）	1：10 模型	16.3	24.2	33.2	38.7	48.7
	原型	27.5	62.5	115.0	125.0	175.0
草街船闸阀门（反弧门）	原型（安装后）	16.31	27.07	32.63	44.77	65.32
长洲三四线船闸阀门（平面）	1：10 模型	60.79	91.10	117.18	130.37	168.94
	原型（安装前无约束）	63.54	92.68	130.19	197.2	255.72
60 m 级船闸（反弧门）	1：10.5 模型	15.72	31.08	45.50	57.51	88.86

至于实际工程中阀门的约束和水体的影响对其自振特性总体影响如何,本节通过对比多个工程阀门自振特性的原型和模型进行宏观分析。部分工程阀门自振特性试验及原观数据见表 7.6。可以看出,原型实测的阀门基频普遍高于模型试验结果,长洲船闸平板阀门两者较为接近是因为原型是在阀门安装前进行的现场测试,阀门同样未受到止水约束作用,因此,模型获得的自振频率一般

是偏安全保守的。对于 60 m 级船闸阀门,多种方法获得的阀门的自振特性基本吻合,基频较高,结构设计总体合理。

7.4.3 阀门启闭力特性研究

船闸输水阀门启闭频繁,工作条件复杂,除水动力荷载、阀门空化特性及防空化措施是船闸设计和建设中的关键技术难题外,保证阀门启闭系统的可靠性及灵活性也是设计人员极为重视的问题。阀门启闭力直接关系到阀门结构和启闭机容量的设计,本小节通过阀门重力相似模型非恒定流试验,研究阀门推荐开启方式下净动水启闭力,为设计提供依据。

7.4.3.1 阀门门体水动力荷载特性

反向弧形阀门启闭力计算公式如下:

闭门力 F_w:

$$F_w = \frac{1}{R_1}\left[n_T(T_{zd}r_0 + T_{zs}r_1) + F_1 r_3 - n_G G r_2\right] \tag{7.27}$$

计算结果为"正"值时,需加重;计算结果为"负"值时,依靠自重可以关闭。

启门力 F_Q:

$$F_Q = \frac{1}{R_2}\left[n_T(T_{zd}r_0 + T_{zs}r_1) + n_G' G r_2 + G_j R_i + F_2 r_4\right] \tag{7.28}$$

式中:r_0、r_1、r_2、r_3、r_4 分别为转动铰摩阻力、止水摩阻力、阀门自重、上托力和下吸力对弧形阀门转动中心的力臂;R_1、R_2 分别为加重(或下压力)和启门力对弧形阀门转动中心的力臂;T_{zd} 为转动摩阻力;T_{zs} 为止水摩阻力,当侧止水橡皮预留压缩量时,尚应计入因压缩橡皮而引起的摩阻力。F_1、F_2 分别为上托力和下吸力。

以上两式中,除 F_1,F_2 外,其他各项(如支铰摩阻力、止水摩阻力、静水启门力)均可根据结构设计确定。通过物理模型试验,可以确定阀门动水启闭过程中所受到的下吸力和上托力。

水流对阀门的动水作用主要表现在以下两个方面:一是上游来流在门井区形成的旋滚对门体的上托力和阀门底缘处主流边界分离和贴附所导致的下吸力,这一因素既反映了门型对启闭力的影响,也表现了不同门体外形对旋滚水流的阻力作用,而下吸力则主要反映了底缘形式对启闭力的影响。二是阀门启闭过程中,门井水位急剧下降(阀门开启时)和上升(阀门关闭时)的惯性对门体结构的冲击力以及门区流态的作用,反映了启闭速率对启闭力的影响,它主要表现了启闭过程的非恒定流特性。

　　启门力的峰值决定了启闭机的容量,而最小闭门力则关系到阀门能否依靠自重正常关闭,以确定启闭杆件是否受压,从而决定了阀门的自重。启门力和闭门力的脉动大小是门体所受水流脉动的综合表现形式。

　　在 60 m 水头、阀门开启时间 $t_v = 7$ min 的工况下,阀门下游面板动水压力过程线见图 7.46。从图中测点压力变化过程可以看出:

　　(1)在启门初期,由于水流惯性作用,下游面板压力有所增大,随阀门继续开启,面板压力逐渐减小,与廊道动水压力变化规律一致;

　　(2)在阀门开启过程中,阀门下游面板经过门楣缝隙段,面板由受下游荷载作用、经历缝隙低压区到受阀门井压力作用,该过程面板动水压力发生显著变化,尤其是上部面板在小开度经过缝隙段时,如 P57 测点,压力变化约为 90 m 水柱,总体上看,压力变化符合一般规律;

　　(3)从阀门下游面板压力过程线可以看出,0.2~0.4 开度时下游面板动水压力波动明显,此开度范围脉动压力相对较大。

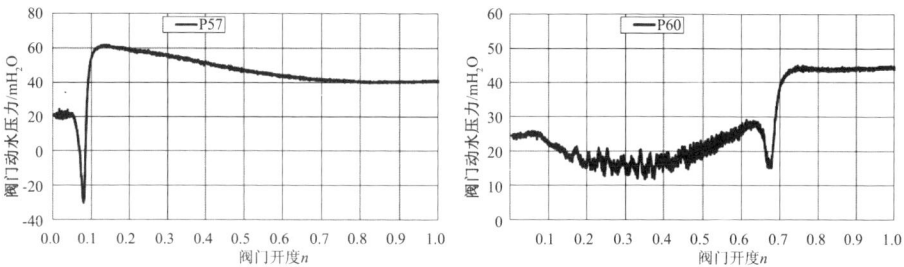

图 7.46　阀门下游面板压力过程线

　　相同工况下,阀门上游面板动水压力变化过程线见图 7.47。由图可知:

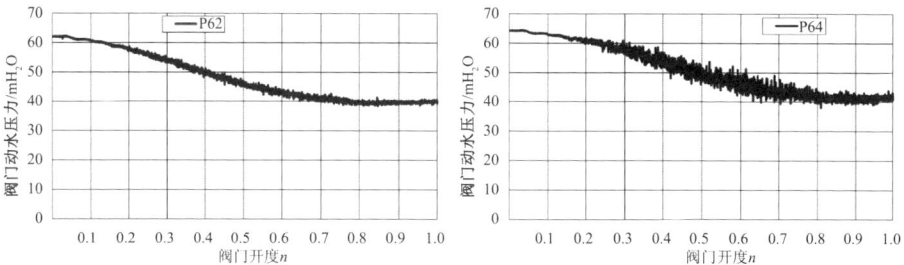

图 7.47　阀门上游面板压力过程线

　　(1)阀门上游面板压力变化过程相对平稳,主要受阀门井压力控制,总体上,动水压力随阀门开启而逐渐减小,三个测点变化过程基本一致;

　　(2)从三个测点压力过程线可以看出,阀门上游表面由上至下脉动压力有增大的趋势,其中,在 $n=0.4\sim0.7$ 开度脉动压力相对较大。

7.4.3.2　阀门启门力特性

为排除原型和模型门重差异对动水启门力的影响,通常用净动水启门力(动水启门力与静水启门力的差值)来表征水流对阀门启闭系统的作用。当阀门开启时间 $t_v=7$ min 时,动水启门力、静水启门力和净动水启门力过程线见图7.48。阀门开启过程中,启门力呈先上升后下降的变化规律,在阀门顶止水脱离门楣后,动水启门力逐渐增大,在 $n=0.3$ 开度时,启门力出现峰值,表现为来流对底缘的下吸力最大,随后启门力逐渐减下。当阀门开启时间 $t_v=7$ min 时,最大净动水启门力为 1 700 kN。

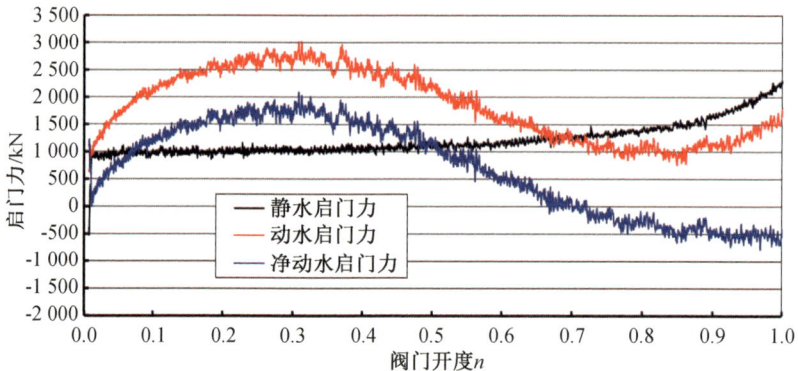

图 7.48　动水启门力、静水启门力和净动水启门力过程线($t_v=7$ min)

7.4.3.3　阀门闭门力特性

阀门以 $t_v=7$ min 开启至全开,事故停机数秒后,再以 $t'_v=3.5$ min 关闭时,净动水闭门力过程线见图7.49,闭门力基本呈"下降—上升—下降"的变化规律。关闭初期,门井水位迅速上升导致上托力作用加强,随后闭门力迅速下降直至低谷值。以 $t_v=7$ min 开启至全开,事故停机数秒后,再以 $t'_v=3.5$ min 关闭时,净动水闭门力最小值约为 -1 600 kN。随着阀门的进一步关闭,闭门力逐渐上升,上托力作用逐渐减弱,而主流对底缘的下吸力逐渐增强,动水作用力逐渐由上托力变为下吸力且起主导作用,至 $n=0.25$ 开度时闭门力出现峰值。

7.4.3.4　初始作用水头影响

不同初始作用水头下,阀门以 $t_v=7$ min 开启至全开,事故停机数秒后,再以 $t'_v=3$ min 关闭时,净动水启门力与不同初始作用水头的关系见图7.50。由图可知,初始作用水头对启门力特征值有一定影响,随初始作用水头的增大,启门力有增大的趋势。

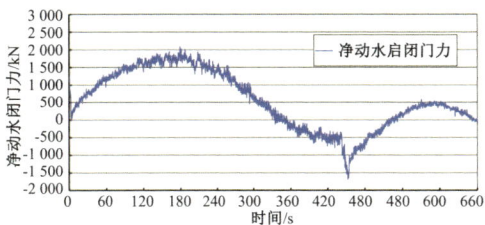

图 7.49　净动水启闭门力过程线

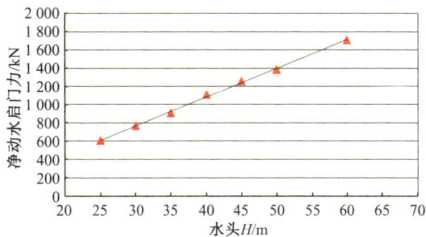

图 7.50　净动水启门力与作用水头的关系

综上,60 m 单级船闸输水阀门及启闭吊杆系统的水动力荷载受力特性、净动水启闭力研究结果表明:阀门以 $t_v=7$ min 开启至全开,事故停机数秒后,再以 $t'_v=3.5$ min 关闭工况下,最大净动水启门力约为 1 700 kN,出现在 $n=0.3$ 开度附近。最小净动水闭门力为 -1 600 kN,出现在闭门初期。

7.5　阀门段廊道体型影响研究

本节通过输水阀门非恒定流减压试验,研究了 60 m 单级船闸阀门段廊道的空化形态,探讨了阀门开启时间、事故停机以及阀门埋深等对其空化特性的影响,获得了阀门各典型开度下的初生空化数,根据减压试验获得的相对空化数,给出了 60 m 单级船闸输水阀门段廊道的合理埋深。

7.5.1　空化数

1924 年,Thomas 提出用一个无量纲数 σ 来描述空化现象,此无量纲数是水动力学和水力学中的一个重要相似参数,即空化数,其常见的形式为:

$$\sigma = \frac{p_\infty - p_v}{\frac{1}{2}\rho u_\infty^2} \tag{7.29}$$

式中:p_∞ 和 u_∞ 分别为未扰动参考截面流体的静压和速度,ρ 和 p_v 分别为该流动液体的密度和饱和蒸汽压。式(7.29)的分母是水流的动压头,是提供能量促使空化发生的因素,而其分子是蒸汽泡内外压力之差,是促使空化溃灭的因素。所以,空化数的物理意义就是对液体中空化的抑制和反抑制的两个因素的比值。除式(7.29)之外,在水利工程界常用式(7.30),在水力机械界常用式(7.31)来表示空化数:

$$\sigma = \frac{H_p + H_a - H_v}{\frac{1}{2g}v_p^2} \tag{7.30}$$

$$\sigma = \frac{H_{nps}}{H} \tag{7.31}$$

式中：H_p、H_a 和 H_v 分别为参考点 P 的压力水柱高、大气压力水柱高和水的饱和蒸汽压力水柱高；v_p 为参考点 P 的流速；H_{nps}（Net Positive Suction Head）为水机设备的净正吸上水头，俗称"气蚀余量"，是指水机设备入口处液体的压头与液体饱和蒸汽压头之差；H 为总静压水头。

压力系数 $C_p(x)$ 是欧拉数 Eu 的一种表达形式，流体动力相似数 Eu 的定义为：

$$Eu = \frac{\Delta p}{\frac{1}{2}\rho u_{\infty}^2} \tag{7.32}$$

式中：Δp 为流场中的压力降，即：

$$\Delta p = p - p_0 \tag{7.33}$$

式中：p 和 p_0 分别为流场中某关注位置和参考位置的静压。

式（7.32）中的分子，也可以记为"压差"的形式 Δp，即：

$$\Delta p = p_{\infty} - p_v \tag{7.34}$$

但其物理意义与 Eu 数中的分子式（7.32）完全不同。式（7.34）等号右端第一项 p_{∞} 是参考位置（未扰动点）的静压，是一个流场参数，它除以 $\frac{1}{2}\rho u_{\infty}^2$ 代表流体的压能与动能的比值，表征流动状态；而（7.34）等号右端第二项饱和蒸汽压 p_v 是一个物质参数，它与流体动能的比值表征液体偏离发生液/气相变的程度。这表明空化数不仅与流动有关，而且与介质的性质有关。

自从有了 σ 数之后，对空化现象就有了量化的描述，它可以描述液体的空化状态，可以对空化现象做实验室模拟，可以处理和比较试验结果。图 7.51 定性地给出了用 σ 数描述的空化不同发展阶段及其特征：令 σ_{crit} 为空化刚刚产生或空化刚刚消失时的临界空化数，则 $\sigma > \sigma_{crit}$ 表示无空化水流；$\sigma = \sigma_{crit}$ 表示空化刚刚发生或刚刚消失，无效率损失但有噪声辐射；$\sigma < \sigma_{crit}$ 表示空化发展，有强烈的噪声和振动，但效率下降并不明显；$\sigma \ll \sigma_{crit}$ 表示空化充分发展，甚至可能出现超空泡，效率可能明显下降（也可能明显升高），但噪声比先前有所下降。设计人员可以根据工程的不同需要，选取不同的空化数的值作为设计工作点。

从空化数定义可以看出，同一个 σ 数值可以由不同的压力和速度组合而成：相同 (u_{∞}, p_{∞}) 组合得到相同的 σ 数值，其对应的空化状态也应该相同；不同的 (u_{∞}, p_{∞}) 组合也可以得到相同的 σ 数值，据此在实验室中可以模拟所需的空化状态。不同的 (u_{∞}, p_{∞}) 组合还可以得到不同的 σ 数值，从而使流体的空化性

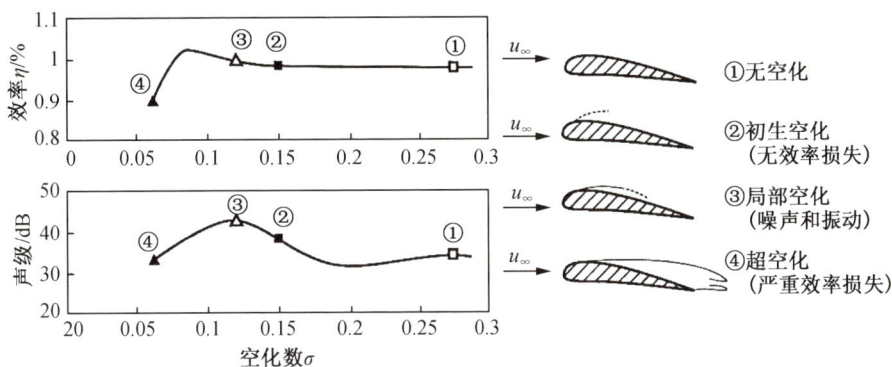

图 7.51 空化状态示意图

能处于不同的状态。例如,保持水速不变而降低静压可以获得空化起始,保持静压不变而提高水速也可以使液体空化。若不计比尺效应,原则上讲 σ 数相同则空化状态也应该相同。

船闸阀门水力设计中,美国最早以门后水流收缩断面作为参考断面,计算阀门底缘空化数:

$$\sigma_c = \frac{p_c/\gamma + (p_a - p_v)/\gamma}{v_c^2/2g} \tag{7.35}$$

式中,p_c/γ 为门后水流收缩断面压力;p_a、p_v 分别为大气压及水的饱和蒸汽压;$v_c = v_0/\varepsilon$、$v_0 = \dfrac{Q}{\omega n}$,$Q$、$\omega$ 分别为输水廊道流量及阀门面积,n 为开度,ε 为水流收缩系数。

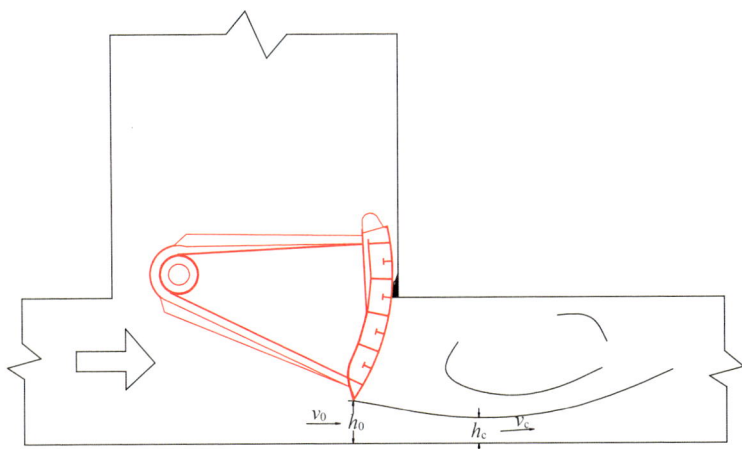

图 7.52 阀门段空化数计算示意图

定义 σ_i 为水流临界空化数,表征水流处于临界空化状态,则 $\sigma > \sigma_i$,表示阀门无空化; $\sigma \leqslant \sigma_i$,表示阀门段存在空化。因此临界空化数是阀门底缘空化是否存在的判别标准,是船闸阀门水力设计的重要参数。

此外,定义 σ / σ_i 为相对空化数,其中 σ 为实际运行工况下的空化参数,将其命名为工作空化数。相对空化数也是衡量阀门空化程度的重要指标。相对空化数的最大优点是,避开了水流收缩系数难以获取的问题。

图 7.53 给出了不同相对空化数下的底缘空化噪声声压级,显然,相对空化数越小,表征空化越强,其声压级也越高。

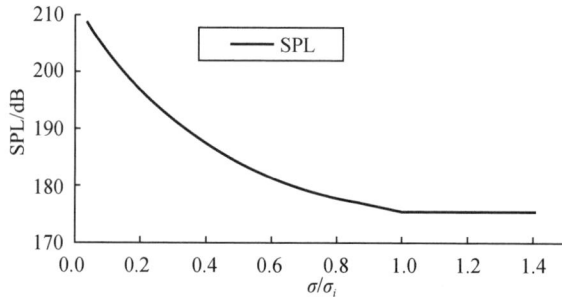

图 7.53　不同相对空化数下的噪声声压级

我国在葛洲坝船闸阀门水力学试验研究中,曾以底缘断面作为控制断面计算阀门空化数:

$$\sigma_b = \frac{(H_w - Z_0 - nh) + (p_a - p_v)/\gamma}{v_0^2/2g} - 1 \tag{7.36}$$

式中: H_w 为门井水位, Z_0 为廊道底板高程, h 为廊道高度。

由于底缘断面不能很好地反映门后廊道体型的变化对流场的影响,从空化数的敏感性角度考虑,采用门后水流收缩断面压力作为参考断面压力来计算空化数较为合适。

7.5.2　阀门段空化形态

将门楣自然通气管及跌坎强迫通气管关闭,在减压箱进行阀门段廊道空化特性研究。1♯、2♯水听器主要监测跌坎空化及底缘空化噪声信号;3♯、4♯水听器主要监测底缘空化噪声信号;5♯水听器主要监测升坎及底缘发生强空化时传递到升坎附近的噪声信号;6♯水听器主要监测下检修门槽、底缘及升坎发生强空化时传递到门槽附近的噪声信号。

$t_v = 7$ min 时,阀门段各开度空化形态见图 7.54,典型开度空化形态见图

7.55。底缘空化发生于底缘尖端的梢涡,由于门后主流与旋滚区的交界面上紊动剪切作用较强,因此底缘空化在门后剪切层及旋滚区内得到强化和发展,其类型表现为漩涡型空化。阀门廊道段空化现象描述见表7.7。

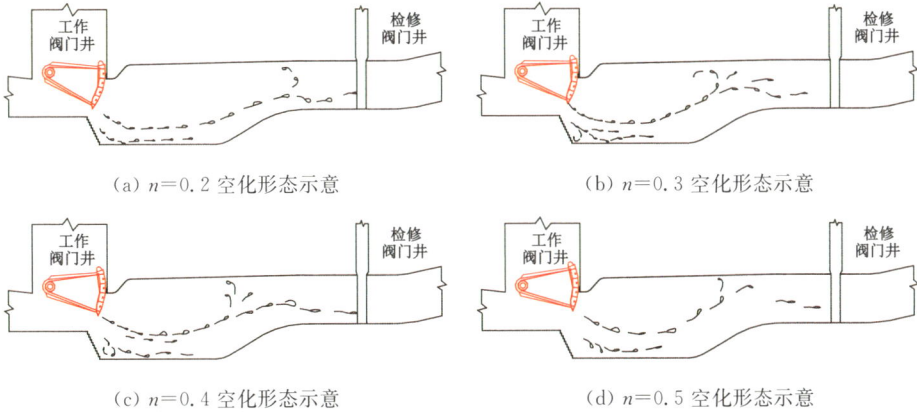

(a) $n=0.2$ 空化形态示意

(b) $n=0.3$ 空化形态示意

(c) $n=0.4$ 空化形态示意

(d) $n=0.5$ 空化形态示意

图 7.54　阀门段各开度空化形态

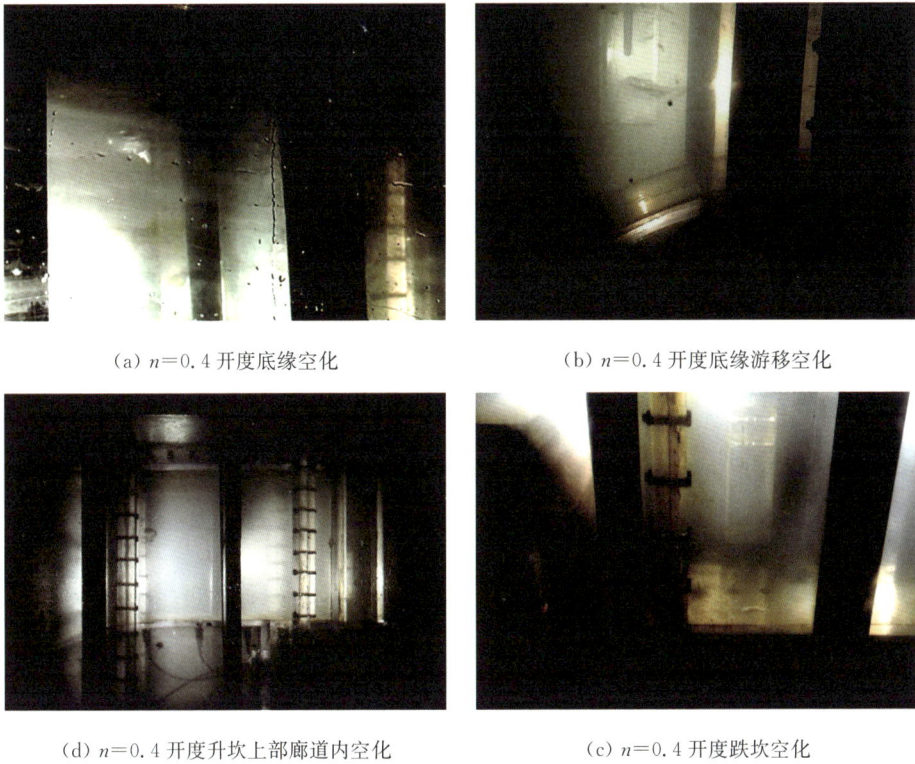

(a) $n=0.4$ 开度底缘空化

(b) $n=0.4$ 开度底缘游移空化

(d) $n=0.4$ 开度升坎上部廊道内空化

(c) $n=0.4$ 开度跌坎空化

图 7.55　阀门段典型开度空化形态

$t_v=7$ min 时,1♯水听器~6♯水听器监测的空化噪声强度过程线见图 7.56。除了门楣空化外,阀门段廊道体型还存在底缘空化和跌坎空化现象。

底缘空化发生于阀门底缘,由于门后主流与旋滚区交界面上紊动剪切作用较强,因此底缘空化在门后剪切层及旋滚区内得到强化和发展。空化溃灭区一般被限制在突扩廊道内,空化特别强烈时,底缘空化溃灭区能达到下检修门井附近,但未超过检修门槽。底缘空化发生的开度范围为 $n=0.2~0.5$,$n=0.3~0.4$ 开度空化相对较强,噪声强度也较大,$n=0.6$ 开度底缘无空化。在底缘空化较强的开度范围,会有部分底缘空化游移至此,部分卷入主漩涡区后消失,部分继续游移至突扩体后廊道,但未超过下检修门槽,下检修门井门槽未发现空化。

跌坎空化相对较弱,发生在主流与跌坎回旋区的交界面上,溃灭区位于突扩廊道底板,发生跌坎空化的开度范围为 $n=0.1~0.5$,随开度增大,溃灭区逐渐向下游扩展,廊道底板溃灭约在跌坎下游 3.3~9 m 区域(以阀门后跌坎垂直面为零点),跌坎水体内部溃灭约在跌坎下游 15.7 m 区域,未达到升坎处。$n=0.6$ 开度跌坎无空化。

表 7.7　阀门廊道不同位置空化现象

开度	0.1	0.2	0.3	0.4	0.5
底缘	未见空泡	空化较强烈,空泡连续地传到突扩体外(未过检修门槽)	空化强烈,空泡连续地传到突扩体外(未过检修门槽)	空化强烈,空泡连续地传到突扩体外(未过检修门槽)	底缘显见空泡,能听到明显空泡噼啪的溃灭声。空泡间歇地传到突扩体外,历时较短
跌坎	显见空泡,空泡触到底板后斜向上反弹	显见间歇性空泡,空泡至底板处有斜向上弹起趋势	空泡较为连续,随主流延伸至底板,并在跌坎底部形成小型漩涡区	空泡较为连续,小型漩涡区明显减小	偶见空泡,无漩涡
升坎	未见空泡	未见空泡	未见空泡	未见空泡	未见空泡
下检修门槽	未见空泡	未见空泡	未见空泡	未见空泡	未见空泡

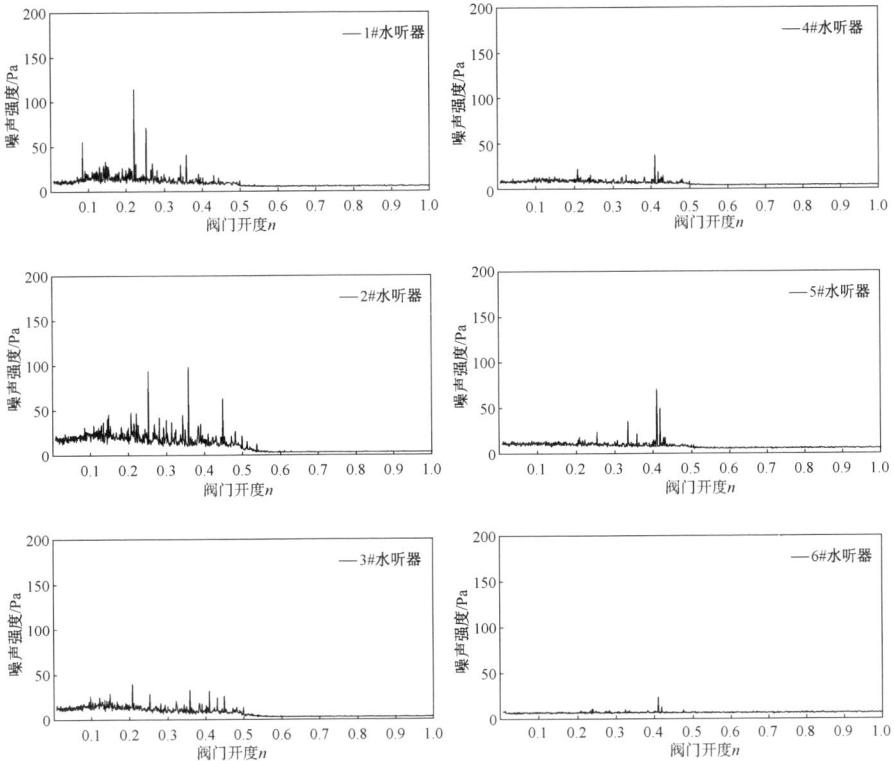

图 7.56　非恒定流空化噪声强度过程线(t_v＝7 min)

7.5.3　阀门开启时间对空化特性的影响

当开启时间 t_v＝5.0 min、7.0 min、9.5 min 时,1♯水听器、4♯水听器监测的空化噪声强度过程线见图 7.57～图 7.59。综合空化形态观测,试验表明:

(1)不同开启时间,阀门段底缘、跌坎存在不同程度的空化,升坎、下检修门槽未见明显空化;

(2)5 种开启时间,阀门段各部位的空化形态相似;

(3)跌坎空化强度与开启时间关系不明显;

(4)阀门开启的速度越快,空化历时越短。当开启时间 t_v＝5.0～9.5 min 时,空化消失开度及空化历时分别为 0.52 开度、180 s,0.56 开度、250 s,0.54 开度、290 s,0.52 开度、330 s,0.50 开度、350 s。

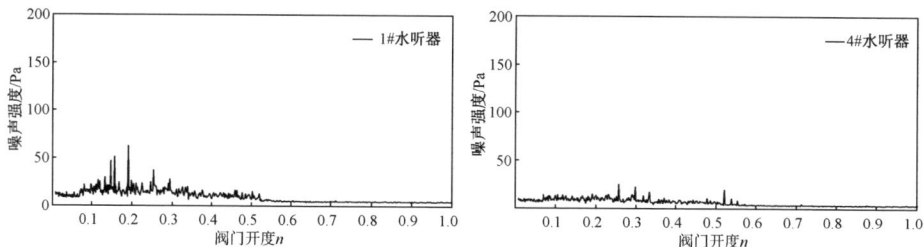

图 7.57 $t_v = 5.0$ min 时,非恒定流监测的空化噪声强度过程线

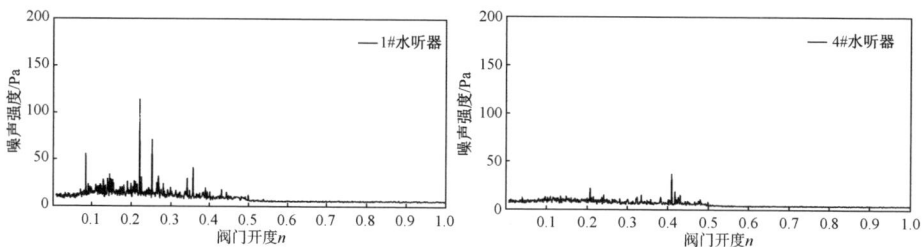

图 7.58 $t_v = 7.0$ min 时,非恒定流监测的空化噪声强度过程线

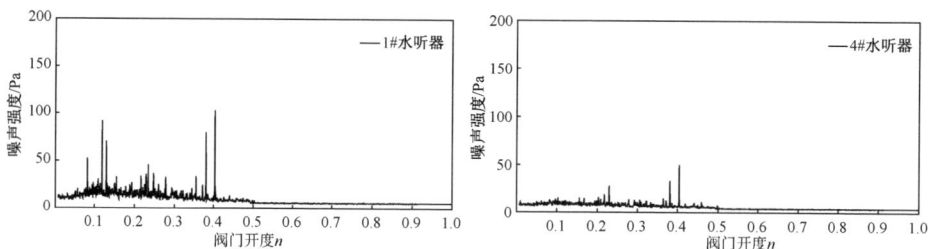

图 7.59 $t_v = 9.5$ min 时,非恒定流监测的空化噪声强度过程线

7.5.4 事故停机空化特性

减压试验探讨了以 $t_v = 7$ min 开启至不同开度($n = 0.1 \sim 0.6$),事故停机 2 min 的空化形态和特性。其典型开度空化噪声强度见图 7.60。

综合空化形态观测,试验表明:(1)$n = 0.1 \sim 0.4$ 开度事故停机时,跌坎存在不同程度的空化;$n = 0.2 \sim 0.5$ 开度事故停机时,阀门段底缘存在不同程度的空化;$n = 0.6$ 开度事故停机时,阀门段空化消失。(2)$n = 0.2 \sim 0.5$ 开度事故停机时,阀门段各部位的空化形态相似,只是空化强度不同。(3)$n = 0.2 \sim 0.4$ 开度事故停机时,底缘空化较严重,跌坎空化也较强。原型运行时,尽量避免 $n =$

0.2～0.4 开度范围事故停机。

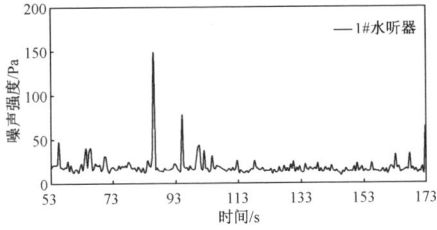

（a）$n=0.1$ 开度停机

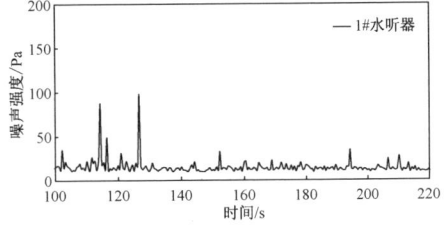

（b）$n=0.2$ 开度停机

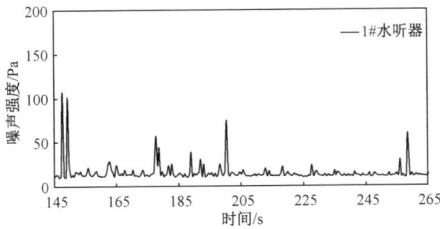

（c）$n=0.3$ 开度停机

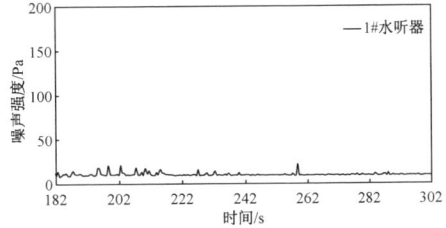

（d）$n=0.4$ 开度停机

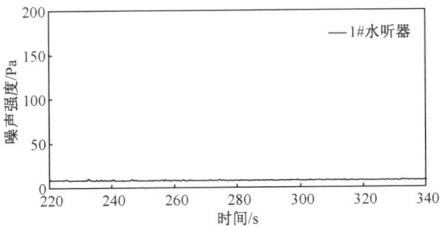

（e）$n=0.5$ 开度停机

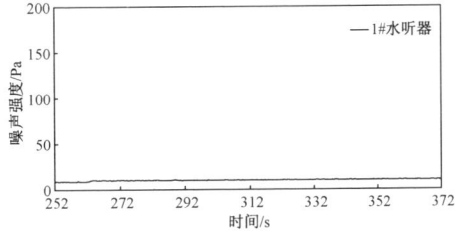

（f）$n=0.6$ 开度停机

图 7.60　不同开度停机 2 min 空化噪声强度过程线（$t_v=7$ min）

7.5.5　临界空化试验

空化数是表征空化状态的特征参数，用 σ_i 表征水流处于临界空化状态，则 $\sigma>\sigma_i$，表示阀门段无空化；$\sigma\leqslant\sigma_i$，表示阀门段存在空化。定义 $k=\sigma/\sigma_i$ 为相对空化数，用以表征空化的强弱，其值越小，表示空化越强。通过目测、耳听及仪器综合分析判断，测定了各开度阀门初生空化数。表 7.8 为分别选取阀门后最低压力点（门后约 1 倍距离）和突扩廊道出口 2 倍廊道高度距离作为参考断面减压模型实测的初生空化数。

表 7.8 不同参考断面底缘初生空化数

参考断面	不同开度初生空化数 σ_i						
	$n=0.2$	$n=0.3$	$n=0.4$	$n=0.5$	$n=0.6$	$n=0.7$	$n=0.8$
最低压力断面	0.399	0.482	0.407	0.319	0.430	0.445	0.541
出口断面	0.843	0.973	0.867	0.761	0.799	0.738	0.758

由表 7.8 可知,初生空化数 σ_i 大小与参考断面位置选取密切相关,选择不同的参考断面定义空化数,计算的空化数差异较大。目前一般选择门后最低压力断面作为初生空化数计算断面,但是根据非恒定流常压模型试验,最低压力一般出现在突扩段,且最低压力断面脉动压力幅值变化较大,直接计算突扩廊道最低压力难度较大。从工程实用性出发,选择距离突扩廊道出口 2 倍廊道高度的断面作为参考断面,该断面压力脉动幅值较小,压力变化相对比较稳定,且断面流速分布相对均匀,通过该断面计算的相对更为稳定,且该断面的压力也易通过数学模型准确计算,在实际应用中更加方便。

表 7.9 为阀门段廊道淹没水深为 25.0 m,作用水头为 60.0 m,突扩廊道不同位置的相对空化数。阀门开启过程中,阀门底缘最小相对空化数为 0.59,发生在 0.3 开度附近。试验表明:(1)底缘、升坎、跌坎三个空化部位,以底缘空化强度为最大,在廊道内涉及的范围也较大。(2)推荐体型底缘最小相对空化数约为 0.59,减压试验观测空化处于发展阶段,增大水头相对空化数小于 0.5,空化处于强空化阶段。(3)台阶升坎最小相对空化数约为 0.72,空化相对较弱;溃灭区位于升坎台阶部位,且被限制在突扩腔体内,对检修门槽未产生不利影响。(4)跌坎最小相对空化数约为 0.68,空化相对较弱,跌坎空化强度低,溃灭的范围也被限制在廊道底板的较小范围,且随阀门开启空化强度迅速降低。

表 7.9 底缘、升坎、跌坎相对空化数

位置	不同开度相对空化数 k					
	$n=0.20$	$n=0.30$	$n=0.40$	$n=0.50$	$n=0.60$	$n=0.7$
底缘	0.68	0.59	0.64	0.75	0.76	0.89
升坎	0.88	0.72	0.75	0.91	0.93	>1.00
跌坎	0.73	0.81	0.84	0.90	0.90	>1.00

7.5.6 廊道合理埋深探讨

通过减压模型试验对廊道合理埋深进行了探讨,通过改变模型试验真空度换

算原型增加或减小淹没水深的方法,测量了 60 m 单级船闸阀门埋深在 13.3～55.0 m 范围内,廊道各部位噪声强度过程线,见图 7.61。综合空化形态观测,试验表明:(1) 随着廊道埋深的加大,阀门段底缘、跌坎空化强度逐渐减弱,监测的空化噪声强度也逐渐下降;(2) 为使底缘、跌坎基本不发生明显空化,阀门段廊道埋深需要达到 50.0～55.0 m,显然不经济也不现实。

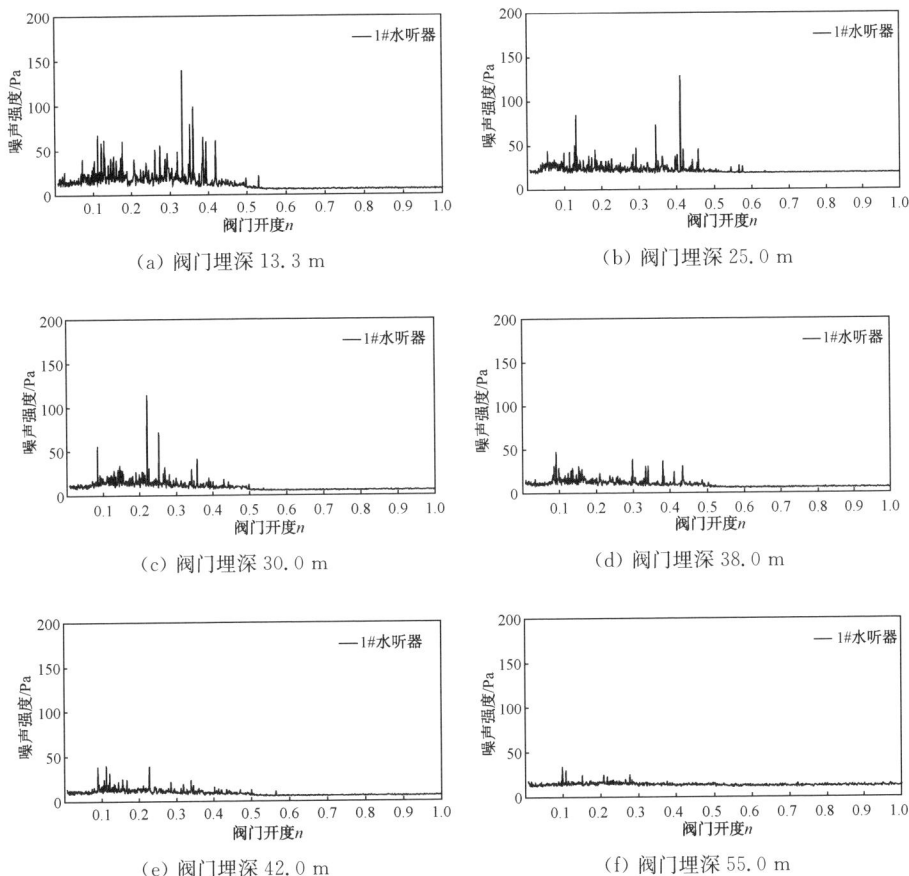

(a) 阀门埋深 13.3 m (b) 阀门埋深 25.0 m

(c) 阀门埋深 30.0 m (d) 阀门埋深 38.0 m

(e) 阀门埋深 42.0 m (f) 阀门埋深 55.0 m

图 7.61 阀门不同埋深空化噪声强度过程线($t_v = 7$ min)

根据廊道体型不同工作空化数下的空化形态,当相对空化数>0.6 时,底缘处于发展阶段,采用门楣通气措施能较好解决高水头船闸空化问题;当相对空化数<0.45 时,仅采用通气措施已较难解决空化问题,需要采用增加阀门埋深等综合工程措施解决阀门空化问题。

图 7.62 是北本船闸($H = 32.0$ m)、大藤峡船闸($H = 40.2$ m)和本研究 60 m 级船闸等三座不同规模的船闸阀门相对空化数与阀门埋深的关系图。由图 7.62 可知:(1) 30 m 水头船闸阀门埋深要大于 13 m;(2) 40 m 水头船闸阀门

埋深要大于 17 m；（3）60 m 水头船闸阀门埋深要大于 25 m。对于北本船闸
（$H=32.0$ m）和大藤峡船闸（$H=40.2$ m），模型试验建议的阀门埋深分别为
12.98 m 和 22.0 m，与上述分析基本一致。60 m 船闸阀门埋深为 25 m 时，最小
相对空化数约为 0.6；阀门埋深为 28 m 时，最小相对空化数约为 0.7，考虑到
60 m 单级船闸水头较高，阀门埋深选择 30.0 m 较为合适。

  船闸阀门埋深的设计要求与工程采用的阀门后廊道体型有关，根据阀门后
廊道体型在阀门各开度下的临界空化数和上文中提到的相对空化数的控制要
求，可估算合理的阀门埋深。阀门埋深可按下式估算：

$$Z_{rt} = k[P_{ri} + (P_a - P_v)] - P_{rt} - (P_a - P_v) \tag{7.37}$$

式中：P_{ri} 为参考断面临界空化压力水头；k 为相对空化数，取 0.6～0.65；P_a 为
以水头表示的大气压力；P_v 为以水头表示的水饱和蒸汽压；P_{rt} 为参考断面廊道
顶压力水头；Z_{rt} 为阀门埋深增加或减少值，正值为增加廊道埋深，负值为减小廊
道埋深。

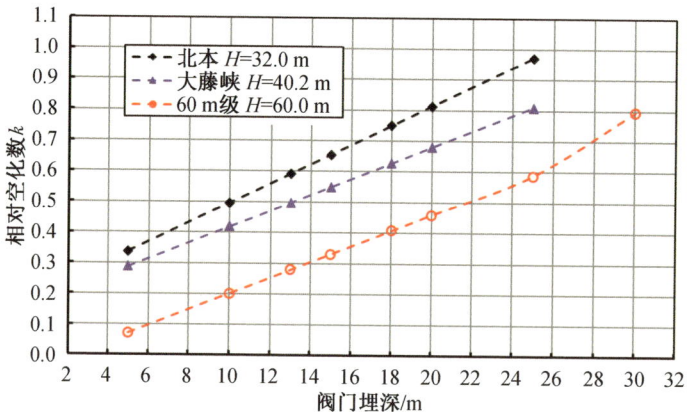

图 7.62 相对空化数与阀门埋深的关系

  本节通过输水阀门减压模型试验，系统获取了适应 60 m 单级船闸的"顶
扩＋底扩"廊道体型各阀门开度下的初生空化数，结合国内高水头船闸阀门运行
经验，给出了 60 m 单级船闸阀门的合理初始淹没深度。主要成果如下：

  （1）分析总结了不同阀门廊道体型空化源，通过船闸输水阀门减压模型试
验，得到标准"顶扩＋底扩"廊道体型各阀门开度下的底缘初生空化数。该廊道
体型初生空化数大小随阀门开度变化较小，阀门在 0.2～0.4 开度易发生空化，
适合应用于 30 m 以上的高水头船闸。

  （2）减压试验表明：60 m 单级船闸阀门段廊道埋深达到 50.0～55.0 m，才
能完全消除阀门空化，不经济也不现实，需要结合门楣自然掺气等措施共同解决

阀门空化问题。

（3）获得了 60 m 单级船闸阀门埋深控制标准：①当相对空化数＞0.6 时，充水阀门埋深为 25.0～28.0 m，泄水阀门埋深为 28.0～30.0 m。②当相对空化数＜0.45 时，仅采用通气措施已较难解决空化问题，需要采用增加阀门埋深等综合工程措施解决阀门空化问题。

7.6　适合 60 m 级船闸的门楣自然掺气措施

本节通过门楣 1∶1 切片模型，就喉口宽度、缝隙段长度等主要影响参数进行研究，提出了适用于 60 m 级船闸的门楣体型。

7.6.1　门楣自然掺气技术

高水头船闸的建设实践促进了门楣缝隙空化机理研究及防空化创新技术的发展。葛洲坝船闸于 20 世纪 80 年代投入运行，其设计工作水头为 27 m，1990 年原型观测成果表明：输水阀门段存在多处空化源，包括门楣强空化、底缘及其下游剪切层空化等，廊道里发生了较强声振。葛洲坝一号船闸反弧门后存在水下总声级为 167.7～171.5 dB 的低频强漩涡空化，门楣缝隙处产生强射流、高频脉动、高频空化。一号船闸反弧阀门 M20 止水螺栓被剪断，反弧门门楣 16 Mn 的钢板已被蚀成 8～10 mm 深的沟槽。三号船闸反弧门面板被蚀穿，底缘成蜂窝，门楣厚度为 24 mm 的钢板被蚀穿，两端部混凝土外露。二号、三号船闸设计了廊道顶部自然掺气，实测进气效果不明显。为此，一号船闸增设了门楣掺气和 4 台 3L-10/8 型空压机掺气的两种措施，该体型如图 7.63 所示。原型观测表明，设计的门楣掺气装置未能实现自然掺气。采用门楣强迫掺气后，空化及声振有一定程度的降低，但由于强迫掺气在使用及管理上较不方便，一直未能应用。1993 年初该船闸大修之际，经抽干检查，发现反弧门面板、门楣、检修门槽等部位均有不同程度的空蚀，尤以门楣最严重。

针对葛洲坝船闸阀门空化问题，南京水利科学研究院通过 1∶1 切片模型试验，在掌握空化特性的基础上，提出在闸门门楣处止水座板下部增加负压板的工程措施，如图 7.64 所示，其基本思路是缩小喉口顶部断面间隙，增加负压并将负压区延伸到喉口顶部，形成门楣自然掺气条件。掺气系统由掺气主管、空气腔和负压板等组成，其中空气腔与门楣母体构成封闭的立体空间，负压板焊接固定在门楣止水板上，长度为 5 m，在负压板长度方向均布 198 个直径为 10 mm 的掺气支孔，反弧门开启时负压区吸力使空气流经掺气主管→空气腔→掺气支管→负压区，实现自然掺气，达到抑制空化、声振的目的。

(a) 原门楣体型布置　　　　(b) 设计的门楣体型　　　　(c) 正式施工采用的门楣体型

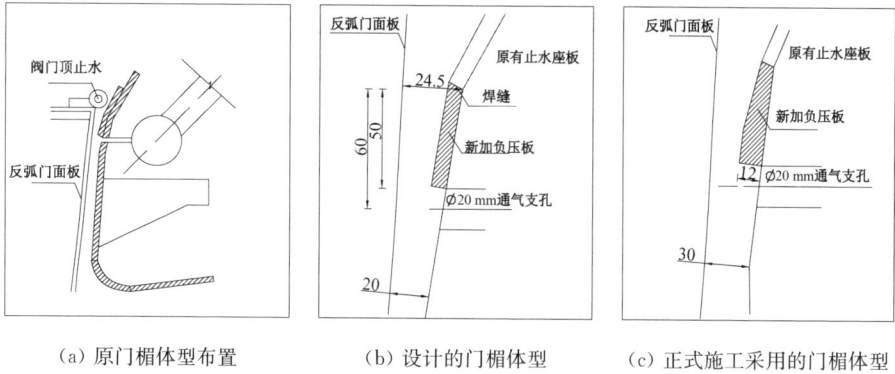

图 7.63　葛洲坝一号船闸门楣体型

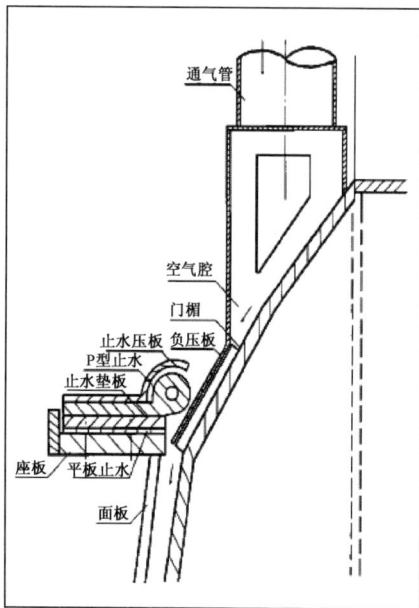

图 7.64　葛洲坝船闸门楣自然掺气布置图　　图 7.65　船闸输水阀门门楣示意图

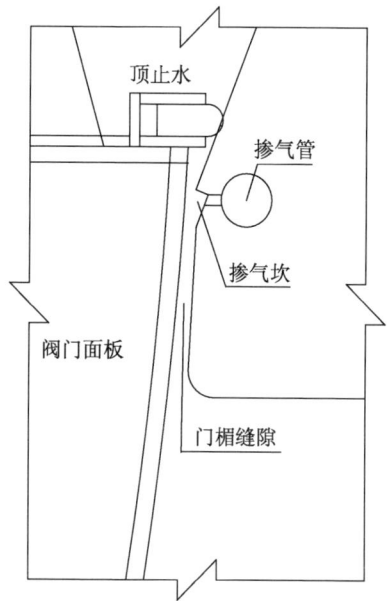

　　胡亚安、郑楚珮等于 1989 年提出了葛洲坝一号船闸门楣自然掺气的工程措施,该工程措施在 1993 年大修之际得到实施。原型观测资料表明,措施是成功的,抑制空化的作用较为显著。在对已建的葛洲坝一、二、三号船闸进行了技术改造后,原型观测结果表明,改造后的门楣体型实现了门楣自然掺气,门楣掺气显著地改善了阀门工作条件,不仅完全消除了阀门顶缝空化,而且有效地抑制了阀门底缘空化,通入的空气对阀门下游面板及门后廊道均起到了很好的保护作用。葛洲坝三座船闸门楣掺气的实践为其他高水头船闸提供了借鉴。在长江三

峡、闽江水口、沅水五强溪、红水河乐滩、大化、柳江巴江口、西江红花、那吉、嘉陵江草街、大藤峡等船闸工程设计中都专列课题进行研究。

三峡船闸门楣体型研究成果指出,尽管平行型和收缩型体型抗空化性能优于扩散型,但由于门楣段施工及安装精度较难控制,且阀门长期运行后易变形等因素的影响,很难保证其体型尺度,而门楣缝隙处高速水流是十分危险的空化源,相反,扩散型门楣由于水流较易在缝隙段产生负压区、过流能力强、缝隙流速大,掺气条件较易得到满足,因此,带掺气设施的扩散型门楣体型减免顶缝空化的可靠度更大,同时门楣高速掺气射流对底缘空化有很好的抑制作用。三峡双线连续五级船闸(中间级水头为 45.2 m)采用"扩散型门楣体型+自然掺气"的抗空化措施,根据试验成果,三峡双线连续五级船闸 24 组输水阀门均设计了门楣掺气装置,且取得了显著的效果。原型观测表明门楣掺气稳定,最大掺气量在 0.5 m³/s 以上,阀门运行平稳,较好地解决了正常运行及各种事故工况下阀门段廊道空化问题。三峡船闸输水阀门门楣体型如图 7.66 所示。

此后,门楣自然掺气措施逐步推广应用于高水头船闸工程,如大化、乐滩、红花、草街、安谷、银盘、富春江、大藤峡等,典型船闸门楣体型如图 7.67 至图 7.69 所示,门楣自然掺气已成为船闸阀门门楣、底缘最为有效的抗空化措施。

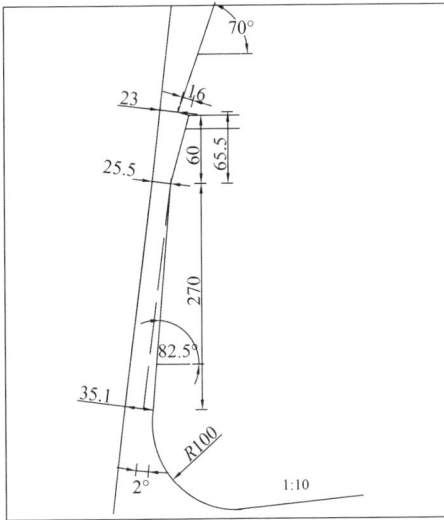

图 7.66　三峡船闸输水阀门门楣体型

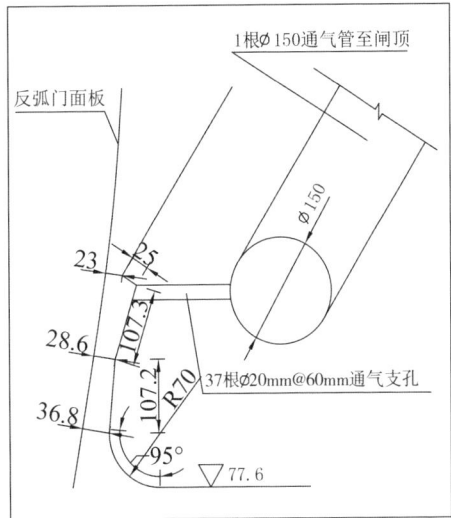

图 7.67　大化船闸输水阀门门楣体型

在门楣自然掺气技术推广应用中,通过 1∶1 切片试验,对掺气效果及其影响因素又开展了大量的基础性研究,主要包括喉口宽度、缝隙比(缝隙段起点宽度与喉口宽度的比值)、掺气坎长度等因素,为门楣体型优化提供依据。通过多个工程的应用检验,已基本形成了一些相对成熟的门楣体型,在门楣体型设计得当的情况下,缝隙空化问题能够得到妥善解决。门楣自然通气技术在 40 m 级船闸已得到很好的应用和工程检验,对于 60 m 级船闸尚未开展过相关研究,因此需要对 60 m 级船闸门楣掺气条件及影响因素进行深入系统的研究。

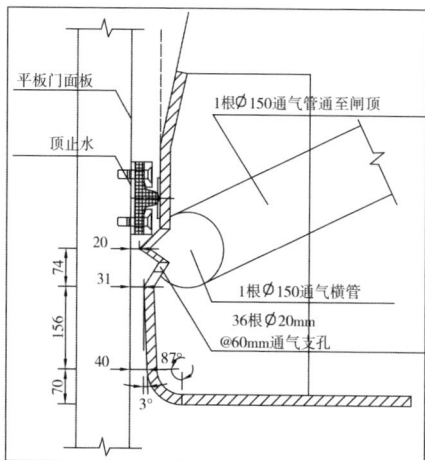

图 7.68　桥巩船闸输水阀门门楣体型

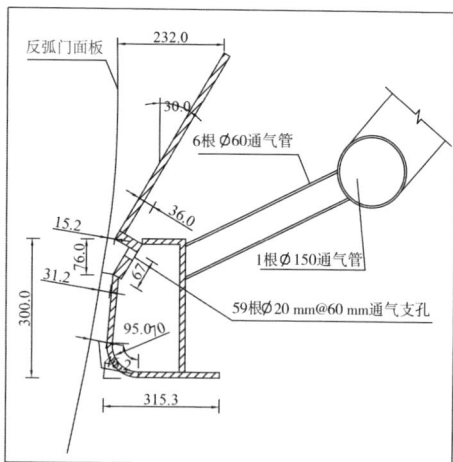

图 7.69　草街船闸输水阀门门楣体型

7.6.2　门楣切片试验方法

阀门门楣自然掺气主要采取 1∶1 切片的方式进行研究,门楣缝隙流物理模型试验装置如图 7.70 所示。试验时切片截取 120 mm 宽度的门楣,试验段采用透明有机玻璃制作以便观察缝隙流流态。三台扬程为 136.5 m、额定流量为 165 m^3/h 的水泵提供试验所需的水头和流量。由于试验水头高,流速大,故在试验装置的进口设置限压阀,以防止缝隙被异物堵塞后上游压力陡增,从而破坏试验装置。来流经稳压箱整流,进入缝隙前流态较好,流速分布均匀,脉动压力小,来流在缝隙进口前没有漩涡产生。当缝隙中发生不同程度的空化时,对稳压箱中水流的脉动压力均无明显影响,稳压箱整流效果明显。上游压力由安装在上游的阀门控制,下游压力由安装在下游的阀门控制,上、下游均安装压力表。试验段压力由上、下游的主阀和旁通阀精确控制,流量由电磁流量计测得,掺气量由涡街空气流量计测得,空化噪声由安装在门楣缝隙段的水听器测得,缝隙段压力由安装在阀门面板上的脉动压力传感器测得。

(1) 进、出口压力:门楣缝隙段进、出口压力(试验控制性边界条件)针对具体的门楣体型,其试验的控制性边界条件是水流的进、出口压力边界条件及掺气孔处空气的压力边界条件(一个大气压)。进、出口水流的压力采用量程为 1 MPa 和 0.5 MPa 的径向压力表和不锈钢精密数显压力表,分别控制缝隙段的

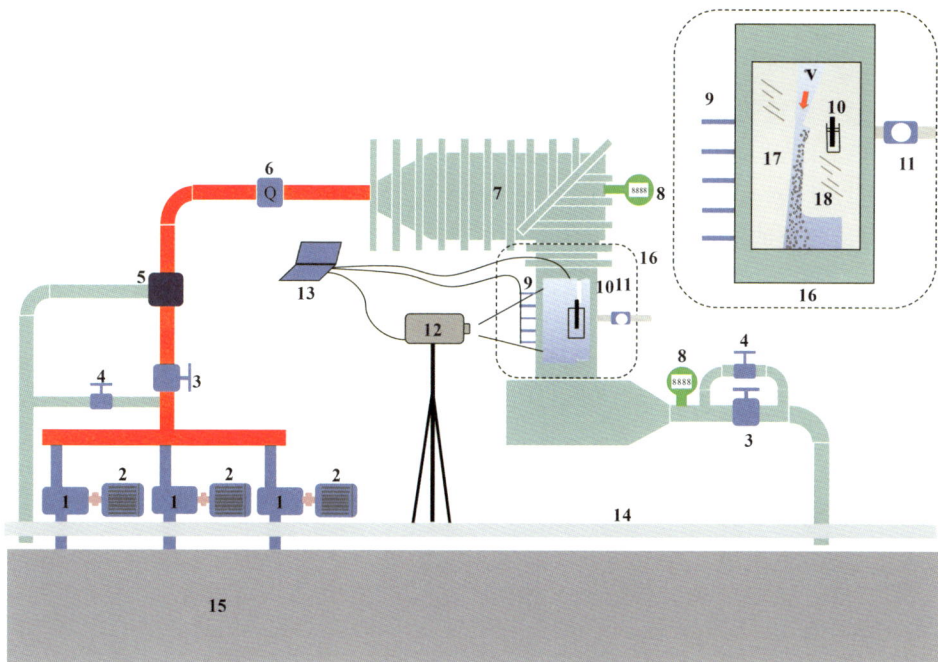

1—水泵；2—电机；3—主阀；4—旁通阀；5—限压阀；6—电磁流量计；7—稳压箱；8—压力表；
9—脉动压力传感器；10—水听器；11—空气流量计；12—高速摄影机；13—数据采集系统；
14—地面；15—水池；16—试验段；17—阀门面板；18—门楣

图 7.70　门楣缝隙流物理模型试验装置示意图

进、出口压力 P_u、P_d。

（2）掺气量：试验所需测量的门楣掺气量采用高精度涡街空气流量计进行测量。由于试验采用切片形式，故在阀门宽度方向上切取 2 个掺气孔的宽度，每个掺气孔各安装一个，分别测量掺气量 Q_1 和 Q_2，针对每个工况各独立采集两组数据并平均求得平均掺气量 Q_a：

$$Q_a = \frac{(Q_{11} + Q_{12}) + (Q_{21} + Q_{22})}{2} \tag{7.38}$$

（3）流量：试验所需水流流量 Q_w 由电磁流量计测量，并由此计算得出喉口处平均流速 v_{th} 及掺气浓度 C（其中，A_{th} 为喉口面积）：

$$v_{th} = \frac{Q_w}{A_{th}} \tag{7.39}$$

$$C = \frac{Q_a}{Q_w + Q_a} \times 100\% \tag{7.40}$$

（4）缝隙段压力：为了解门楣缝隙段压力，在缝隙段布置了脉动压力传感器以测量其缝隙段压力，采样频率为 100 Hz。试验采取固定上、下游压力的恒定流方式进行,评价缝隙段的压力特性时常采用时均压力和脉动压力这两个参数:以动水压力时均值 p_{mean} 和脉动均方根 p_{rms} 为指标,研究不同上、下游压力条件下,门楣缝隙流的动水压力脉动特性,包括掺气及不掺气空化时的动水压力时均值和脉动压力均方根值沿程分布规律。

可以认为,水流脉动是由许多大大小小的涡旋运动引起的,这些不同尺度的涡旋在边界上的运行造成壁面压强的脉动。传统的雷诺平均认为,研究紊流可以从 N-S 方程出发并对它进行统计处理,这意味着对紊流的运动量进行某种平均,从概率论的角度看就是求随机量的数学期望或概率平均。常见的有时间平均、空间平均、系综平均。三种平均中用得最多的是时间平均:

$$\bar{\xi} = \frac{1}{T}\int_{-T/2}^{T/2}\xi dt = \frac{1}{n}\sum_{i=1}^{n}\xi_i \tag{7.41}$$

则脉动值 ξ' 为:

$$\xi' = \xi - \bar{\xi} \tag{7.42}$$

脉动值均方根为:

$$\xi_{rms} = \sqrt{\frac{\sum_{i=1}^{n}\xi_i'^2}{n-1}} = \sqrt{\frac{\sum_{i=1}^{n}(\xi_i-\bar{\xi})^2}{n-1}} \tag{7.43}$$

(5) 流态:采用 Phantom 高速摄影机捕捉空化瞬间流态。

(6) 空化噪声:采用 RHSA-10 型水听器及空化噪声采集系统测量空化噪声。在恒定流工况下,空化噪声信号可以认为是准平稳随机过程,可以对空化噪声波形、噪声均方根及功率谱进行分析,从而为空化强弱提供判断依据。

7.6.3 门楣缝隙流水流结构及影响因素

门楣缝隙段类似文丘里管,门楣自然掺气则是利用喉口后形成的负压掺气,通过向水流掺气解决空化问题。掺气效果与门楣形成的负压条件有关,故门楣体型设计十分关键。

(1) 门楣体型结构参数

门楣缝隙体型如同文丘里管,其体型如图 7.71 所示。影响门楣体型的因素主要有:L_1、L_2、L_3、h_1、h_2、α、β,分别表示进口长度、掺气坎长度、缝隙段长度、喉口宽

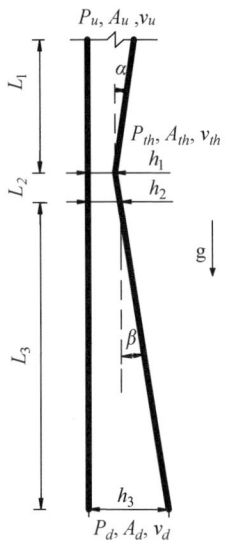

图 7.71　门楣体型示意图

度、缝隙段进口宽度、进口收缩角、出口扩散角。喉口宽度 h_1 是体型的控制性断面,应保证 h_1 最小,即 $h_2/h_1 \geqslant 1$。门楣体型中的收缩段相当于挑坎。

（2）门楣缝隙流流态

对高速摄影图像进行二值化处理。不断降低下游压力,通过目测、耳听以及空化噪声判断。试验通过固定上游压力不变,降低下游压力至喉口处初生空化,再不断降低背压,空化不断加强,直至发生阻塞空化。此空化源形成的空化类型为极不稳定的边界层强剪切空化,发生阻塞空化时,缝隙段充斥空化泡,空化噪声脉冲密集,发生阻塞空化后,继续降低下游压力,此时缝隙段流速不变,流量不变,上游压力也保持不变,如图 7.72(c)所示。门楣掺气后,掺气水流紧贴门楣一侧形成汽水混合带,阀门面板与门楣之间,有一清水区,如图 7.72(d)所示。

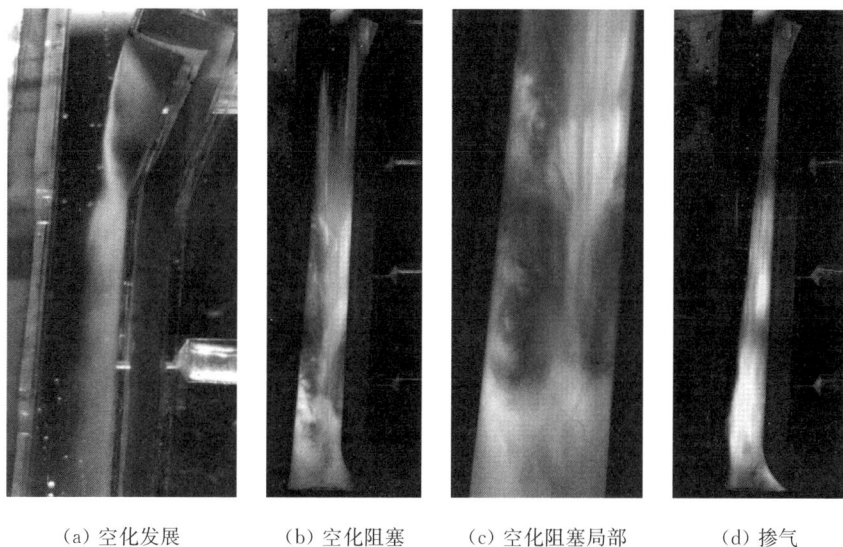

(a) 空化发展　　(b) 空化阻塞　　(c) 空化阻塞局部　　(d) 掺气

图 7.72　门楣缝隙流水流形态

（3）门楣缝隙流临界掺气条件分析

合理的门楣体型能够在较大的下游压力下依然实现自然掺气,即阀门大开度下可以自然掺气,能适应更广的下游水位变幅或阀门廊道埋深,故门楣缝隙流临界掺气条件是判断门楣体型优劣的重要依据。

定义临界掺气条件:掺气坎处相对压强为 0 kPa 时,作用在门楣缝隙处的压力边界条件即为临界掺气条件。由于门楣缝隙掺气与否与掺气坎处负压密切相关,掺气坎处为负压时,空气在门楣负压的作用下被吸入门楣缝隙,形成掺气水流;掺气坎处为正压时,水流会从掺气孔溢出,故临界掺气条件时,掺气坎处相对压强为 0 kPa。固定上游压力,不断升高下游压力至门楣缝隙流不能自然掺气的临界值,即为临界掺气条件。对门楣体型进行适当概化,其体型主要结构参数如图 7.71 所示。

以喉口断面为分界点,分别建立入口断面到喉口断面、喉口断面到出口断面的能量方程:

$$\begin{cases} \dfrac{P_u}{\gamma} + L_1 + \dfrac{v_u^2}{2g} = \dfrac{P_{th}}{\gamma} + \dfrac{v_{th}^2}{2g} + \zeta_1 \dfrac{v_{th}^2}{2g} \\ \dfrac{P_{th}}{\gamma} + \dfrac{v_{th}^2}{2g} + (L_2 + L_3) = \dfrac{P_d}{\gamma} + \dfrac{v_d^2}{2g} + \zeta_2 \dfrac{v_{th}^2}{2g} \end{cases} \quad (7.44)$$

连续性方程:

$$\begin{cases} v_u = \dfrac{A_{th}}{A_u} v_{th} = \dfrac{h_1}{h_1 + L_1 \tan\alpha} v_{th} \\ v_d = \dfrac{A_{th}}{A_d} v_{th} = \dfrac{h_1}{h_2 + L_3 \tan\beta} v_{th} \end{cases} \quad (7.45)$$

式中:P_u/γ、P_d/γ 分别为上、下游作用水头;v_u、v_d、v_{th} 分别为上、下游及喉口断面平均流速;ζ_1、ζ_2 分别为入口断面到喉口断面、喉口断面到出口断面的水头损失系数。L_1、L_2、L_3、h_1、h_2、α、β 为门楣体型的结构参数。

因为临界掺气时 $P_{th}/\gamma = 0$,所以将连续性方程组(7.45)代入能量方程组(7.44),整理得到:

$$\frac{P_u}{\gamma} + L_1 = \frac{1 + \zeta_1 - \left(\dfrac{h_1}{h_1 + L_1 \tan\alpha}\right)^2}{1 - \zeta_2 - \left(\dfrac{h_1}{h_2 + L_3 \tan\beta}\right)^2} \left[\frac{P_d}{\gamma} - (L_2 + L_3)\right] \quad (7.46)$$

令:

$$m = \frac{1 + \zeta_1 - \left[\dfrac{1}{1 + (L_1/h_1)\tan\alpha}\right]^2}{1 - \zeta_2 - \left[\dfrac{1}{(h_2/h_1) + (L_3/h_1)\tan\beta}\right]^2} \quad (7.47)$$

则:

$$\frac{P_u}{\gamma} = m \frac{P_d}{\gamma} - m(L_2 + L_3) - L_1 \quad (7.48)$$

$$\Delta P = P_u - P_d = (m-1)P_d - m(L_2 + L_3)\gamma - L_1\gamma \quad (7.49)$$

由式(7.49)可以看出,门楣缝隙流达到临界掺气条件时,P_u/γ 与 P_d/γ 呈线性关系,其斜率为 m。

由上分析可知,临界掺气条件右上方区域,由于上游压力大于临界压力,缝隙流流速大,压力低,故为自然掺气区。同理,左下方区域上游压力低于临界压力,缝隙流流速小,压力大,故为非掺气区。即临界掺气条件将 P_u/γ、P_d/γ 平面分为自然掺气区和非掺气区两个区。故门楣体型优化原则为使自然掺气区面积增大,使适应的水位组合工况更广。

对临界掺气条件进行积分可得自然掺气区面积 A:

$$A = \frac{1}{2m}h_u^2 + \left[(L_2 + L_3) + \frac{L_1}{m}\right]h_u \qquad (7.50)$$

(4) 临界掺气影响因素敏感性分析

由上分析可知,影响门楣临界掺气的体型因素众多,为确定各因素的影响程度,故需要对各影响因素进行敏感性分析。选定现有状态下门楣体型的 7 个影响因素值作为基准参考指标,然后按该指标依次减少 10%、20% 和增加 10%、20% 取值,并连同原有的参考值共 5 组值,取 $P_u/\gamma = 60$ m 水柱计算各影响因素变化后的自然掺气区面积增量 $\triangle A$。影响因素取值见表 7.10。

对自然掺气区面积进行单因素敏感性分析,各影响因素取不同值时,自然掺气区面积增量 $\triangle A$ 的计算结果见表 7.11。

运用最小二乘法原理,将各因素增量值作为自变量值 X,对应的临界掺气条件面积作为函数值 Y 进行拟合,拟合结果见表 7.12。拟合结果表明:除了喉口宽度 h_1、缝隙比 h_2/h_1 符合三次多项式: $Y = a + bX + cX^2 + dX^3$,其他如 L_1/h_1、掺气坎长度 L_2、进口收缩角 α、出口扩散角 β 均符合线性关系: $Y = a + bX$。各因素增量与临界掺气区面积拟合结果的相关系数均接近于 1,相关度较高。

表 7.10　影响因素取值

相对增量	h_1	h_2/h_1	L_1/h_1	L_3/h_1	L_2	α	β
−20%	16.00	1.020	12.00	8.80	56.48	14.48	2.00
−10%	18.00	1.148	13.50	9.00	63.54	16.29	2.25
0	20.00	1.275	15.00	11.00	70.60	18.10	2.50
+10%	22.00	1.403	16.50	12.00	77.66	19.91	2.75
+20%	24.00	1.530	18.00	13.20	84.72	21.72	3.00

表 7.11　多因素作用下的自然掺气区面积增量

相对增量	h_1	$\triangle A$	h_2/h_1	$\triangle A$	L_1/h_1	$\triangle A$	L_3/h_1	$\triangle A$
−20%	16	281.60	1.020	−475.32	12.0	79.40	8.8	−57.50
−10%	18	155.80	1.148	−203.71	13.5	35.10	9.9	−28.20
0	20	0.00	1.275	0.00	15.0	0.00	11.0	0.00
+10%	22	−187.96	1.403	156.70	16.5	−28.30	12.1	27.20
+20%	24	−410.22	1.530	279.80	18.0	−51.50	13.2	53.50

相对增量	L_2	ΔA	α	ΔA	β	ΔA
-20%	56.48	-0.80	14.48	80.60	2.00	-55.10
-10%	63.54	-0.40	16.29	35.20	2.25	-27.50
0	70.6	0.00	18.1	0.00	2.50	0.00
$+10\%$	77.66	0.40	19.91	-30.00	2.75	24.80
$+20\%$	84.72	0.90	21.72	-54.10	3.00	49.40

表 7.12　各影响因素相对增量的拟合值

拟合系数	h_1	h_2/h_1	L_1/h_1	L_3/h_1	L_2	α	β
d	$-0.000\,4$	$0.002\,9$	0	0	0	0	0
c	-0.161	-0.246	0	0	0	0	0
b	-17.152	17.735	-3.252	2.774	0.042	-3.346	2.613
a	$1\,092.7$	$1\,093.3$	$1\,099.6$	$1\,091.7$	$1\,092.7$	$1\,099.0$	$1\,091.0$
R^2	1	1	0.984	1	1	0.985	0.999

注:R^2为拟合曲线的相关系数。

针对以上拟合结果,可以对各影响因素进行敏感性分析。敏感性系数 S 由自然掺气区面积的相对变化率与各因素的相对变化率之间的比值来进行衡量。其中第 i 个影响因素的敏感度 S_i 可表示为:

$$S_i = \left| \frac{\Delta A}{A} \right| \bigg/ \left| \frac{\Delta x_i}{x_i} \right| \tag{7.51}$$

式中:$\Delta A/A$ 是自然掺气区面积的相对变化率,$\left| \Delta x_i/x_i \right|$ 为影响因素 x_i 的相对变化率。S_i 越大,说明在该条件下,A 对 x_i 的变化越敏感。对各影响因素求敏感系数,计算结果见表 7.13。由表可知,影响门楣临界掺气条件的影响因素主要有 h_1、h_2/h_1,次要影响因素有 L_1/h_1、α、L_3/h_1、β 以及 L_2。

表 7.13　各影响因素的敏感系数

影响因素	h_1	h_2/h_1	L_1/h_1	L_3/h_1	L_2	α	β
敏感系数 S	-17.274	18.706	-3.252	2.774	0.042	-3.346	2.613

7.6.4　作用水头 60 m 门楣自然通气量效果

推荐的 60 m 级船闸阀门门楣体型见图 7.73。图 7.74 为 $n=0.3$ 开度临界通气、临界阻塞、不通气(强空化)、门楣通气条件下门楣缝隙段流态。门楣通气管关闭时,空化在掺气坎末端形成,布满门楣缝隙段,阀门面板侧也显见空化。门楣自然通气后,掺气水流覆盖了门楣缝隙段空化发生区域及阀门面板,其运动轨迹与门楣缝隙段空穴运动轨迹基本吻合,因此门楣自然通气对于抑制阀门门楣缝隙段空化效果明显,其效果取决于缝隙段掺气浓度。

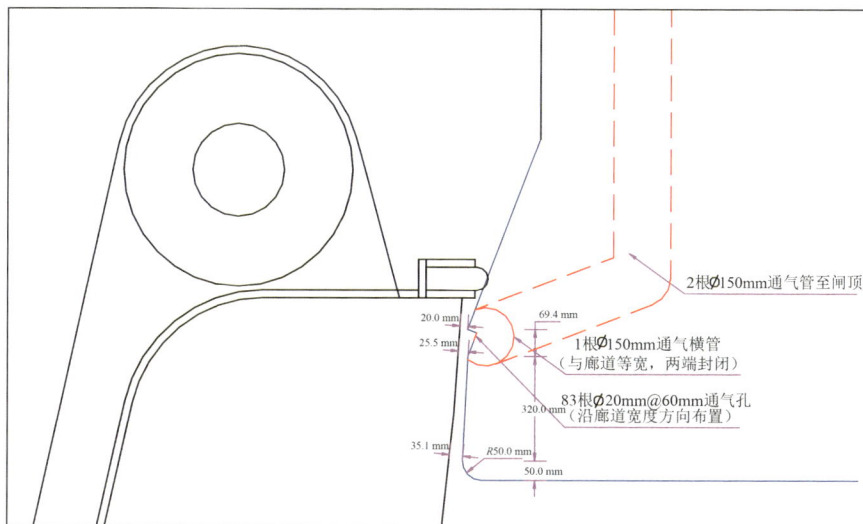

图 7.73 推荐的 60 m 级船闸门楣体型

(a)临界通气　　　(b)临界阻塞　　　(c)不通气(强空化)　　　(d)通气

图 7.74 不掺气与掺气流态对比

船闸的最大水头为 60.0 m，泄水阀门埋深为 30 m，60 m 级船闸泄水阀门双边以 t_v＝3.5 min、t_v＝7 min 开启及单边以 t_v＝3.5 min、t_v＝4 min 开启，各开度门楣缝隙段掺气浓度见图 7.75。可见，阀门双边及单边开启时，在 n＝0.1～0.6 开度范围内，缝隙段掺气浓度均在 10％以上，高于葛洲坝一号船闸原型观测资料(平均掺气浓度在 7％左右)。门楣自然通气设施在葛洲坝三座船闸加装以后，又先后成功应用于三峡、大化、乐滩、桥巩、草街、银盘、长洲三四线等中高水头船闸，其充分抑制门楣空化的效果已经被实验室门楣切片模型和工程实践所证明。

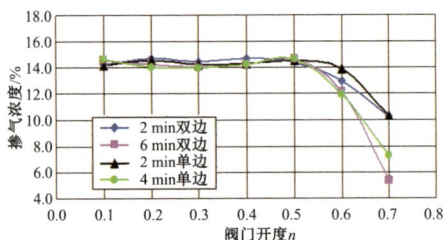

图 7.75　60 m 级船闸门楣缝隙段掺气浓度

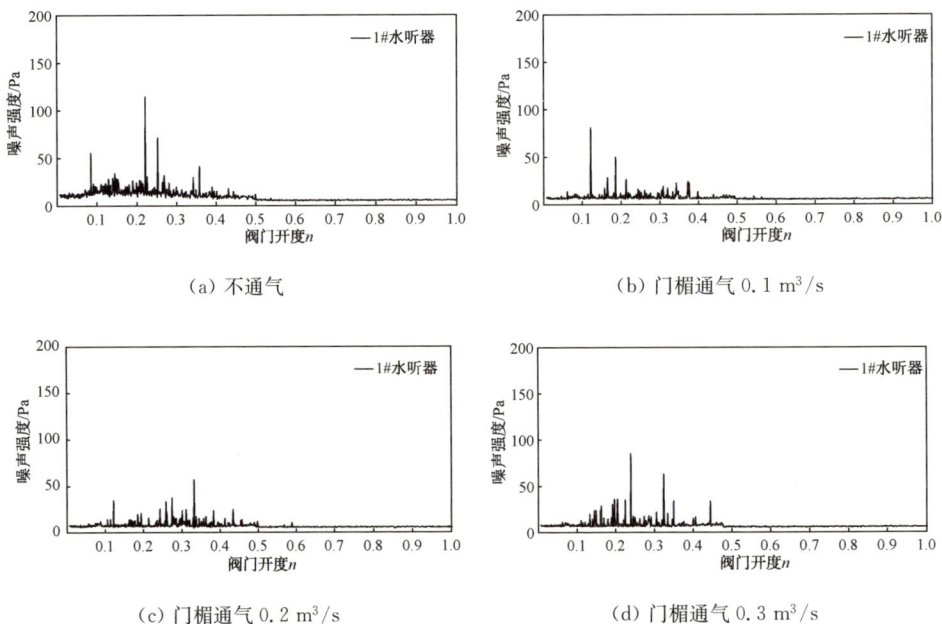

（a）不通气

（b）门楣通气 0.1 m³/s

（c）门楣通气 0.2 m³/s

（d）门楣通气 0.3 m³/s

图 7.76　非恒定流工况噪声强度(t_v＝7 min)

最大水头下，开启时间 t_v＝7 min 时，在 n＝0.1～0.6 开度范围内，选定的门楣体型都能自然通气。在 n＝0.1～0.4 开度范围，门楣单宽通气量较大，平均达

$0.26 \, \mathrm{m^3/s}$，最大通气量约为 $0.29 \, \mathrm{m^3/s}$。

在减压箱检验了门楣自然通气抑制底缘空化的效果，阀门以 $t_v = 7 \, \mathrm{min}$ 开启，非恒定流作用下门楣不通气与通气（不同通气量）时，空化噪声强度对比见图 7.76。显见，不通气时，噪声强度脉冲大而密集；通气后，噪声强度显著降低，掺气水流可以保护阀门面板及阀门后主流上边界，但不能抑制主流下边界的跌坎空化，1♯ 水听器测到的较强的脉冲信号、2♯ 水听器测到的微弱的脉冲信号是跌坎空化所致。当门楣通气量仅为 $0.1 \, \mathrm{m^3/s}$ 时，底缘空化引起的噪声强度脉冲基本消失，随着门楣通气量的增大，门楣抑制底缘空化效果也越明显。

图 7.77 给出了 60 m 级船闸充水阀门和已建的葛洲坝、三峡船闸门楣通气后主廊道掺气浓度。由于输水流量大于三峡船闸、门楣通气量与三峡船闸相当，门楣自然通气后 60 m 级船闸廊道掺气浓度稍低于三峡船闸原观值。葛洲坝船闸门楣改造以后，较好地解决了原先较强的底缘空化，三峡船闸原型观测表明，采用门楣通气后，底缘空化被充分抑制。综合阀

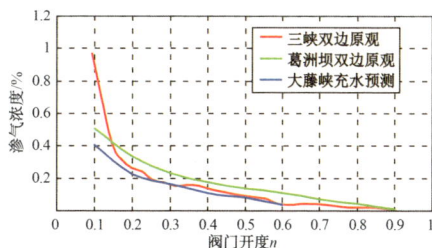

图 7.77　60 m 级船闸主廊道掺气浓度

门减压模型试验及葛洲坝和三峡原型观测效果，可以预见门楣通气后 60 m 级船闸阀门底缘空化可以得到充分抑制。

7.7　阀门防空化综合措施效果验证

阀门防空化问题是高水头船闸设计中最为关键的技术难题。为抑制高水头船闸阀门空化，美国根据其渠化河流的特点，一般采用快速开启阀门及门后廊道顶部通气的工程措施，由于船闸上下游水位变幅小，廊道顶通气条件较易得到满足，通气效果较好。苏联则通过延长输水时间来达到降低阀门流速的目的，从而改善阀门空化条件。自 20 世纪 80 年代以来，我国针对不断兴建的高水头船闸，结合国内外船闸运行经验，采取了多种措施抑制阀门空化，取得了极为显著的效果。其主要措施包括两方面：一方面是主动防护措施，从提高阀门底缘空化数的角度出发，主动避免空化发生，如快速开启阀门、增大阀门处廊道淹没水深、优化阀门段廊道体型（底部突扩、顶部突扩及三维突扩）；另一方面是被动防护措施，在有空化发生的情况下，采用通气方式减弱空化溃灭冲击压力，以达到保护阀门段廊道边壁免遭空蚀破坏的目的。

针对 60 m 级船闸输水阀门空化问题，拟采用我国主动防护与被动防护相结合的综合技术防空化技术解决阀门空化问题。

主动防护措施包括:(1) 阀门段廊道体型采用"顶部突扩＋底部突扩"的廊道形式,可以增加门后压力、减小脉动和底部突扩,可以改善底缘流态,该体型阀门底缘初生空化数可以降低至 0.973,可显著提升阀门底缘的抗空化性能。(2) 阀门段廊道埋深为 28～30 m,阀门相对空化数可以控制在 0.6～0.7 之间,与国内 30～40 m 级高水头船闸(阀门埋深为 13～22 m)的相对空化数基本相当;(3) 阀门采用全包反弧门门型。

被动防空化措施(掺气保护措施)包括:(1) 门楣自然通气,不仅能充分抑制阀门门楣空化,而且高速掺气水流顺阀门面板直接精准作用于阀门底缘空化区,可充分抑制阀门底缘空化,图 7.78。(2) 跌坎强迫通气,跌坎空化较弱,且远离阀门,极少量掺气水流即可覆盖跌坎空化溃灭区,跌坎空化得到完全抑制;并且在升坎出口处有一部分气体被主回旋区"夹带",形成有利于抑制底缘空化的掺气水流,底缘空化也得到较好抑制。

采用上述综合防空化技术的 60 m 级船闸阀门段廊道体型及通气管布置见图 7.79。

图 7.78　门楣通气流态($n=0.4$)

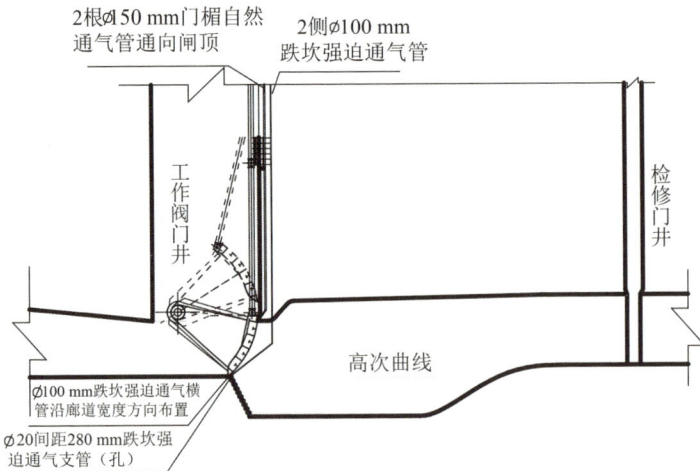

图 7.79　推荐的 60 m 级船闸阀门段廊道体型及通气管布置

在减压箱中,验证了 60 m 级船闸采用主动防护与掺气保护相结合的综合防空化技术解决阀门空化问题效果显著。

图 7.80～图 7.81 为充、泄水阀门以 $t_v=7$ min 开启,不通气与通气条件下 (门楣自然通气管及跌坎强迫通气管联合通气)水听器空化噪声强度对比图。由图可见,充、泄水阀门廊道采用"顶扩＋底扩"的综合廊道体型,门楣通气量为 0.2 m^3/s,充水阀门埋深为 28 m,跌坎通气量为 0.1 m^3/s,泄水阀门埋深为 30 m,跌坎通气量为 0.2 m^3/s,充、泄水阀门门楣、底缘、跌坎等各部位空化均得到了充分抑制,可有效解决 60 m 级船闸阀门空化问题。60 m 级船闸门楣体型通气量约为 0.5 m^3/s,通气稳定,适应下游水位变幅能力强。

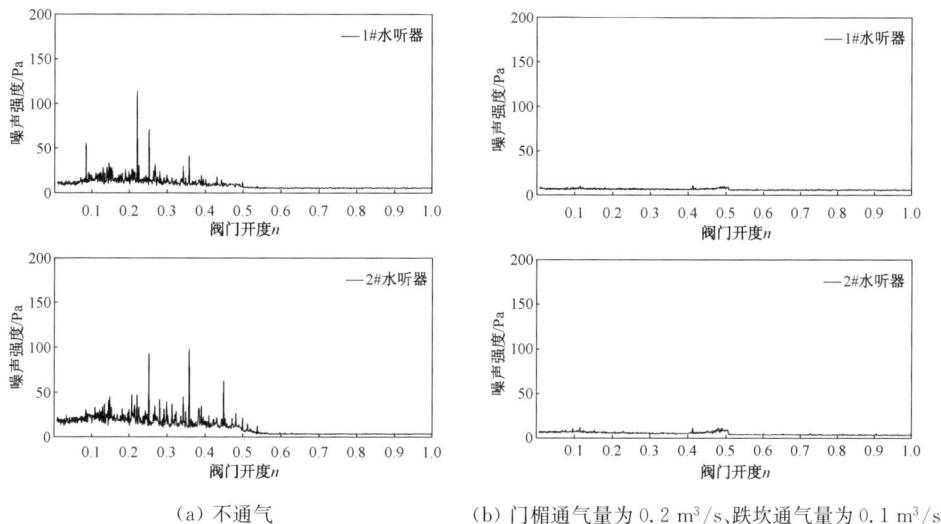

（a）不通气　　　　　　　　（b）门楣通气量为 0.2 m^3/s、跌坎通气量为 0.1 m^3/s

图 7.80　充水阀门通气前后空化噪声强度对比($t_v=7$ min)

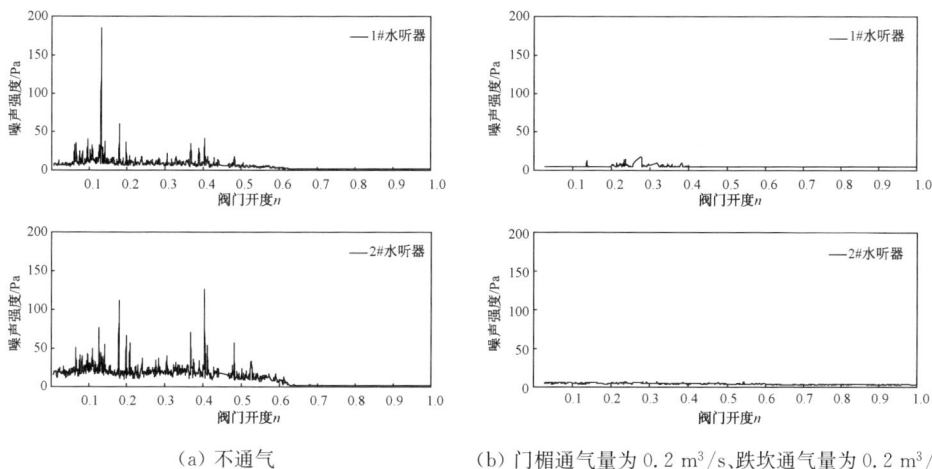

（a）不通气　　　　　　　　（b）门楣通气量为 0.2 m^3/s、跌坎通气量为 0.2 m^3/s

图 7.81　泄水阀门开启非恒定流工况噪声强度($t_v=7$ min)

　　需要关注的是,充水阀门门楣通气可能对闸室流态及停泊条件产生负面影响,建议充水阀门门楣通气管在闸顶设置控制阀,根据原型调试观测情况,控制门楣自然通气量。

后记

　　内河水运是国家综合交通运输体系的重要组成部分,2035 年我国内河水运总量预计将达到 176 亿 t,未来我国内河水运将处于高速发展阶段。随着国家"交通强国"战略的实施,三峡新通道、平陆运河、湘桂运河、浙赣运河、闽赣运河等水运大通道正在规划建设,一大批高水头大型船闸亟待建设,船闸输水系统安全高效输水是制约船闸运行水头和建设规模的关键。在"十三五"国家重点研发计划课题"60 m 单级巨型船闸输水关键技术"(编号 2016YFC0402001)的资助下,作者及其研究团队历时 5 年,对 60 m 单级巨型船闸高效消能输水、作用水头分级节水、阀门防空化等理论和重大关键技术开展了探索性研究,在船闸输水系统选型、闸室分层消能输水技术、适应水位变幅的省水船闸输水系统设计方法、60 m 单级船闸阀门防空化技术等方面取得了一系列新进展,初步论证了 60 m 高水头船闸输水系统技术的可行性。本书重点介绍了上述成果,可供相关人员在高水头船闸输水系统研究和设计中参考。

参考文献

［1］中华人民共和国交通部. 船闸输水系统设计规范:JTJ 306—2001［S］. 北京:人民交通出版社,2002.

［2］王作高. 船闸设计［M］. 北京:水利电力出版社,1992.

［3］涂启明. 船闸总体设计与图例［M］. 北京:人民交通出版社,1992.

［4］米哈依洛夫. 船闸［M］. 华东水利学院,译. 北京:科学技术出版社,1957.

［5］须清华,张瑞凯. 通航建筑物应用基础研究［M］. 北京:中国水利水电出版社,1999.

［6］中华人民共和国交通运输部. 中国水运 60 年:建设成就卷［M］. 北京:人民交通出版社,2011.

［7］李云,胡亚安,宣国祥,等. 国家高等级航道网通航枢纽及船闸水力学创新与实践［J］. 水运工程,2016(12):1-9.

［8］李君. 内消能工在船闸输水系统中的应用研究［D］. 南京:南京水利科学研究院,2007.

［9］李中华,宣国祥. 基于多因素的船闸输水系统选型方法［J］. 水运工程,2020(10):1-6.

［10］陈明. 超大输水功率条件下闸室消能机理研究报告［R］. 重庆:重庆交通大学,2020.

［11］李中华,安建峰,等. 基于分层消能的输水系统关键技术研究［R］. 南京:南京水利科学研究院,2021.

［12］许铎. 60 m 级船闸省水布置与水力特性研究［D］. 南京:河海大学,2020.

［13］李中华,许铎,安建峰. 单级省水船闸水级计算和影响因素探讨［J］. 水运工程,2020(11):7-11.

［14］胡亚安,姜树海,凌国增,等. 高水头船闸输水阀门非恒定流减压试验方法探讨［J］. 水利水运科学研究,1997(3):201-207.

［15］胡亚安. 葛洲坝一号船闸输水阀门空化特性原型监测［J］. 水科学进展,1994,5(3):235-241.

［16］胡亚安,李云,严秀俊,等. 40 m 以上超高水头船闸阀门防空化的综合方法:CN102322049A［P］. 2012-01-18.

［17］吴波. 船闸输水阀门门楣缝隙流水流结构与掺气特性研究［D］. 南京:南京水利科学研究院,2018.